罗明军◎著

高中地理

图式教学

GAOZHONG DILI
TUSHI JIAOXUE

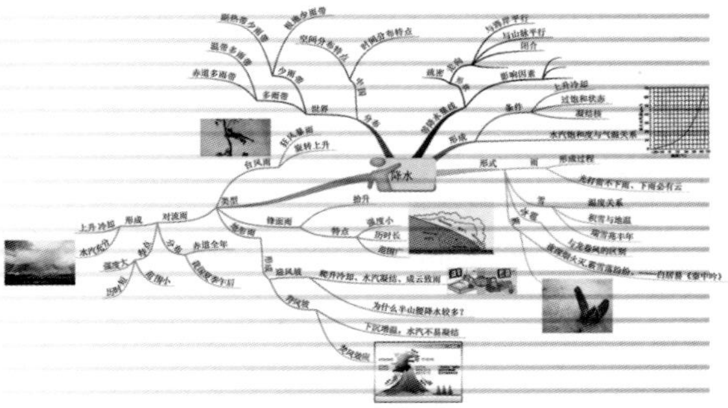

经济管理出版社
ECONOMY & MANAGEMENT PUBLISHING HOUSE

图书在版编目（CIP）数据

高中地理图式教学/罗明军著. —北京：经济管理出版社，2018.7
ISBN 978-7-5096-5722-5

Ⅰ.①高… Ⅱ.①罗… Ⅲ.①中学地理课—高中—升学参考资料 Ⅳ.①G634.553

中国版本图书馆 CIP 数据核字（2018）第 058955 号

组稿编辑：钱雨荷
责任编辑：钱雨荷　梁植睿
责任印制：黄章平
责任校对：张晓燕

出版发行：经济管理出版社
（北京市海淀区北蜂窝 8 号中雅大厦 A 座 11 层　100038）
网　　址：www. E-mp. com. cn
电　　话：（010）51915602
印　　刷：北京玺诚印务有限公司
经　　销：新华书店
开　　本：880mm×1230mm/16
印　　张：9
字　　数：217 千字
版　　次：2018 年 7 月第 1 版　　2018 年 7 月第 1 次印刷
书　　号：ISBN 978-7-5096-5722-5
定　　价：68.00 元

前言

在长期的教学实践中，笔者发现：地理学科知识建构问题、地理有效信息整合问题以及地理教学逻辑能力提升问题可以说是目前高中地理教学中常见的三大问题。当前，随着新课程改革的不断深入，高中地理教材的编制已不再特别注重学科知识的系统性，而是更加注重学生的探究及知识的自我建构，但是学科知识体系的相对完整性在地理学习中不可或缺，尤其是在高三地理教学中，怎样帮助学生构建比较完整的地理学科知识体系，是高中地理教学面临的第一个问题。目前，教学大环境相比以前有了很大的变化。市面上众多的教辅资料以及来自网络、生活中的海量信息，对高中地理教学既是机遇也是新的挑战。信息化、社会化背景下的地理学习，对我们教师要求更高。怎样将各种各样的信息进行有效整合，达到既能满足学生不断增长的学习需要，又能促进地理教师的专业发展的目的，是高中地理教学面临的第二个问题。不可否认，高中地理教学的重要任务之一就是服务高考。现在的高考地理试题越来越重视思维能力的考查，可以说地理逻辑力是地理高考的必备能力。如何将地理问题解决过程，尤其是地理解题逻辑思维过程可视化，利于教、利于学，达到高考备考事半功倍的效果，是高中地理教学面临的第三个问题。

全书共分三章，第一章是对地理教学问题的概述。侧重从学科教学知识（PCK）视角对地理教学问题的内涵、分类及解决途径进行初步探讨，力图建立地理教学的问题图式。第二章对在高中地理教学问题解决过程中运用思维导图进行初步探索。本书绝大部分思维导图案例来自笔者在高中地理教学中的实践。思维导图也基本按照高三地理教学进度安排，即自然地理、人文地理、区域与区域可持续发展的思路排序。以问题解决为目的，侧重地理学科知识整理、地理有效信息整合以及地理教学逻辑力提升的思维可视化探究是本书的重点。如“常见天气系统”思维导图，侧重对常见天气系统学科知识整理的思维可视化；“霜”思维导图，则将来自互联网等有关霜的知识与地理基本原理相连接，进行地理信息的有效整合；“南沙温室”思维导图，则是试图对地理解题逻辑思维过程进行可视化表达。第三章对地理教研活动中应用思维导图及图式教学方法进行初步探讨。

基于 PCK 的地理教学问题图式探究与应用思维导图、漫画、示意图等图形语言提升地理教学与教研活动效率，是本书的两大创新点。本书旨在提升青年地理教师学科教学知识以及高中生地理问题解决能力，是笔者对高中地理图式教学方法的再探索。本书可作为教师继续教育培训教材和高中生地理学习用书。限于水平，瑕疵之处在所难免，请不吝赐教。

罗明军

2018 年 2 月 28 日

目录

第一章　地理教学问题概述

教育唯一真正的目标就是解决问题。一个问题就是一个认知困难的情景或者事件。在地理教育教学活动中，我们会不断地遇到各种各样的问题。地理教育就是帮助学生学会解决在地理学习中遇到的各种问题，寻求一条穿越地理问题空间的路径，并在这个过程中培养学生的问题意识及问题解决能力。因此，有必要对地理教学问题进行初步的探讨。

第一节　PCK视角下的地理教学问题

一、什么是地理教学问题

问题的类型有好多种。如告诉学生，“这类问题不好答复”，可能是学生要求老师回答或解答的题目；“争论这样的问题没有多大意义”，则可能是在教育教学中面对的需要解决的矛盾或困惑；告诉学生“重要的问题在于培养自学能力”，其中的问题则指的是关键或要点；等等。

罗伯逊在《问题解决心理学》一书中认为，问题是这样一种情境，个体想做某件事情，但不能马上知道对这件事情所采取的一系列行动，这样就构成了问题。问题是个体未能直接达到目标时所处的情境。比如，对于我们成年人来说，“1+1=2”是不是问题呢？显然不是。对于大多数高中生来说，“地球是个行星”是否是一个问题呢？显然也不能成为一个问题。而热力环流是怎样形成的，对于大多数刚进入高中学习的学生来说，可能就是个问题。

戴维·H. 乔纳森在《学会解决问题》一书中提到：一个陈述出来的问题包含三个基本成分：一是给定，一组已知的关于问题条件的描述，即问题的起始状态的表述。二是目标，关于构成问题结论的描述，即目标状态的表述。三是障碍，正确的解决方法不是显而易见的，这就构成了障碍。因此，必须要通过思维活动，排除阻力，才能达到目标。

戴维·H. 乔纳森还指出，问题解决作为一个过程有两个关键部分。第一，问题解决需要对问题进行思维表征，又称建构问题空间、问题图式或者建构心智模型。第二，为了找到问题解决途径，需要对问题模型进行一些操作和测试。因此，所谓问题解决其实就是寻求一条穿越问题空间的路径，起始于初始条件，满足于路径约束条件，结束于目标状态。在地理教学中，比如“地球在宇宙环境中处于什么样的位置”这个问题的解决，起始状态是地球是个行星，目标状态是地球在宇宙环境中，位于总星系里面的银河系、银河系里面的太阳系、太阳系里面的一个既普通又特殊的行星。而天体系统的层次就是问题空间里的路径约束条件或达成路径。

地理教学中的地理问题首先就是地理学科知识，尤其是地理教科书中陈述出来的问题。例如“东亚冬季风是如何形成的”这种问题，单从地理教材文字表述很难区分该地理问题的初始状态、目标状态。根据上述心理学对于“问题”的定义，我们可以将这个地理问题区分出初始状态是东亚冬季风一般是冷干性质的偏北风，达成途径是海陆热力性质差异，目标状态是冬季，东亚位于亚洲高压与阿留申低压之间，水平气压梯度力自西向东，受地转偏向力和摩擦力的影响，风向右偏为西北风或偏北风。再如“什么是城市热岛效应”的问题，初始状态是城市年平均气温比周围郊区要高，达成途径是下垫面对气候的影响，目标状态则是城市由于工业集中、人口稠密、建筑物密集以及植被稀少等诸多原因，造成城市比周围郊区年平均气温高。

美国犹他州立大学教学技术系教授、当代著名教学设计理论家梅里尔（Merrill）认为，教学是一门科学，教学设计则是建立在科学基础之上的技术。教学设计的首要规则是采用以问题为中心的教学方法。这种以问题为中心的教学方法可以帮助学习者激发相关的知识结构和期望，剖析解决问题的思路，提供解决问题的操练方法，进而将学到的知识应用到有意义的实际活动中去。例如“东亚冬季风是如何形成的”，在地理学家看来，就是纯粹的地理学科问题。对于地理学习者，也就是学生来说，就是怎样理解和掌握这种比较宏观的、需要一定空间想象力的问题。而对于地理教师来说，就是用怎样的方法或手段，促进学生理解和掌握的问题，也就是教学法的问题。因此，地理教师面对的“东亚冬季风是如何形成的”的问题其实是地理教学问题，需要地理教师对地理学科知识中特定内容“东亚冬季风是如何形成的”进行准确掌握，需要对学习者的学情准确了解，还需要预计到其在学习中会遇到什么困难，采取哪些针对性的措施等。总之，地理教学问题不但包括地理学科问题，还包括地理学习者的问题以及地理教学法的问题。即地理教学问题是地理、教、学三者诸多问题的有机统一，如图 1–1 所示。

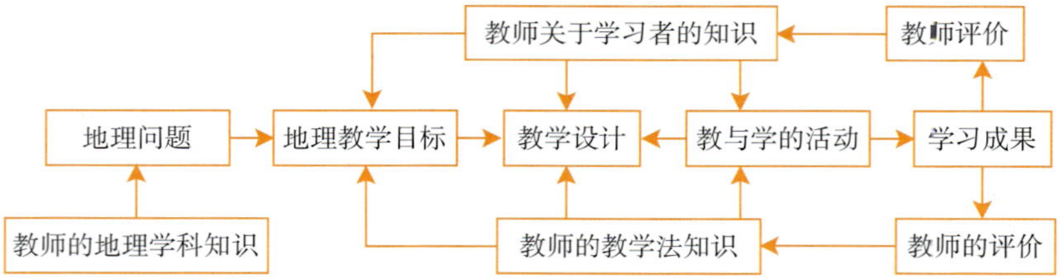
教师关于学习者的知识
教师评价
地理问题
地理教学目标
教学设计
教与学的活动
学习成果
教师的地理学科知识
教师的教学法知识
教师的评价

图 1–1　地理教学问题简单图式

教学实践发现：在表述地理教学问题时，教师之间存在着明显的差异。有时这种差异已经脱离了地理学科知识本身，而是跟教师的教学法和学习者知识密切相关。

【案例 1】下面是不同地理教师设计的教学问题，你能指出下列问题表述的差异吗？怎样缩小这种差异？

（1）世界表层洋流的分布有哪些规律？

（2）学习日界线之前，教师先讲一个小故事：一孕妇乘船从中国的上海去美国的旧金山，在日界线以西的东十二区先产下一女孩，越过日界线后，在西十二区又产下一男孩，但先出生的女孩却叫后出生的男孩为哥哥，这是怎么回事？

（3）有一位教师在讲授水资源时，首先要求学生回答下列几个问题："地球上的水，海洋水和淡水各占多少？""冰川水占淡水资源的多少？""人类可以直接利用的淡水资源主要有哪些？占淡水资源的多少？"学生找出答案后，教师又提问："水资源是否宝贵？"

（4）南极大陆为什么会有丰富的煤炭资源？

（5）一位教师在讲城市的形成时，这样设问："如果你坐船来到长江口，你会看到什么？"

二、地理学科知识与地理教学问题

根据认知心理学理论，地理知识分为两大类，即陈述性地理知识和程序性地理知识。陈述性地理知识是描述性的，如对气压带、风带的分布和移动规律的阐述。程序性地理知识也称实践性地理知识，主要是说明性的，如对等高线地形剖面图绘制过程的说明。程序性地理知识又分为地理智慧技能和地理认知策略两大类。地理智慧技能是用于处理外部事物的程序性地理知识，如时区计算或绘制地理图表。地理认知策略是调控自身认知过程的，如地理学习过程的反思、地理学习方法的总结等。

地理教材中的知识大多属于陈述性地理知识。这种地理知识的呈现特点使得地理课堂中学生的地理认知过程很容易变为地理知识的接受过程。认知理论告诉我们，当学生面对地理问题的时候，地理学习的兴趣才有可能被调动起来，才有可能具有较强的地理学习动机。因此，如何将地理教材中的陈述性地理知识，即教学内容转化为具体的地理教学问题，是地理教师在地理教学设计中必须思考的主要问题。

【案例 2】"工业化和城市化的推进"教学内容转化为教学问题。

教学内容一：区域工业化的推进。

问题 1：从珠江三角洲地区工业化总产值的变化分析珠江三角洲工业化过程分为哪两个阶段，各具有怎样的特点。

问题 2：分析珠江三角洲地区工业化不同阶段中工业结构的变化特点。

问题 3：分析珠江三角洲地区工业化不同阶段中工业结构发生变化的原因。

教学内容二：区域城市化的推进。

问题 1：读图说明珠江三角洲地区城市化的特点。

问题 2：根据产业结构的变化来分析珠江三角洲地区城市化的过程。

问题 3：读图说出珠江三角洲城市化发展的趋势，并分析其原因。

教学内容三：区域工业化与城市化的相互关系。

问题 1：区域工业化对区域城市化发展具有怎样的作用？其原因是什么？

问题 2：区域城市化对工业化有怎样的作用？其原因是什么？

问题 3：你是如何理解“工业化和城市化是推动区域经济发展的主要动力”这句话的？

三、地理教师学科教学知识（PCK）与地理教学问题

舒尔曼等认为：教师除了必须拥有所教学科的具体知识，如事实、概念、规律、原理等，还应该具有将自己拥有的学科知识转化成易于学生理解的表征形式的知识，即学科教学知识（Pedagogical Content Knowledge，PCK）。格罗斯曼则定义 PCK 由四部分组成：关于学科教学目的的知识、学生对某一主题理解和误解的知识、课程和教材的知识、特定主题教学策略和呈现知识。

目前，高中地理教材主要由大学教师等地理学科专家从地理学的角度来设计课程框架、组织教材内容，而高中地理教师则从地理教学实施的角度组织地理教材知识，帮助学生进行地理学习。在地理教学实施过程中，地理教师的 PCK 有两次显化的过程：第一次是地理教师根据地理课程理念、标准和目标，进行系统思考，把地理学科知识有效地“转化”成地理教学任务，即教学设计的过程。第二次是地理教师将地理教学任务有效地“转化”为学生地理学习实际的获得，即教学实施的过程。

根据舒尔曼、格罗斯曼等人的观点，地理教师的 PCK 主要是由特定地理学习内容与学科知识间的横纵向联系、学生学习特定内容的经验和可能遇到的困难以及地理教师帮助学生学会特定知识的教学策略三部分组成。因此，地理教师的 PCK 是决定教学有效性的核心知识，它能有效区分教学中的高效和低效教师。PCK 水平较低的地理教师在教学中更加侧重将知识详细地分析解说给学生，更多地强调死记硬背，教学中地理思维力度不够，地理学科价值不明显，教师教得辛苦、学生学得累，学完就忘、考完就丢的现象比较普遍。而 PCK 水平较高的地理教师，在进行教学设计及实施中，更侧重于思考在特定教学内容中，重要的核心概念以及概念之间的联系有哪些？基本的地理学科技能、地理学科方法又有哪些？哪些是最有用的核心知识？如何让学生学会举一反三、灵活解决地理问题的能力？等等。在对待地理学情分析时，PCK 水平较低的地理教师常常笼统、空泛、贴标签地去分析地理学情。而 PCK 水平较高的地理教师则善于分析学生已经具备的与本节内容学习相关的知识经验和基础、能力水平，善于利用某些教学手段检验学生与特定内容学习相关的知识经验和能力水平是否有漏洞，这些漏洞会不会影响新知识的学习等。尤其是在分析学生学习该内容的地理思维能力状况，在学习地理新知过程中容易形成学习的障碍和困难、不同学生学习方式和学习方法等存在个体差异等方面，不同 PCK 水平的地理教师差异更加明显。

由于 PCK 的基本特征主要有与学科内容的相关性、基于经验的实践性、个体性和情境性等特点，因此地理教师学科教学知识的积累离不开地理教师在实际的教学实践中有目的、有重点地反思，并通过与地理教育实践行为之间的不断互动，逐步内化为自己所拥有的、真正信奉并在教学实践中实际应用的学科教学知识。

可见，PCK 发展的研究为构建地理教师专业发展模式提供了依据。以地理教材中特定内容为定向，以地理教师的教学法知识和教师关于学习者知识的不断实践与积累，可强化地理教师的 PCK。地理教师 PCK 的提升更多应该是理论和实践的有机结合。中小学教师继续教育培训课程的内容和方式都应该最终指向教师学科教学知识的提升。

【案例 3】针对同一教学内容，不同地理教师学科教学知识差异表现的案例。

2017 年 8 月 8 日 21 时 19 分，四川省北部阿坝州九寨沟县发生 7.0 级地震，震中位于北纬 33.20°，东经 103.82°。地震造成了人员死亡及财产损失。下面是甲、乙两位地理教师根据这则材料设计的教学问题及教学片段。

教师甲：同学们知道地震吗？

学生齐声回答：知道。

教师甲：九寨沟为什么会发生那么大的地震呢？

学生有不同的回答：九寨沟位于地震带；九寨沟经常发生地震；九寨沟位于板块碰撞地带……

教师乙：同学们想必听说过九寨沟地震。如果按照“5W”原则，请你说说应该从哪些方面对九寨沟地震进行地理学科的思考和分析〔PPT 展示：所谓 5W 是指 What（地理事象）、When（发生时间）、Where（地域分布）、Why（形成原因）、How（解决措施）〕。

（全班学生马上兴趣盎然地开始了讨论）

很快，有学生站起来回答：“What”是指九寨沟地震灾害事件；“When”是指九寨沟地震发生在 2017 年 8 月 8 日 21 时 19 分；“Where”是指九寨沟地震发生的范围；“Why”是指九寨沟地震形成的原因；“How”是指九寨沟地震发生后，我们应该采取的灾后救助与重建措施。

（下面同学们自发报以热烈的掌声）

教师乙：同学们的掌声说明了你的回答非常精彩，你已经掌握了地理思维的基本方法了。

（同学们又一次报以热烈的掌声）

四、基于问题解决的 PCK 提升是地理教育发展的方向

《地理教育国际宪章 2016》（以下简称《宪章》）为中学地理教育指明了方向。在宪章中对地理教师的教学方法也特别予以关注。《宪章》中提到：“向不同的学习者教授地理，哪种方式最好？这是一个备受关注的问题，也是一个值得重视并且已经开展了研究的问题。”《宪章》还对基于问题解决的学科教学知识的提升提出了建议。并指出：“小学和中学地理教师，以及继续教育和高等教育机构的地理教师必须得到研究工作的支持。例如，在使用新技术、基于问题的学习策略和未来教育等方面，他们需要最好的、批判性的洞察力。这是因为教师是教育改革的关键所在，并且优秀的教师需要使用最好的工具。”“在地理教师和教育者中间发展一个‘研究导向’，帮助他们对习惯性做法进行反思和批判，同时培养其职业性的‘思维习惯’，以满足提高地理教育质量的要求。”

众多优秀地理教师自身成长的经验告诉我们，地理知识与技能、地理方法与过程、地理情感态度与价值观的获得总是在不断的地理问题解决中得以实现，地理问题贯穿了教师地理学习的始终。当地理教师能够自己提出问题、自己解决问题成为教师教学生涯的思维习惯，我们的学生肯定也会慢慢养成自己提出问题、自己解决问题的学习习惯，这样的教与学才是我们教学的本质。

因此，地理教学问题的设计能力是教师学科教学知识的重要体现。然而地理教学问题设计不是孤立的，更不是为了问题设计而设计。“满堂讲”到“满堂问”并不代表教学 PCK 的提升。地理教学问题应该是根据课程标准、考试说明以及教学目标进行的系统化设计，即地理教学问题系统的设

计。地理教学问题系统的产生与设计是以学科问题为基础、学生问题为起点、教师问题为引导的“三位一体”为思考起点，通过明确具体的达成途径来保障其有效性。地理问题化学习追求的过程是通过地理教师问题化地“教”，最终让学生学会问题化地“学”，发展高级智慧技能，促进学生终身地理学习能力的获得。下面是笔者在教学实践中使用过的一个问题化设计案例。

【案例 4】“热力环流”教学问题链的设计。

该部分相近的课程标准是“运用图表说明大气受热过程”，基于这条课程标准，教学目标如下：“运用问题链理解和掌握热力环流形成过程。”

阅读图 1–2，讨论下列问题：

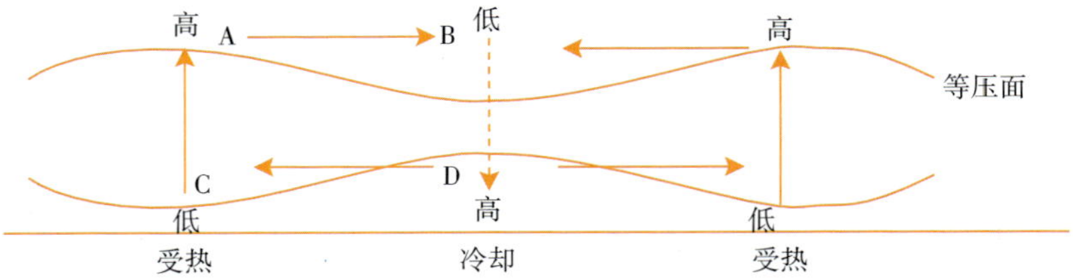

高
A
B
低
高
等压面
C
D
低
高
低
受热
冷却
受热

图 1–2　热力环流形成过程

问题 1：假设地面物质单一、受热均匀，请问空气有没有垂直运动？为什么？

问题 2：假设 D 地为夏季我国某地区的水库，请问空气有没有垂直运动？如果有垂直运动，请画出示意图。

问题 3：请标出问题 2 高低压的位置，并画出热力环流。思考高低压与等压线的关联。

问题 4：如果 D 地为冬季我国某地区的水库，图中热力环流与等压线又该怎样？

问题 5：请设计一个小实验，解释“问题 2”，实验包括实验目的、实验材料、实验步骤、实验结论。

问题 6：如果图中 D 为陆地，C 为海洋。假设是白天，请标出 C 和 D 气压的高低。夜晚呢？

问题 7：D 为陆地，C 为海洋，C 位于 D 的南侧。白天，不考虑摩擦力的情况下，请问 C、D 之间风向是什么？考虑实际摩擦力，请问风向又是什么？

问题 8：试分析海陆风对滨海地区的气温有什么样的调节作用。

第二节　地理教学问题及其解决途径

一、教学实施中的地理教学问题

在地理课堂中，老师经常给学生提问题以促使他们思考。但问题种类很多，从问题指向性来说，可以将问题分成两大类：封闭式问题和开放式问题。

所谓封闭式问题是相对于开放式问题而言的，是指提问者提出的问题带有预设的答案，学生不需要展开回答。封闭式提问一般用来澄清事实，获取重点，缩小讨论范围。地理教学常见的封闭式问题有：

（1）地理知识回顾类问题。如“这一地理事物特征是什么？”

（2）地理数据理解问题。如“请读某地气温曲线图，并回答该地 7 月平均气温是多少？”

（3）地理分析类问题。如“对于该地区的农业区位而言，请问哪三个因素很重要？”

（4）地理评价类问题。如“这三个地点中的哪一个最早发展成为大城市？”

封闭式问题可以让学生提供一些关于他们自己的信息反馈，供教师做进一步的了解；也能够让学生表明自己的态度。封闭式问题容易生成，也容易回答，节省课堂教学时间，甚至地理学习水平较低的学生也能完成。有些学生甚至比较喜欢这种教学方式，学生对问题的回答率较高。尽管封闭式问题在地理教学中有着明显的作用，但是如果地理教学中单纯使用封闭式问题，会导致教学很枯燥，师生对话陷入令人尴尬、枯燥乏味的境地。封闭式问题是有指向性的问题，学生只能按照既定的方向思考。如果学生一直回答封闭式问题，学生会有接受询问的感觉。

开放式问题是没有明确指向性的问题，学生可以在较广的范围内思考。开放式问题与封闭式问题是相对的。要想让地理教学顺利进行，并且有一定的深度，就要多提开放式问题。开放式问题如同问答题一样，这种问题需要解释和说明，同时让对方对回答的内容很感兴趣，并想了解更多的内容。地理教学中常见的开放式问题有：

（1）地理知识回顾类问题。如“从课件中的深圳城区面积的变化，你能够想起什么？”

（2）地理数据理解类问题。如“你认为在这些人口统计的数据中存在哪些问题？反映出什么规律？”

（3）地理分析类问题。如“对深圳地铁规划时，应当考虑的重要因素有哪些？”

（4）地理分析类问题。如“你如何知道珠江干流流速的季节变化特征？”

（5）地理评价类问题。如“你认为海南围海造陆这一规划是否合理？请证明你的观点。”

开放式问题并不列出可能的答案，而是让学生根据所学知识自由作答。因而开放式问题的答案比较真实，有利于活跃课堂教学气氛、激发学生思维。不足之处是答案非标准化，不便于教师对学生学习情况进行统计和分析，难以进行量化处理。

地理教学问题构成了地理问题化学习的基础。无论是封闭式教学问题，还是开放式教学问题，一个优质的地理教学问题应该具备以下特点：

（1）师生能够准确地描述地理问题。

（2）教师的地理问题与学生的状态应该相适应。

（3）在地理教学问题的提问—回答过程中尽量让学生广泛参与。

（4）让地理教学问题集中于大量的智慧技能，而不仅是简单的知识回顾。

（5）尽量提出具有探究性的地理问题。

（6）针对提出的地理教学问题，实时注重引导，从而促进学生的思考。

（7）同时使用开放式的以及封闭式的问题，从而促使学生产生创造性的思维和价值判断。当然，在地理教学实践中，地理教学问题是丰富多样的，有时甚至很难用封闭式地理问题与开放式地理问题进行简单划分。

为了在地理课堂教学中能够有效地利用提问，地理教师需要培养多种技能，最基本的也是最重要的是，要能够确定出适当的地理问题并清晰地表述这些问题。这跟教师的学科教学知识有直接关联，依赖于地理教师对当前所教学生的知识和学生所具备的理解力准确把握的能力。需要在确定地理教学目标时，尽可能设计出更多的学生能参与到地理教学中并与学生的实际相吻合的问题。同样重要的是，要利用这些地理问题揭示学生之前学习的内容与新的地理内容之间的联系。用问题提供一个框架，从而使学生在这一框架之中理解理念和新内容。同时注意，地理教学问题的排列顺序也是一种教学方法，因为经过优化的教学问题排序可以帮助地理教师引导地理课堂中的对话。也可以对地理问题一步步升级，从而随着课堂教学的进展增加问题的挑战性。当地理教师努力去培养或者挖掘学生的理解力的时候，这就是一种重要的教学方法或教学技能。比如，教师可以开始将教学问题集中于某一个小的范围，随后一步一步地拓宽。当然，也可以开始的时候比较宽泛，随后细化到更多的细节。这样就既可以帮助教师随时监测课堂上学生学习，也可以帮助教师促进学生的地理学习。在这样的情况下，地理教学问题的反馈就很重要了。根据课堂上的及时反馈，及时生成新的教学问题，在教学问题不断创建的课堂氛围中，对学生的表现及努力加以及时评价，给予中肯的表扬以及鼓励，逐步培养他们的自信心。所以，如何提出以及使用地理教学问题都非常重要，因为学科教学知识视角下的教学问题对课堂氛围以及师生之间建立密切关系能够产生重大影响。

二、封闭式地理教学问题及其解决途径

封闭式地理问题的问题已知；达成途径对教师是已知的，但是对学生未知。这一类地理问题的解决，不能就题论题，而应该将地理学科问题尽量转化为地理学习问题，贯穿地理教学过程的教学问题。在实际地理教学中，这类地理教学问题往往被教师分解为一个个封闭式的小问题，按照学生的认知逻辑组织起来。通过一个个小问题的解决，最终解决整个地理教学需要解决的大问题。达成途径相对也比较简单，主要途径就是读书、读图、画图或讨论。

【案例 5】封闭式地理教学问题目标状态达成案例。

全球性大气环流画图学案

1. 分步绘图说明气压带和风带的形成

（1）假设地球表面是均一的（地表既没有海陆分布，也没有地形高低起伏），而且地球既没有自转运动，也没有公转运动。运用热力环流原理，绘图说明赤道与极地之间的大气运动状况。要求如下：在图 1–3 和图 1–4 中的方框内填注气温高低和气压高低状况，并在线段一端补画箭头表示大气流动方向。

1）如果把地球表面展平，画出赤道与极地之间大气运动示意图（见图 1–3）。

2）如果把地球还原为球面，画出赤道与极地之间大气运动的示意图（见图 1–4）。

3）通过绘图，可以了解到，在“地球表面均一，既没有自转，也没有公转”的前提条件下，引起大气运动的主要因素是__________。赤道地区气温__________，空气以__________（上升、下

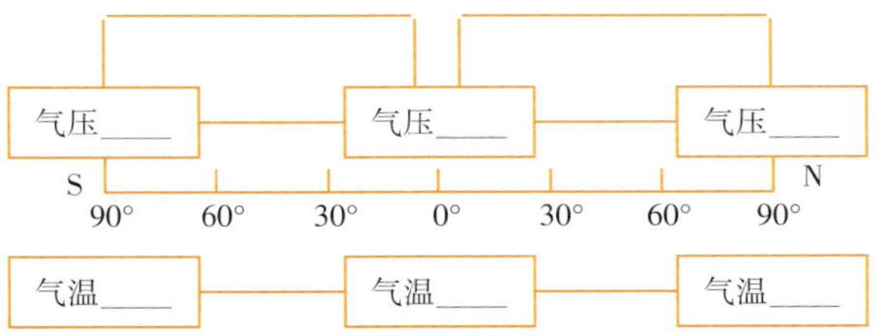

气压____
气压____
气压____
S
N
90°
60°
30°
0°
30°
60°
90°
气温____
气温____
气温____

图 1–3　赤道与极地之间大气运动示意图（地球表面展平）

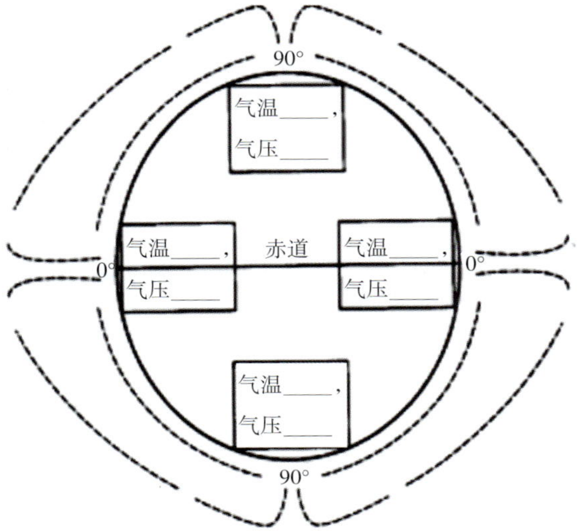

90°
气温____，
气压____
气温____，
气压____
赤道
气温____，
气压____
0°
0°
气温____，
气压____
90°

图 1–4　赤道与极地之间大气运动示意图（地球还原球面）

沉）运动为主，近地面形成__________带；两极地区气温__________，空气以__________（上升、下沉）运动为主，近地面形成__________带。因此，近地面大气由__________流向__________，高空则相反。这样，在赤道与极地之间便形成了南、北半球各一个大型环流。由此可知，在这种条件下，影响近地面大气产生水平运动的动力是__________。

（2）仍然假设地球表面是均一的，但把地球的自转运动考虑进来，那么作水平运动的大气将受到地转偏向力的影响，赤道与极地之间的大型环流将改变为三圈环流——低纬环流、中纬环流和高纬环流。

1）低纬环流圈：在__________和__________两种力的共同影响下，由赤道上空流向极地的大气将发生__________，最终与纬线__________（垂直、平行），成为高空偏西气流。大约在南、北纬 30°附近，大量空气堆积下沉，在近地面形成________带。该带空气将向南、北分流，从而在 0°~30°纬度之间形成低纬环流。请在图 1–5 的方框中填注气压带名称，并用箭头表示低纬环流的气流状况。

2）中纬环流圈：在__________的影响下，近地面由南、北纬 30°附近流向极地的气流与极地流向赤道的气流在 60°附近相遇，从低纬来的__________的气流，上升到从高纬来的__________气流之上，形成上升气流，在近地面形成__________带。该带空气将向南、北分流，从而在__________纬度之间形成中纬环流。请在图 1–6 的方框中填注气压带名称，并用箭头表示中纬环流的气流状况。

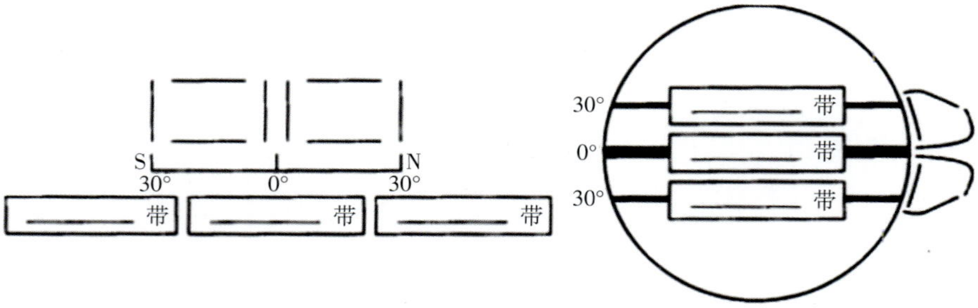
S
N
30°
0°
30°
带
带
带
30°
0°
30°
带
带
带

图 1–5 低纬环流圈示意图

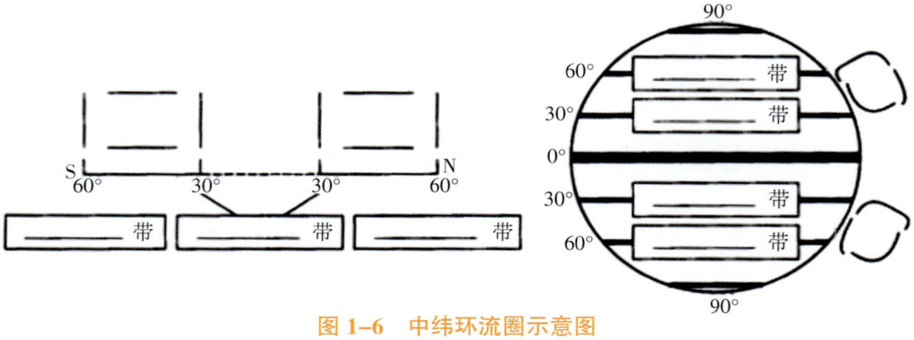
S
N
60°
30°
30°
60°
带
带
带
90°
60°
30°
0°
30°
60°
90°
带
带
带
带

图 1–6 中纬环流圈示意图

3）高纬环流圈：近地面大气由__________带流向__________带，高空大气由__________带流向__________带。这样，在 60°~90°纬度之间便形成了高纬环流。请在图 1–7 的方框中填注气压带名称，并用箭头表示高纬环流的气流状况。

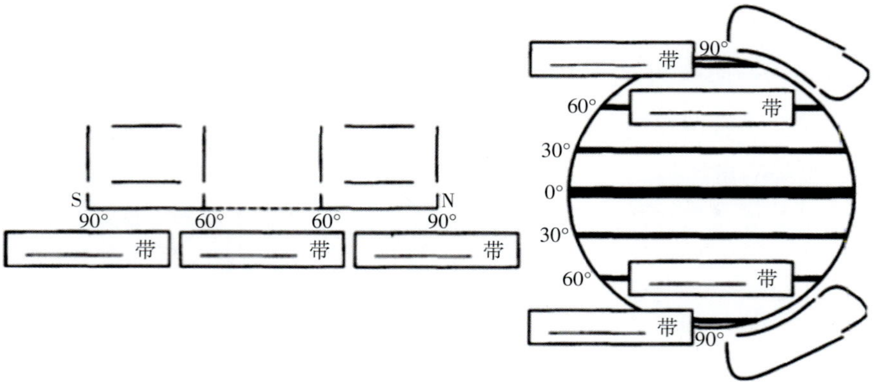
S
N
90°
60°
60°
90°
带
带
带
90°
60°
30°
0°
30°
60°
90°
带
带
带
带

图 1–7 高纬环流圈示意图

4）低、中、高纬三圈环流在近地面共同形成了七个气压带，在各气压带之间又形成了六个风带。请在图 1–8 中的方框内填写代表气压带名称的字母；在椭圆框内填出代表风带名称的字母，并用箭头表示各风带的风向（A 赤道低压带，B 副热带高压带，C 副极地低压带，D 极地高压带，E 东北信风带，F 东南信风带，G 盛行西风带，H 极地东风带）。

（3）三圈环流其他变式图。

A. 气压带和风带分布的俯视图（见图 1–9）：

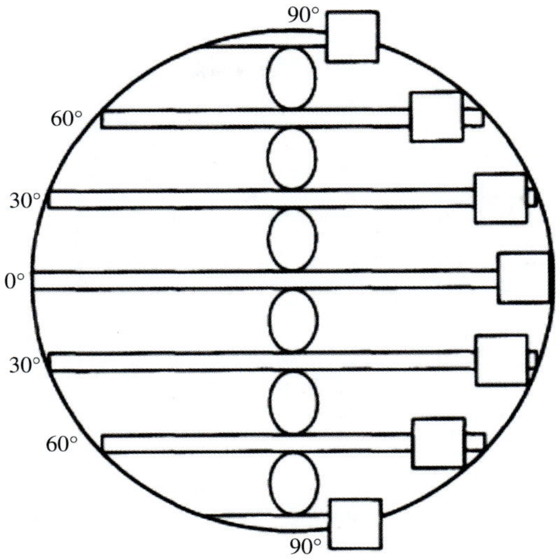
90°
60°
30°
0°
30°
60°
90°

图 1–8　气压带风带示意图

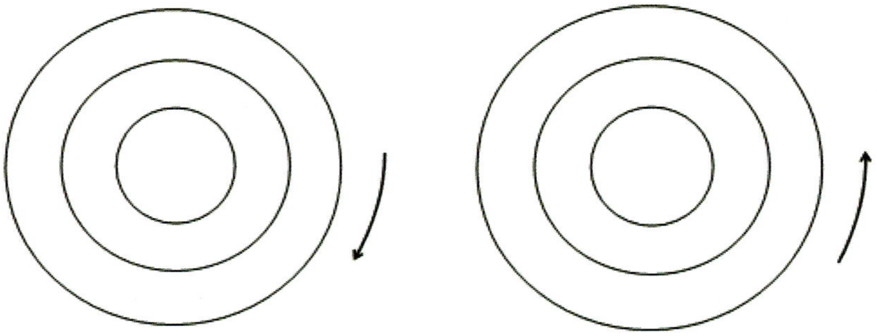

图 1–9　气压带和风带分布的俯视图

B. 气压带和风带分布的展开全图（见图 1–10）：

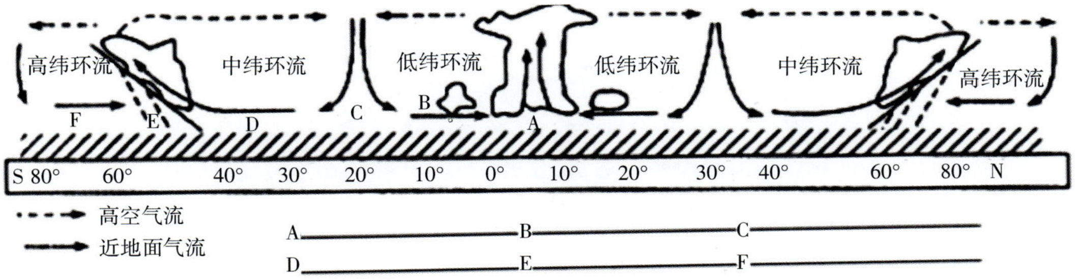
高纬环流
中纬环流
低纬环流
低纬环流
中纬环流
高纬环流
F
E
D
C
B
A
S 80°
60°
40°
30°
20°
10°
0°
10°
20°
30°
40°
60°
80°
N
高空气流
近地面气流
A
B
C
D
E
F

图 1–10　气压带和风带分布示意图

【总结归纳】全球性大气环流的特征。

【学以致用】瑞典大片森林因酸雨而枯亡，却将责任归咎于英国，你认为有道理吗？说明原因。

2. 气压带风带的季节移动原因（见图 1–11）

A 的日期为＿＿＿＿＿＿，B 的日期为＿＿＿＿＿＿，C 的日期为＿＿＿＿＿＿。

移动的规律：

就半球而言：北半球：＿＿＿＿＿＿，南半球：＿＿＿＿＿＿。

就全球而言：＿＿＿＿＿＿。

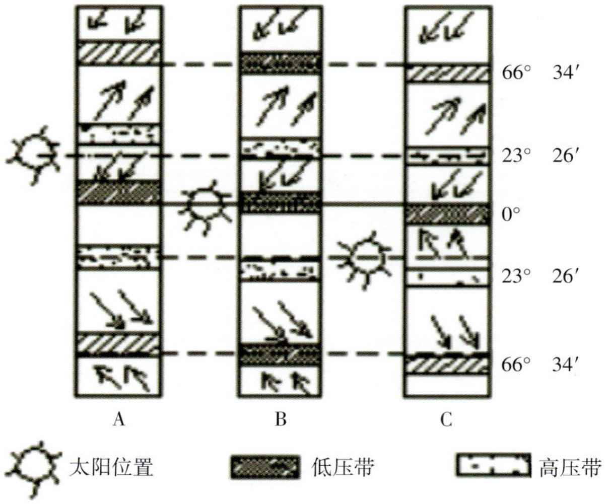
66° 34′
23° 26′
0°
23° 26′
66° 34′
A
B
C
太阳位置
低压带
高压带
图 1–11 气压带风带的季节移动示意图

3. 海陆分布对大气环流的影响

在图 1–12 中标出不同季节海陆高低压名称。

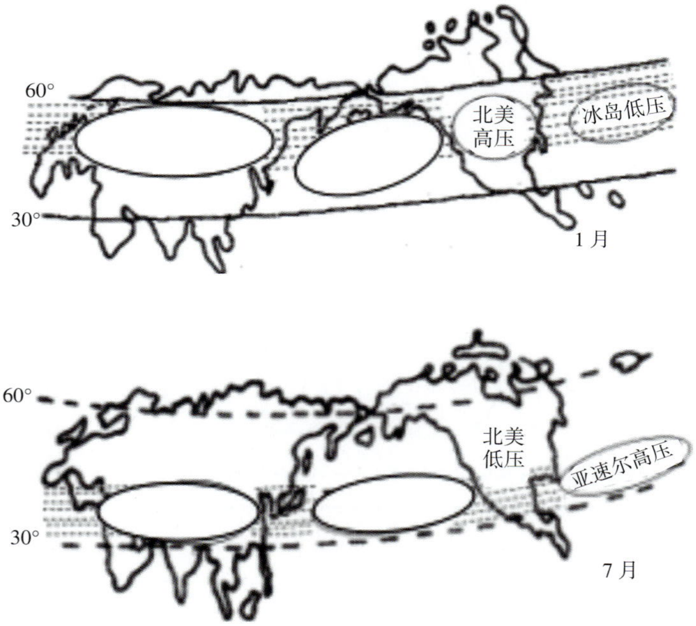
60°
30°
北美
高压
冰岛低压
1 月
60°
30°
北美
低压
亚速尔高压
7 月
图 1–12 1 月、7 月北半球高低压中心分布示意图

4. 季风环流形成图

在图 1–13 中标出不同季节海陆高低压名称，画出水平气压梯度力、东亚与南亚不同季节的风向。

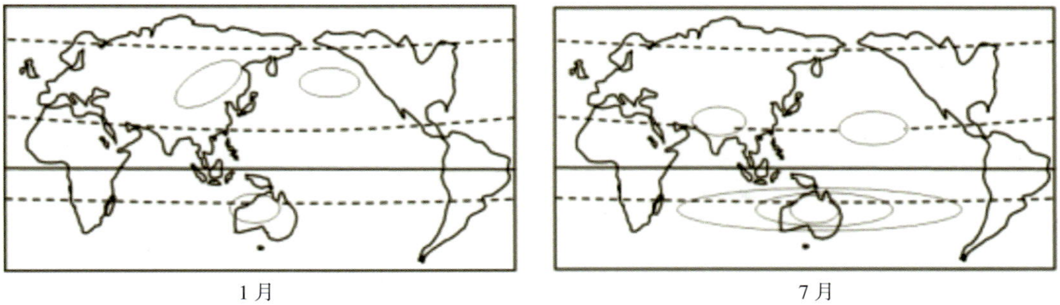

1月
7月

图 1–13　1 月、7 月局部地区气压中心分布图

资料来源：笔者的高中地理学案。

三、开放式地理教学问题及其解决途径

开放式地理教学问题的问题已知，方法未知。可能不是一种方法，也不是唯一答案，但又有基本的判断标准，可以区分对错。常见的达成途径有地理实验、地理观察、地理小论文撰写、地理辩论等。

【案例 6】开放式地理教学问题目标状态达成案例。

关于泥石流危害大小的研究报告

（深圳市龙城高级中学高一 A 组 3 班　陈同学）

我国是一个地质灾害多发的国家，有唐山大地震、汶川大地震，地质灾害需要随时警示。一次我在看电视时，看到正在遭遇泥石流的舟曲县，有一个孩子陷入泥石流里，在一旁的救灾队员却束手无策。泥石流的破坏力有多大，为什么不能把陷入泥石流的人直接救出来？基于这个问题，我开始了这项研究。希望能知道为什么泥石流的破坏力这么大，陷入泥石流的物体为什么难以挣脱。

实验一：准备两杯纯净水，大约每杯 1 升，然后向其中一杯纯净水加入大量的泥沙，使其变为泥水，再取一根长而粗的塑料水管，对着横截面将其切成两半。将这两根半管凹面朝上，与地面呈 35°倾角，固定好，在 2 根半根水管与地面的接角处，分别放置 2 个足够大的硬木板，上面立起许多长 5 厘米、宽 5 厘米、高 10 厘米的长方体积木，每个积木间隔有 10 厘米以上，向第一根水管顶端倒入 1 升纯净水，向第二根水管顶端加入 1 升的泥水，统计积木倒下的个数（见图 1–14 中装置 A）。多次反复实验，记录数据。

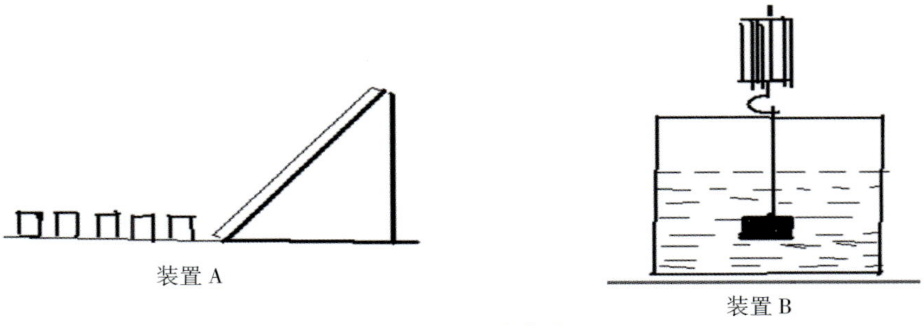

装置 A
装置 B

图 1–14　实验装置

实验二：再准备纯净水和泥水各一杯、两个约 50 克的小铁块、两只弹簧测力器。将两个约 50 克的小铁块分别用绳子系在两个弹簧测力计上，然后将两个铁块分别放在纯净水和泥水中（见图 1-14 中装置 B）。再匀速地将弹簧测力计往上拉，观察弹簧测力计的示数，直到铁块被拉到水或泥水外部，冲洗干净浸入泥水的铁块。多次反复试验，记录下每次弹簧测力计的示数。

通过多次的实验，实验数据显示：第一个实验中，加入泥沙倒下的积木数量明显比加入纯净水多，这说明混有大量泥沙的水的冲击力比普通的水要大。这也是泥石流的破坏力比洪水要大的原因。第二个实验，拖出浸入泥水的铁块的拉力也比拖出浸入清水的铁块的拉力要大。这也可以解释陷入泥石流就难以挣脱出来的原因。

通过这两个实验，可以深刻地体会到舟曲泥石流的杀伤力之大以及舟曲人民的痛苦。完全能想象出舟曲那时候的满目疮痍。我们国家必须加强这方面的防范、监测工作。在第一个实验当中，笔者觉得做得最好的就是用一组小装置来模拟泥石流。在第二个实验当中，笔者曾经试着用木块做实验，结果，浮在水面上，拉力太小，实验效果不明显。后改用铁块，实验才能顺利进行并获得了成功。做实验时，要排除一切干扰。

第三节　地理教学问题解决与教师专业发展

一、问题从生的地理教学教研

（一）作为地理教师，常有的困惑

如何让学生觉得学习地理是学生自己的事？

如何让学生主动探索他们想要解决的地理问题？

怎样才能让学生弄清地理知识之间的联系？

放手让学生提出地理问题与追求地理课堂教学效率仿佛永远是个两难问题，有没有办法突破这个难题？

在地理课堂有限的时间内，怎样的地理问题才具有地理学科思维培养的核心价值？

怎样实施地理教学才能兼顾不同层次学生的地理学习起点与发展需求？

为什么有的学生在地理学习中，总是只能解决老问题，却不能解决新问题？

怎样在地理问题的设计中体现地理学科核心素养？

……

（二）实际上，学生在地理学习中的问题也不比教师少

为什么地理老师会提出这个问题？

为什么别的同学有地理学习“问题”，而我却没有呢？

我掌握了有关地理知识，为什么不能运用这些地理知识去解决这个地理问题呢？

……

（三）作为地理教师，还面临教学评价的问题：比如什么样的课才算一堂好的地理课

观点一：地理课有很多种，既有地理常态课，又有地理公开课。常态课与公开课，虽然都是“课”，但又有所不同。公开课和常态课的相同点，就是给学生授课；不同点就是公开课同时有其他对象存在，如学校领导、各级教研员。因为听课对象不同，讲课者的投入、关注、状态、情绪、表达等也大不相同，需要为公开课进行特别设计。

观点二：在听别人的公开课时，教师之间也会相互学习。有人说，能让公开课成为一种常态下的公开课，常态课成为一种可公开的常态课，但说起来容易做起来难。每个人的常态课起点不一样，心目中的目标状态的公开课也不一样，更不要说达成途径的千差万别。一堂好的地理课，无论是常规课还是公开课，都应该是以问题解决为目的，不应成为一种“样板戏”。

（四）什么样的老师才是好的地理老师

观点三：好的地理老师应该具备一些基本的技能：比如了解地理学科的课程，掌握必备的地理教学技能；不断有提升自己教学水平、提高教学成绩的想法，也就是有较强的教师效能感；在地理教学中应用教育心理学的基本规律。

（五）平常的教研活动究竟应该怎样开展才算有效

观点四：高中地理教学工作中，老师们参加过各种各样的地理教研活动。有的教研活动令人兴奋、收获颇丰，有的教研活动又感觉是在浪费时间。有“浪费时间”感觉的教研活动的主要特点是没有主题，整节课缺乏一个焦点或对问题没有深度思考和启发。缺乏问题意识以及没有主题、没有呈现问题解决过程的教研活动是低效率的教研活动。

（六）教师究竟需要什么样的专业引领

据相关数据统计，地理教师对那些未结合地理教学实例的纯理论指导类的专业培训评价最低，对与同事共同阅读理论材料并相互交流的研讨也觉得收效甚微。而对有丰富课改经验的专家与教学实践经验丰富的教师共同指导课堂教学研讨评价较高。教师们很期待经验丰富的同事在地理教材教学方面的指导，以及同事之间对地理教学实际问题相互切磋交流进行教法方面的指导。

可见，地理教师的专业发展也不单纯是地理学科知识或地理教育教学理论知识的专业引领，而是基于地理学科知识基础之上的地理教学方法、地理学习方法的引领。在地理教学实践中，对地理教学生活中各种问题的提出与解决有利于地理教师的专业发展，更有利于地理教师教学能力的不断提升。

二、问题生成与教师专业发展

所谓课堂动态生成是指在教师与学生、学生与学生合作、对话、碰撞的课堂中，现时生成的超出教师预设方案之外的新问题、新情况。它随着教学环境、学习主体、学习方式的变化而变化，根据教师的不同处理而呈现出不同的价值，使课堂呈现出动态变化、生机勃勃的新特点。新课程理念下的课堂教学目标是动态的、发展的和不断生成的。课堂教学目标的动态生成性，要求教师在完成既定教学目标的同时，充分发挥教学机制，利用可贵的生成性教学资源，去积极实现非预设的教学目标。课堂教学是师生生命活动的一部分，学生在知识的殿堂里，不断碰撞出知识生命的火花，而教师则要在营造一个平等交流的氛围中，不断激发学生知识生命的潜能。于是师师、师生、生生之间进行了富有灵性的动态信息交流，在交流中不断引出问题，引发思考，解决问题，反思行为。

在高中地理教学中，有很多值得探究的问题，作为地理教师，首先要善于思考，不断挖掘可探之点，打开学生思维的窗户。实际上，学生是地理知识的发现者，课堂上只要始终将学生置于地理知识“探索者”的位置，学生就会在经历、体验与探究活动中，提出新颖的地理问题，发表不同的见解，而这些地理“问题”和地理“见解”，就是生动的地理课程资源，通过师生间深层次的互动，有可能提炼和生成出更具针对性的地理教学目标，从而在地理课堂上产生超越预设目标的“突破性”教学效果。

［案例 7］地理生成性问题及解决途径案例。

前概念转化的教学实录两则

［教学实录 1］教师：读教材热力环流的形成图（见图 1–15），请将 A、A′，B、B′四处按气压由高到低进行排序。

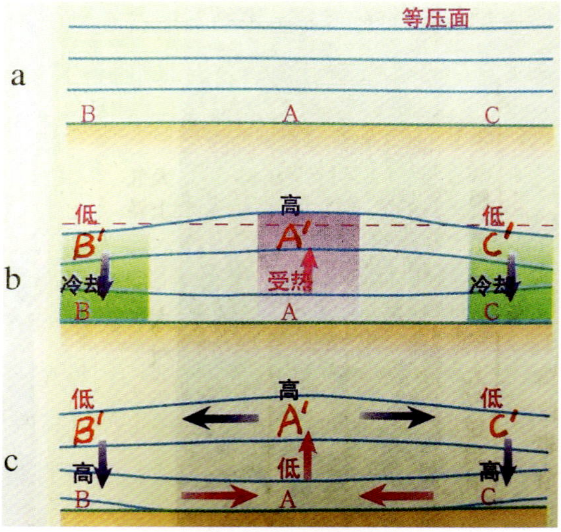

等压面
a
B
A
C
b
低
B′
冷却
B
高
A′
受热
A
低
C′
冷却
C
c
低
B′
高
B
高
A′
低
A
低
C′
高
C

图 1–15　热力环流的形成

绝大部分学生回答：B>B′>A′>A。

教师：这种排序是错误的。请同学们思考为什么？

学生一脸茫然：上面明明写着 B 处是高压区、B′处为低压区；A 处为低压区、A′为高压区。

教师：是的，上面是写着高压、低压。请问：B>B′有没有问题？为什么？

学生：没问题，因为同一地点，海拔越高，气压越低。

教师：A′>A 有没有问题？为什么？

学生（兴致盎然地讨论）：B>B′没问题，同理 A 应该大于 A′，因为 A′海拔比 A 要高。学生反问：那么老师，为什么 A 处标出的是低压呢？

教师：这个问题问得好。我也想知道：这是为什么呢？

学生（讨论后得出结论）：A 处低压的“低”是相对于 B 处的。同样，A′高压的“高”也是相对于 B′的。正确排序应该是 B＞A＞A′＞B′。

教师：请同学们思考为什么我们一开始认为 A′大于 A 呢？这个学习过程中，我们能得出什么结论？

学生：一开始认为 A′大于 A，是因为单纯从字面上理解，气压高处一定比气压低处的气压要高。

词语的望文生义导致我们得出了错误结论。现在明白了，所谓气压高低概念正确理解应该是指同一水平面气压高处一定比气压低处要高。

[教学实录 2] 教师：请同学们读教材“在水平气压梯度力和地转偏向力共同作用下的风向（北半球）”图，思考一个问题：图 1–16 中风向是由海拔较低的 500（hpa）处，上升到海拔较高的 490（hpa）处。请问这种表述对吗？为什么？

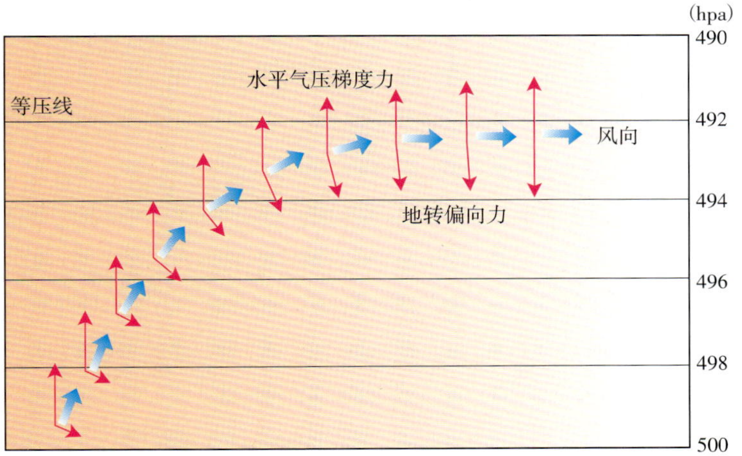

(hpa)
490
492
494
496
498
500
等压线
水平气压梯度力
风向
地转偏向力

图 1–16 在水平气压梯度力和地转偏向力共同作用下的风向（北半球）

大部分学生回答：没问题。就是从海拔较低的 500（hpa）处，上升到海拔较高的 490（hpa）处的。

教师：请同学们回顾：风是怎样形成的？产生风的直接原因是什么？

学生：在水平气压梯度力作用下，大气由高气压区向低气压区作水平运动，形成了风。水平气压梯度力是形成风的直接原因。

教师：很好，同学们理解了风的形成。但是，图中空气从海拔低的 500（hpa） 上升到海拔较高的 490（hpa），是在作水平运动吗？

学生：不是，是上升运动。但是为什么上面标明是风呢？还有水平气压梯度力？

教师：打个比方：图 1–16 表述的是用教学楼的一层到五层比喻恰当还是我们班级内部的第一排到第五排比喻恰当？

学生讨论、交流之后，达成共识：是教室内部的第一排到第五排比喻恰当。因为教室内部的第一排到第五排，是水平方向的。大气是由高气压区向低气压区作水平运动，才形成了风。跟我们学过的知识一致。可是为什么一开始，我们很容易地把它看成由海拔低处上升到海拔高处呢？

教师：这个问题，请同学们自己思考。

学生讨论得出：因为教材的原因，使人感觉是海拔低处到海拔高处。如果将教材竖起来，感觉更明显。

教师：很好。由于教材的原因，我们很容易看成是海拔低处到海拔高处。请问，这种情况在教材里还有吗？

学生：教材中在水平气压梯度力作用下的风向图和在水平气压梯度力、地转偏向力和摩擦力共同作用下的风向（北半球）图也是。

教师：那我们在学习时应注意什么？

学生：教材为纸质媒介，这种示意图在纸质媒介上只能这样呈现。但是，我们在学习的时候，要留意到教科书这种纸质媒介的局限性对我们学习的影响。

在大多数的教育情境下，将问题作为学习的基础，将学习置于真实的问题情境中，是一种教学方式的转变。

第二章　教学问题解决：高中地理思维导图

在解决问题的过程中，学习者不仅要能找到解决问题的合适途径，更重要的是以后遇到类似的问题，能够举一反三，更为轻松地解决。前述关于地理教学问题的内涵、类型及其解决途径的分析，也是基于这个目标。要达到这个目标，更需要建立与各类问题相关的问题图式。所谓问题图式，简单地说，就是关于某个种类问题所形成的概念。通过真实的问题情境来实现地理教学问题的解决，并力图将问题解决过程可视化表达。

第一节　高中地理教学问题与思维导图

在地理学科教学中，最能体现地理教师经验与智慧的是对地理问题系统的设计与把握。一些有价值的地理问题系统，通常就能反映地理学科教学精髓。但是地理问题系统往往内隐于地理教师的头脑中。如何让更多的地理教师更好地相互学习，并把这些内隐的地理教学智慧显性化呢？在地理课堂教学中地理教师又如何让学生将心目中的地理问题模型表达出来，方便师生、生生之间的交流呢？其实，地理教师们平时精心设计的板书和板图，给学生呈现的地理学习导图与地理知识结构图，都是非常有意义的尝试。那么，有没有一种图，不是简单的地理图像再现，而是地理思维表达的图示方法，使师生的地理思维更加敏捷，地理教学问题解决的思路更加清晰，从而变得更聪明、更有洞察力呢？有，那就是地理思维导图。

思维导图（Mind Mapping）由英国学者东尼·博赞（Tony Buzan）在 20 世纪 70 年代初期所创，是一种将放射性思考（Radiant Thinking）具体化的图示方法。以前多用于企业培训，目前已逐步渗透到教育领域，但在学科教学，尤其是在地理学科教学问题解决中的思维导图书籍国内目前没有发现。

思维导图的使用可以追溯到人类开始使用符号的历史时期。迄今为止，传统的纸笔依然可以用来制作思维导图，这一点，在现代不少学生的地理笔记中仍然常用，但随着现代信息技术的发展，一些借助计算机进行思维导图构图的制作工具就更显得易于操作、方便存储与交流。思维导图（包括概念图）制作工具有很多，如 Mindjet MindManager、iMindMap、Inspiration、MindGenius Business、Mindmapper、Conceptdraw、PersonalBrain 等。除上述专用的思维导图构图系统外，其他一些软件制作工具如 Authorware、Word、画笔、教室里的电子白板等均可用于制作思维导图。只不过不同的工具在构图功能与适用范围上有所不同而已。关于这些思维导图软件及制作工具如何具体操作使用，建议读者自行找书籍或资料阅读，本书不再赘述。

本书介绍的地理思维导图是广义的。如前所述，本书介绍的地理教学问题及其解决途径也是广义的。这里说到的地理教学问题是对地理现象、地理事物、地理概念的理解，也有地理教学问题解决的程序。一个地理教学问题解决的过程，有时通过系列地理问题的学习来获得某种概念，有时是地理教学问题在不同情境中的变式学习，有时是围绕一个中心议题的发散性思考过程。无论是地理概念的学习，还是地理问题的解决（狭义），地理教学问题的解决都体现了一个系统化思考的过程。地理学习通常以一个地理主题、地理问题、地理概念为中心（或为开端），通过系列的问题组织思考（这个阶段的功能就类似于思维导图），地理学习的进程伴随着地理推论、地理分析，进而逐步建立各要素之间的意义关系（这个功能类似于概念图）。在实际的地理教学问题解决过程中，概念图、思维导图等之间界限往往并不清晰。地理思维导图的称呼似乎更能显示基于地理问题进行地理思维引导的过程，一般地理教师也比较能够理解与接受。因此在具体的地理教学实践中，我们就把概念图和思维导图，包括思维脑图、示意图等，统称为广义的思维导图。

运用思维导图的目的就是帮助地理师生建构认知心理学中的心理图式。按照一般的理解，所谓心理图式通常是指人们头脑中关于一类客体、事件、情境的一般知识结构。心理图式不是图示，图示是指将信息图形化、图解化表示。当然，作为基础教育工作者，很多时候也不愿意对图式、图示做个明确的区分，只要能够说明问题、解决问题就行了。

那么，地理教学问题解决过程中为什么需要思维导图呢？因为不同的人对同一个地理事物或地理问题的理解，有所不同。为了使大家便于交流，可以通过图示的方法把人脑中的想法显性化、可视化，这样就可以更清楚地知道对方的想法。比如学生可以了解地理老师的想法，地理老师也可以洞察学生对这个地理问题理解的心理模型。这种可视化的工具有助于师生之间、生生之间的思维交流与智慧分享。而且用结构图的方式呈现出来，可能比语言的描述更能让学生明白地理事物、地理概念、地理知识、地理问题或地理教与学行为之间的相互关系、逻辑顺序等。此外，人类大脑有确定模式的功能，在某种程度上，它确定了人的心智模式，就是人的思维习惯与模式。师生在地理教学问题解决，即师生相互交流的过程中运用可视化的思维导图，在某种程度上可以改善教师或学生自己的心智模式。

在实际的地理教学中，思维导图既可以作为教的工具，也可以由学生自己动手作为学的工具。作为教的工具，地理教师可以用来进行教学设计，写备课方案、分析教材、梳理教学内容，进行学情分析，预估学生问题，分解学习任务，设计学习过程，设计制作预设的问题系统图，从而进一步明晰自己上课的思路，也有助于地理教师之间的教学经验交流与教学智慧共享。地理教师也可以在课堂教学的过程中为学生设计问题引导图，用于辅助教学的演示，给学生一个问题系统的概览，从而提高课堂学习的效率。

当然，地理教师还可以把它作为教学评价的工具，比如让学生自己制作一个解题的思维导图，用来考察他们对问题的分析与思考，或制作一个问题系统图，考察他们是否学会全面思考问题，对问题全局与问题局部之间的相互关系有一个全局的、总体的把握，是否形成了某一类地理问题的认知图式。

作为地理学习的工具，学生在地理学习中，地理教师可以让学生用地理思维导图进行问题梳理、解题规划、创意思考、知识整理、概念梳理，也可用来记笔记、做计划。在教师教研活动中，教师们还可以运用思维导图制作听课笔记、教研活动纪要。在进行地理研讨中，可以运用思维导图进行头脑风暴，支持对问题的组织、筛选与呈现，也可以让学生制作好思维导图进行相互交流、表达地理观点，从而知道对方是怎样进行思考的，对自己有哪些借鉴，如何改进。

地理教学中常见的三大问题：学科知识建构问题、有效信息整合问题以及教学逻辑力提升问题。本章从这三个方面简要介绍笔者在地理教育教学实践中的主要做法，并提供相关的地理思维导图案例。这些思维导图案例是笔者学科教学知识（PCK）的总结与提炼，具有很强的情境性、实践性以及个性化特点。

第二节　地理学科知识体系建构问题与思维导图

一、地理学科知识体系的建构问题分析

下面从地理学科知识体系建构问题的三种空间状态：初始状态、目标状态以及达成途径进行初步分析。

（一）初始状态与目标状态

笔者所在学校曾对高三年级地理教学情况进行了问卷调查。共发放调查问卷 385 份，回收问卷 378 份，有效问卷 375 份。调查问卷涉及项目很多，本书仅从地理学习这一视角对调查问卷进行分析：

对“你从地理课堂上学到了什么”这一题目，90%的同学仅限于从自然地理中地球运动、大气环流、洋流、地理环境整体性与地域分异、农业区位、工业区位、环境问题、可持续发展、旅游地理、环境保护等一些零散的知识碎片进行回答。仅有不到 5%的学生提到了“用可持续发展观点看地理问题、用地理区位理论分析工农业生产布局”等一些上位知识。由此我们不难看出，在地理学习中，学生普遍存在地理知识掌握碎片化的问题。大多数学生对于地理知识的掌握仅仅停留在孤立地掌握某个地理知识点，会做地理题（实际上很难达到会的程度）。然而，高效的地理教学应该是催生地理观念的过程，而不仅是传递现成地理知识、地理技能的过程。

尽管调查数据可能受多重因素影响，比如地理教学的进度、地理教师的差异等，可能会对分析造成一定的偏差。不过调查反映出的这一问题相信在高中地理教学界普遍存在。可以看出学生对于地理学科价值的认同感与我们的课程目标存在较大的偏差。这也让我们反思一个问题，在地理教学中，要用地理知识的广度和深度去吸引学生，不能认为仅凭地理学习兴趣就能提高学生对于地理学科价值的认同感。

在调查中，有超过 85%的学生认为地理难学的原因是在于地理知识太繁杂，学会的地理知识无

法理论联系实际进行应用。地理学科在文科中属于有些偏理科性质的学科，固然有比较难懂的地理知识点，如自然地理部分，但是对于大多数学生而言，认为地理难学在于过于繁杂的地理知识群体。其原因在于学生对既有地理知识的加工、整合、内化能力欠缺，归根结底，是地理教学中没有寻找到一种有效的方法，有意识地帮助学生建构比较完整的地理学科知识体系。

（二）达成途径

为了解决地理实际教学中存在的这一问题，地理教师在地理教学中应对零散的地理知识进行组合建构，形成某种联系，使其意义化、系统化，以便于学生记忆、掌握及灵活应用。地理思维导图作为思维可视化的一种工具，在地理学科知识体系建构过程中发挥着重要作用。

怎样利用思维导图建构地理知识体系呢？教学实践证明，应将整个高中地理从宏观上建构成知识思维导图，按照自然地理、人文地理、区域与区域可持续发展三大模块架构。针对每个章节，引导学生对章节基础知识进行梳理、归纳、加工，建构自己的思维导图。最后在教师的指导下，对各章节的重点、难点进行突破，突出学科主干知识，形成各章节的知识思维导图，并在此过程中渗透相关知识，最终形成整个高中地理完善的学科知识体系。

当然，学生在进行知识建构过程时离不开联想和逻辑推理，构建地理思维导图可以有效培养学生的发散思维，锻炼思维品质。通过建立知识点之间的多项联系形成地理认识结构的升华和能力的提升，是进一步培养学生地理学科核心知识和关键能力的基础和前提，地理思维导图建构过程就是对学生地理思维能力的培养过程。

二、建构地理学科知识体系的思维导图案例

案例说明：以下思维导图案例为笔者用 iMindMap 或 Mindjet MindManager 软件绘制。制作基本思路：基于问题解决的角度，针对教材相关内容缺失或零散于不同版本、章节或对学习者而言表述不清晰等状态特点，整合不同版本教材、不同章节、教辅资料、互联网以及大学教材的内容或信息，绘制出学科小专题知识体系思维导图。所有思维导图制作思路均来源于高中地理教学实践。本书大部分思维导图可作为高考备考教学指导或高中地理学习参考资料。当然，本书所有思维导图案例均有很强的个体性、实践性和情境性，是笔者的学科教学知识（PCK）的提炼。因此仅供参考。读者可以在这些思维导图案例中自行删减、添加，进一步完善出更科学、更完美的思维导图来。限于篇幅，本书思维导图并未包含高考备考地理学科全部知识体系，仅提供部分案例，未提供部分，请读者自行绘制。

思维导图读图指导：大致上，阅读中心主题，如思维导图案例 1 中的“星空太阳系”。接着从整幅导图的右上角大纲主干开始，按顺时针方向依次阅读大纲主干的关键词内容，如思维导图案例 1 中的从“四季星空”到“天体系统”，再到“日地月”。进而了解整幅导图的框架内容。个别图有例外。

思维导图案例 1：“星空太阳系”思维导图

本图由笔者用 iMindMap 软件绘制。针对学生缺乏四季星空、日地月关系等基础知识，将四季星空、天体系统、日地月关系的相关内容建构为“星空太阳系”小专题思维导图。

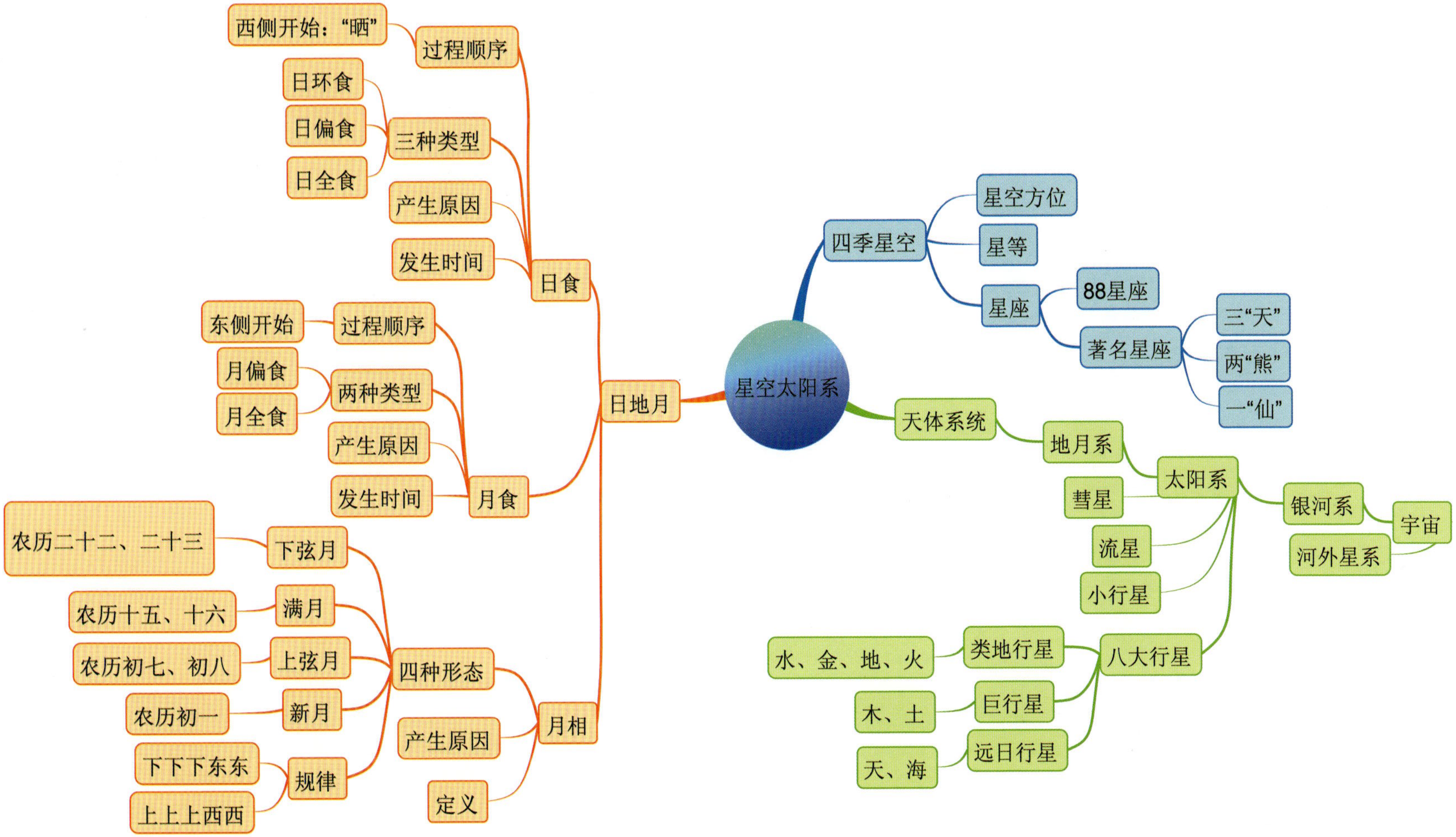
星空太阳系
四季星空
星空方位
星等
星座
88星座
著名星座
三“天”
两“熊”
一“仙”
天体系统
地月系
太阳系
彗星
流星
小行星
八大行星
类地行星
水、金、地、火
巨行星
木、土
远日行星
天、海
银河系
宇宙
河外星系
日地月
日食
过程顺序
西侧开始：“晒”
三种类型
日环食
日偏食
日全食
产生原因
发生时间
月食
过程顺序
东侧开始
两种类型
月偏食
月全食
产生原因
发生时间
月相
四种形态
下弦月
农历二十二、二十三
满月
农历十五、十六
上弦月
农历初七、初八
新月
农历初一
规律
下下下东东
上上上西西
产生原因
定义

思维导图案例 2：“地球与地图”思维导图

本图为笔者用 iMindMap 软件绘制。目的是建构地图基础知识、地球运动的地理意义以及能源分类的高中地理小专题知识体系思维导图。

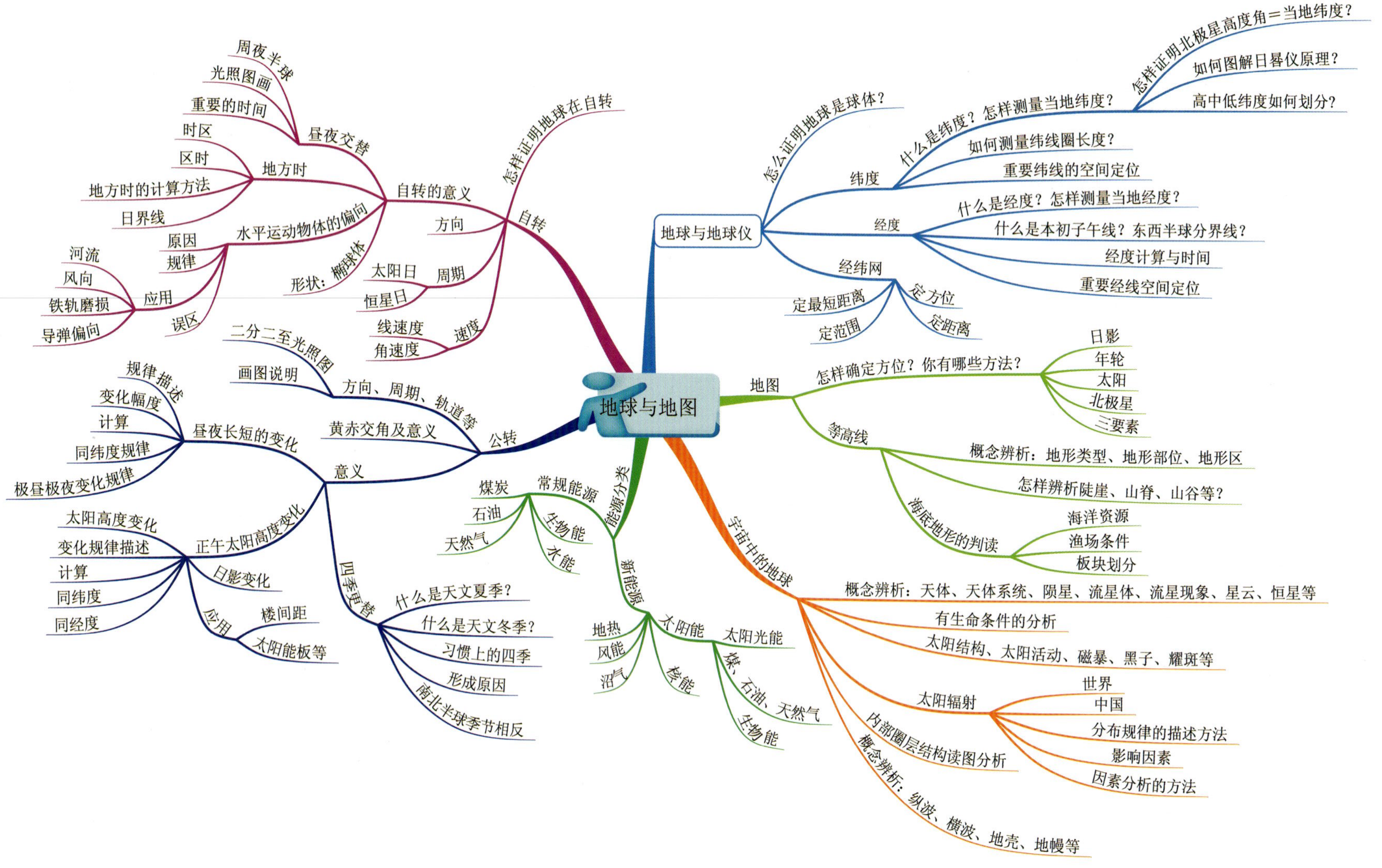

地球与地图
地球与地球仪
怎么证明地球是球体？
纬度
什么是纬度？怎样测量当地纬度？
怎样证明北极星高度角＝当地纬度？
如何图解日晷仪原理？
高中低纬度如何划分？
如何测量纬线圈长度？
重要纬线的空间定位
经度
什么是经度？怎样测量当地经度？
什么是本初子午线？东西半球分界线？
经度计算与时间
重要经线空间定位
经纬网
定方位
定距离
定最短距离
定范围
地图
怎样确定方位？你有哪些方法？
日影
年轮
太阳
北极星
三要素
等高线
概念辨析：地形类型、地形部位、地形区
怎样辨析陡崖、山脊、山谷等？
海底地形的判读
海洋资源
渔场条件
板块划分
宇宙中的地球
概念辨析：天体、天体系统、陨星、流星体、流星现象、星云、恒星等
有生命条件的分析
太阳结构、太阳活动、磁暴、黑子、耀斑等
太阳辐射
世界
中国
分布规律的描述方法
影响因素
因素分析的方法
内部圈层结构读图分析
概念辨析：纵波、横波、地壳、地幔等
能源分类
常规能源
煤炭
石油
天然气
生物能
水能
新能源
太阳能
太阳光能
煤、石油、天然气
生物能
核能
地热
风能
沼气
自转
怎样证明地球在自转
自转的意义
昼夜交替
周夜半球
光照图画
重要的时间
地方时
时区
区时
地方时的计算方法
日界线
水平运动物体的偏向
原因
规律
应用
河流
风向
铁轨磨损
导弹偏向
误区
形状：椭球体
方向
周期
太阳日
恒星日
速度
线速度
角速度
公转
方向、周期、轨道等
二分二至光照图
画图说明
黄赤交角及意义
意义
昼夜长短的变化
规律描述
变化幅度
计算
同纬度规律
极昼极夜变化规律
正午太阳高度变化
太阳高度变化
变化规律描述
计算
同纬度
同经度
日影变化
应用
楼间距
太阳能板等
四季更替
什么是天文夏季？
什么是天文冬季？
习惯上的四季
形成原因
南北半球季节相反

思维导图案例 3：“大气”思维导图

本图为笔者用 iMindMap 软件绘制。目的是将高中地理不同章节的大气组成与垂直分层、大气受热过程、大气运动、常见天气系统、大气降水、气候、气象灾害等知识内容按大气专题进行知识体系建构。

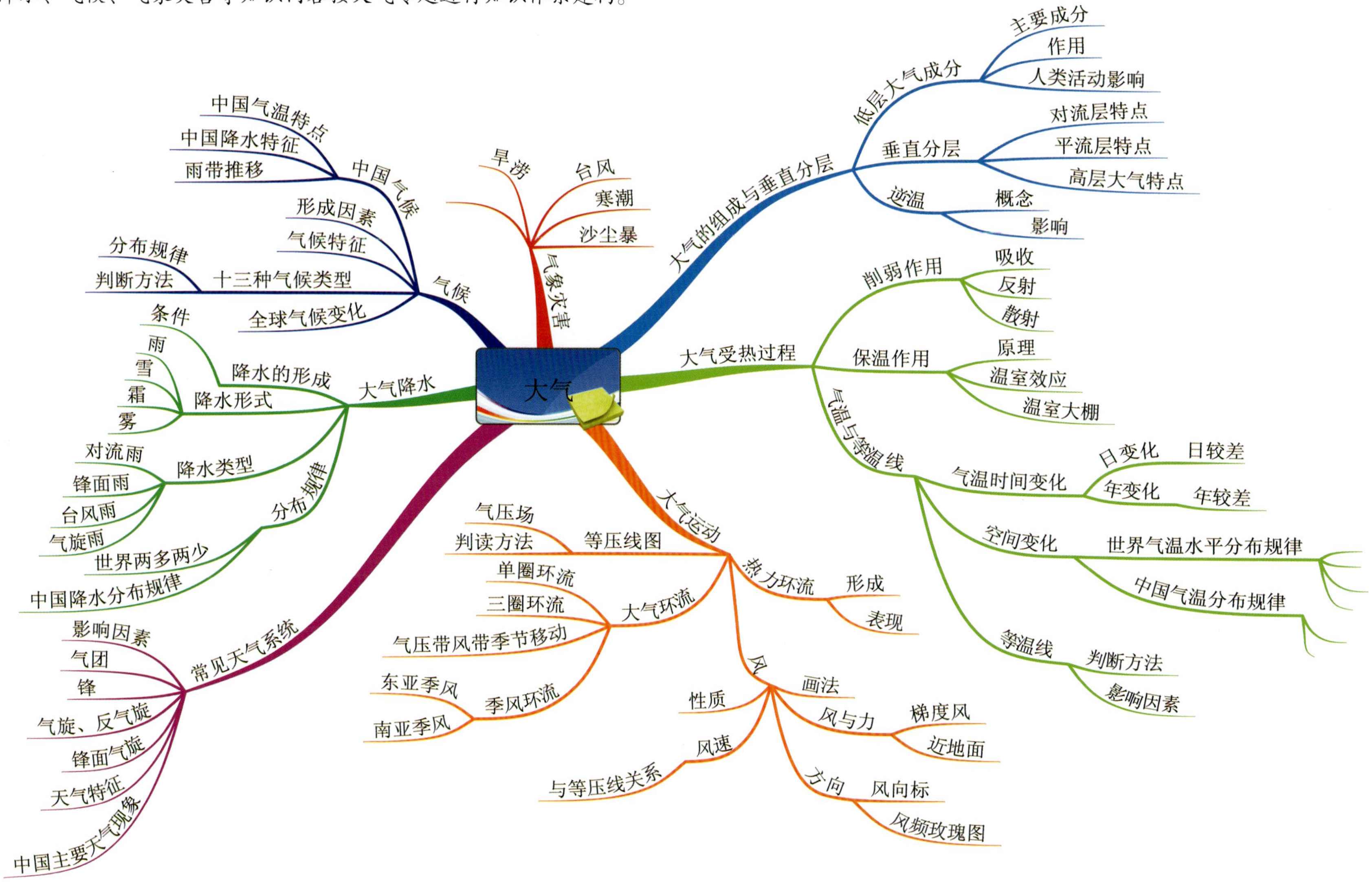

大气
大气的组成与垂直分层
低层大气成分
主要成分
作用
人类活动影响
垂直分层
对流层特点
平流层特点
高层大气特点
逆温
概念
影响
大气受热过程
削弱作用
吸收
反射
散射
保温作用
原理
温室效应
温室大棚
气温与等温线
气温时间变化
日变化
日较差
年变化
年较差
空间变化
世界气温水平分布规律
中国气温分布规律
等温线
判断方法
影响因素
大气运动
等压线图
气压场
判读方法
热力环流
形成
表现
大气环流
单圈环流
三圈环流
气压带风带季节移动
季风环流
东亚季风
南亚季风
风
画法
性质
风与力
梯度风
近地面
风速
与等压线关系
方向
风向标
风频玫瑰图
常见天气系统
影响因素
气团
锋
气旋、反气旋
锋面气旋
天气特征
中国主要天气现象
大气降水
降水的形成
条件
降水形式
雨
雪
霜
雾
降水类型
对流雨
锋面雨
台风雨
气旋雨
分布规律
世界两多两少
中国降水分布规律
气候
中国气候
中国气温特点
中国降水特征
雨带推移
形成因素
气候特征
十三种气候类型
分布规律
判断方法
全球气候变化
气象灾害
旱涝
台风
寒潮
沙尘暴

思维导图案例 4：“大气水平运动——风”思维导图

本图为笔者用 iMindMap 软件绘制。将高中地理教材、教辅资料、大学教材涉及的有关风的概念、大小、性质、形成、方向、尺度等知识建构为“大气水平运动——风”专题知识体系思维导图。

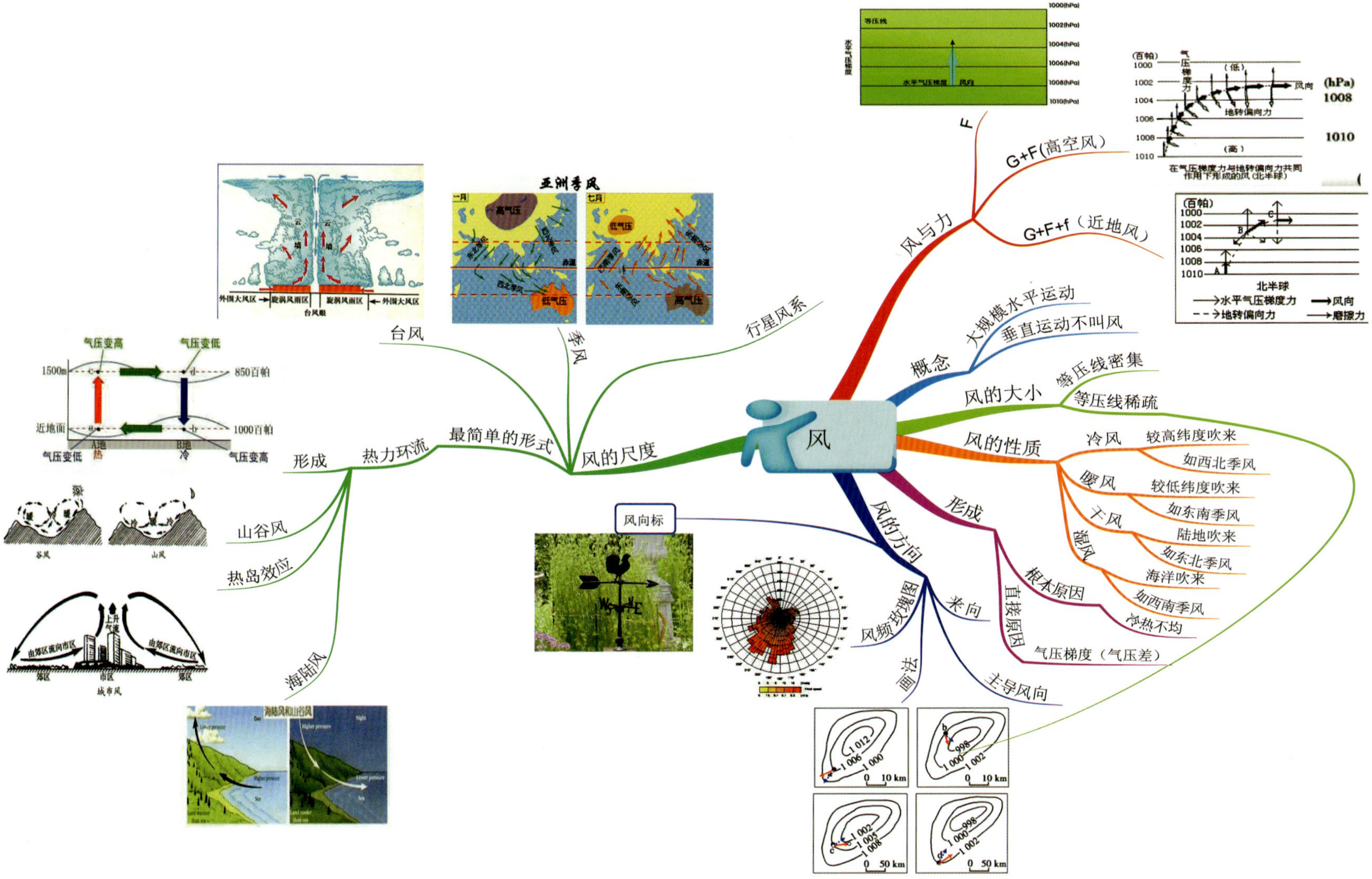

风
风与力
F
G+F(高空风)
G+F+f（近地风）
概念
大规模水平运动
垂直运动不叫风
风的大小
等压线密集
等压线稀疏
风的性质
冷风
较高纬度吹来
如西北季风
暖风
较低纬度吹来
如东南季风
干风
陆地吹来
如东北季风
湿风
海洋吹来
如西南季风
形成
根本原因
冷热不均
直接原因
气压梯度（气压差）
风的方向
来向
主导风向
风频玫瑰图
画法
风向标
风的尺度
行星风系
季风
台风
最简单的形式
热力环流
形成
山谷风
热岛效应
海陆风
亚洲季风
一月
七月
高气压
低气压
赤道
台风眼
外围大风区
旋涡风雨区
气压变高
气压变低
1500m
850百帕
近地面
1000百帕
A地
B地
热
冷
谷风
山风
由郊区流向市区
上升气流
郊区
市区
城市风
海陆风和山谷风
等压线
水平气压梯度
风向
北半球
水平气压梯度力
地转偏向力
摩擦力
在气压梯度力与地转偏向力共同作用下形成的风（北半球）

思维导图案例 5："常见天气系统"思维导图

本图为笔者用 iMindMap 软件绘制。将教材中锋、气旋与反气旋、天气与气候等知识按照分类、比较的思维整合为"常见天气系统"知识体系思维导图。

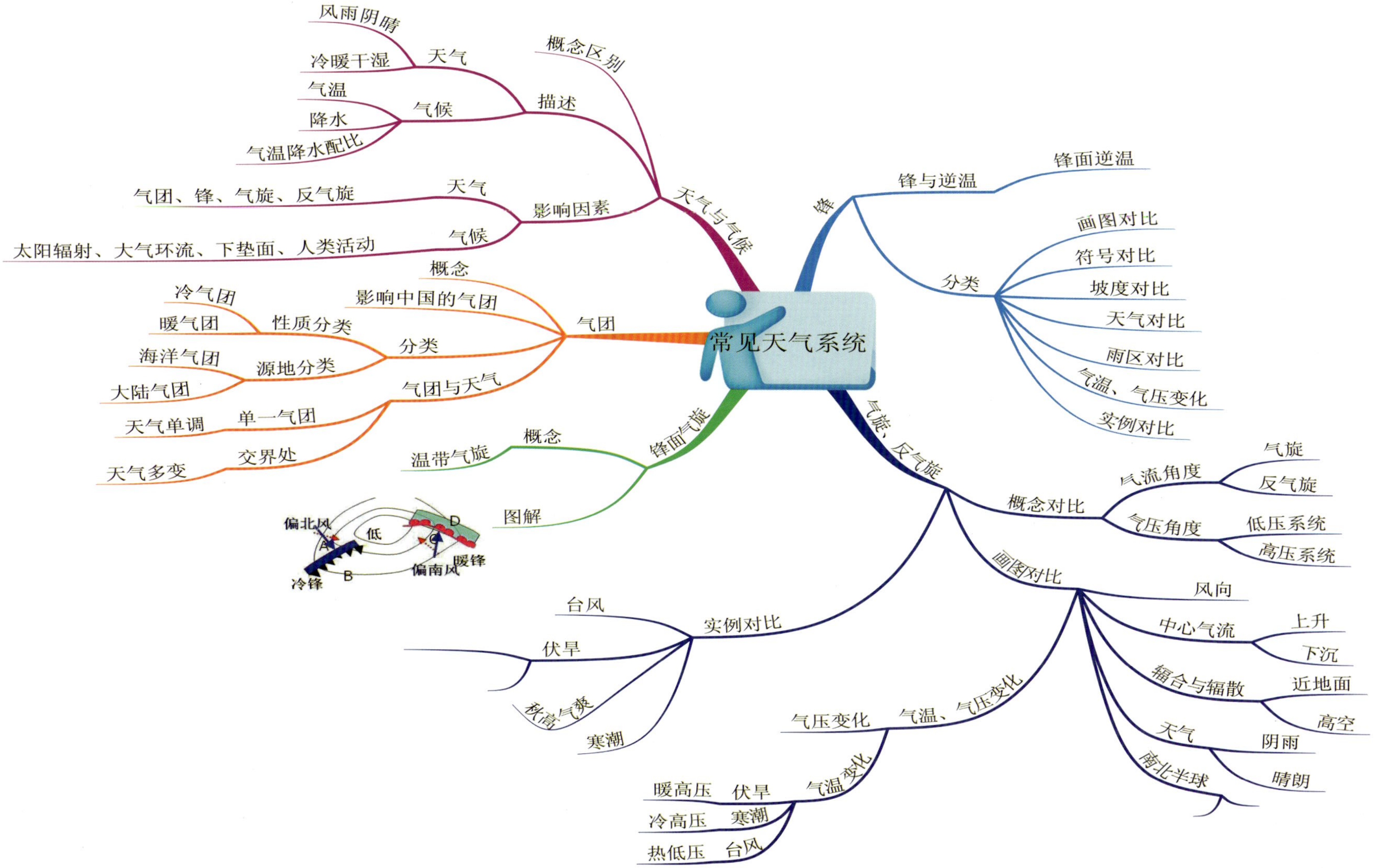

常见天气系统
锋
锋与逆温
锋面逆温
分类
画图对比
符号对比
坡度对比
天气对比
雨区对比
气温、气压变化
实例对比
气旋、反气旋
概念对比
气流角度
气旋
反气旋
气压角度
低压系统
高压系统
画图对比
风向
中心气流
上升
下沉
辐合与辐散
近地面
高空
天气
阴雨
晴朗
南北半球
气温、气压变化
气压变化
气温变化
伏旱
暖高压
寒潮
冷高压
台风
热低压
实例对比
台风
伏旱
秋高气爽
寒潮
锋面气旋
概念
温带气旋
图解
偏北风
低
D
暖锋
偏南风
冷锋
A
B
C
气团
概念
影响中国的气团
分类
性质分类
冷气团
暖气团
源地分类
海洋气团
大陆气团
气团与天气
单一气团
天气单调
交界处
天气多变
天气与气候
概念区别
描述
天气
风雨阴晴
冷暖干湿
气候
气温
降水
气温降水配比
影响因素
天气
气团、锋、气旋、反气旋
气候
太阳辐射、大气环流、下垫面、人类活动

思维导图案例 6：“气温”思维导图

本图为笔者用 iMindMap 软件绘制。将不同版本地理教材、教辅地图册、地理试题中呈现的气温时空分布规律、气温日较差与年较差、等温线等知识建构为“气温”专题知识体系思维导图。

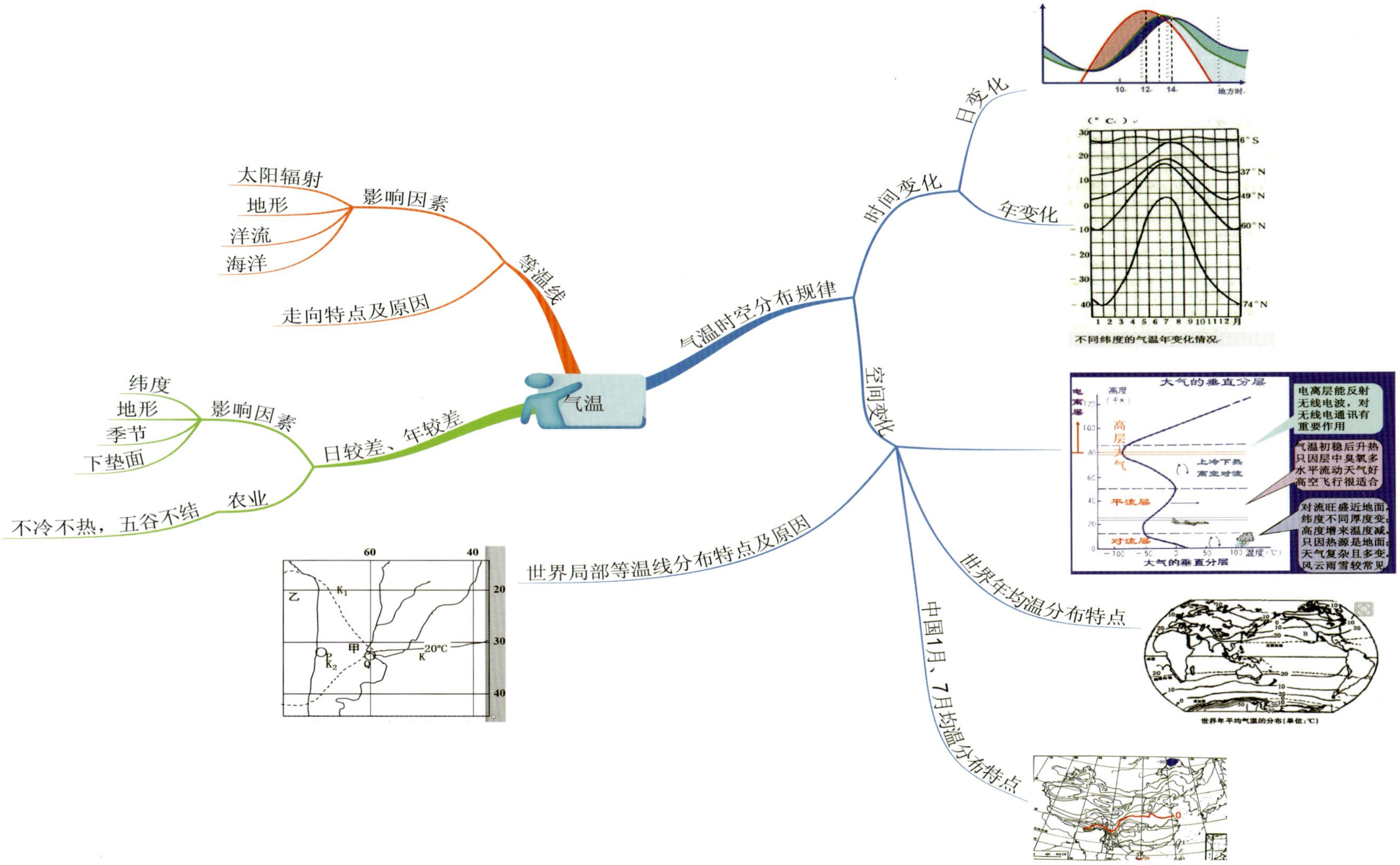
气温
气温时空分布规律
时间变化
日变化
年变化
不同纬度的气温年变化情况
空间变化
大气的垂直分层
电离层能反射无线电波，对无线电通讯有重要作用
气温初稳后升热只因层中臭氧多水平流动天气好高空飞行很适合
对流旺盛近地面，纬度不同厚度变；高度增来温度减，只因热源是地面；天气复杂且多变，风云雨雪较常见
高层大气
平流层
对流层
世界年均温分布特点
世界年平均气温的分布(单位：℃)
中国1月、7月均温分布特点
世界局部等温线分布特点及原因
等温线
影响因素
太阳辐射
地形
洋流
海洋
走向特点及原因
日较差、年较差
影响因素
纬度
地形
季节
下垫面
农业
不冷不热，五谷不结

思维导图案例 7：“降水”思维导图

本图为笔者用 iMindMap 软件绘制。将不同版本地理教材、教辅地图册、地理试题中呈现的降水分布规律、等降水量线、降水的形成、降水的类型等知识整合为“降水”专题知识体系思维导图。

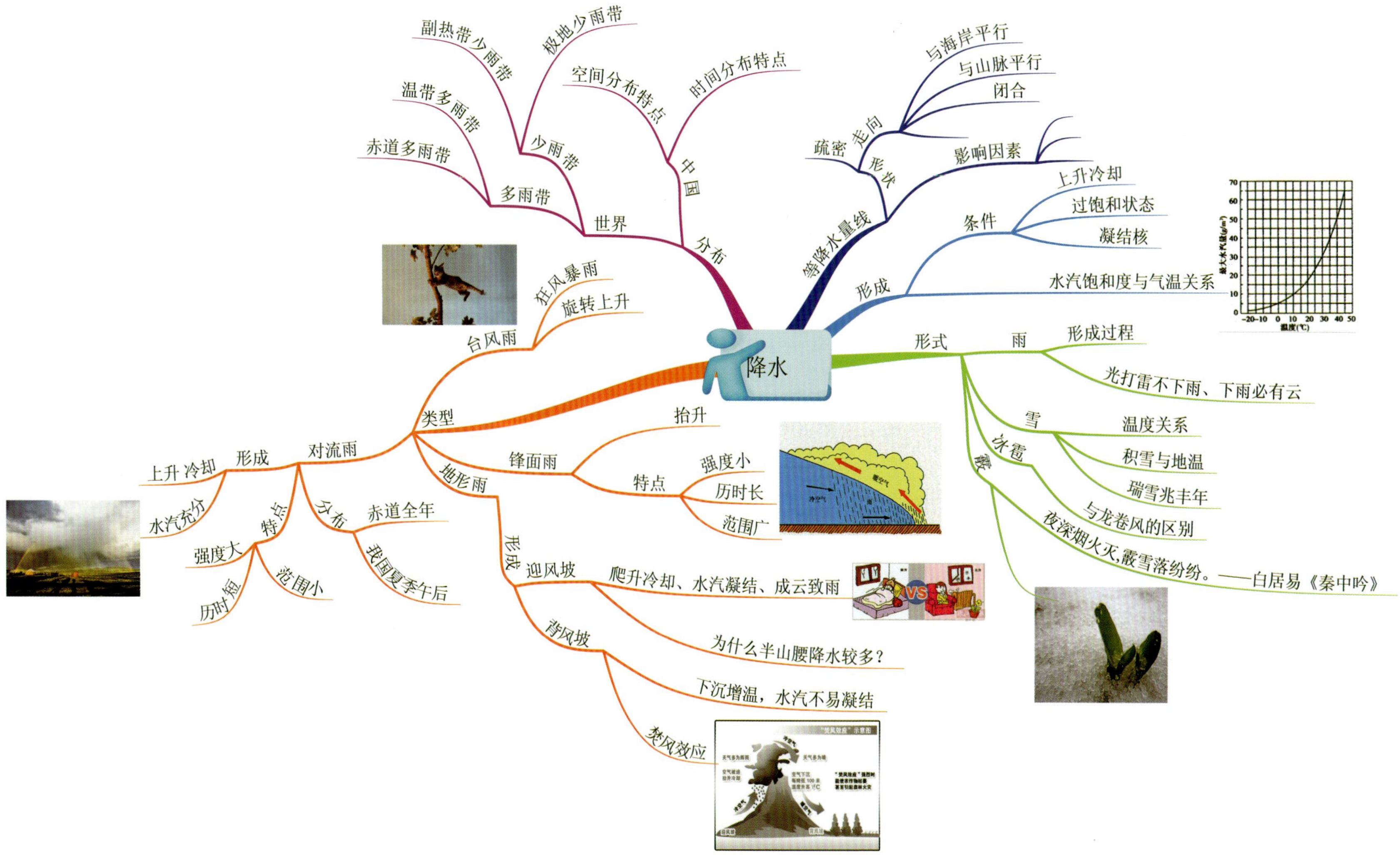

降水
分布
世界
多雨带
赤道多雨带
温带多雨带
少雨带
副热带少雨带
极地少雨带
中国
空间分布特点
时间分布特点
等降水量线
形状
疏密
走向
与海岸平行
与山脉平行
闭合
影响因素
形成
条件
上升冷却
过饱和状态
凝结核
水汽饱和度与气温关系
形式
雨
形成过程
光打雷不下雨、下雨必有云
雪
温度关系
积雪与地温
瑞雪兆丰年
冰雹
与龙卷风的区别
霰
夜深烟火灭,霰雪落纷纷。——白居易《秦中吟》
类型
台风雨
狂风暴雨
旋转上升
锋面雨
抬升
特点
强度小
历时长
范围广
地形雨
形成
迎风坡
爬升冷却、水汽凝结、成云致雨
为什么半山腰降水较多？
背风坡
下沉增温，水汽不易凝结
焚风效应
对流雨
形成
上升 冷却
水汽充分
特点
强度大
历时短
范围小
分布
赤道全年
我国夏季午后

思维导图案例 8：“气象灾害”思维导图

本图为笔者用 iMindMap 软件绘制。将不同版本地理教材、教辅地图册、地理试题中呈现的气象灾害分布、成因、分类、危害、影响、措施等归纳、概括、提炼为“气象灾害”专题知识体系思维导图。

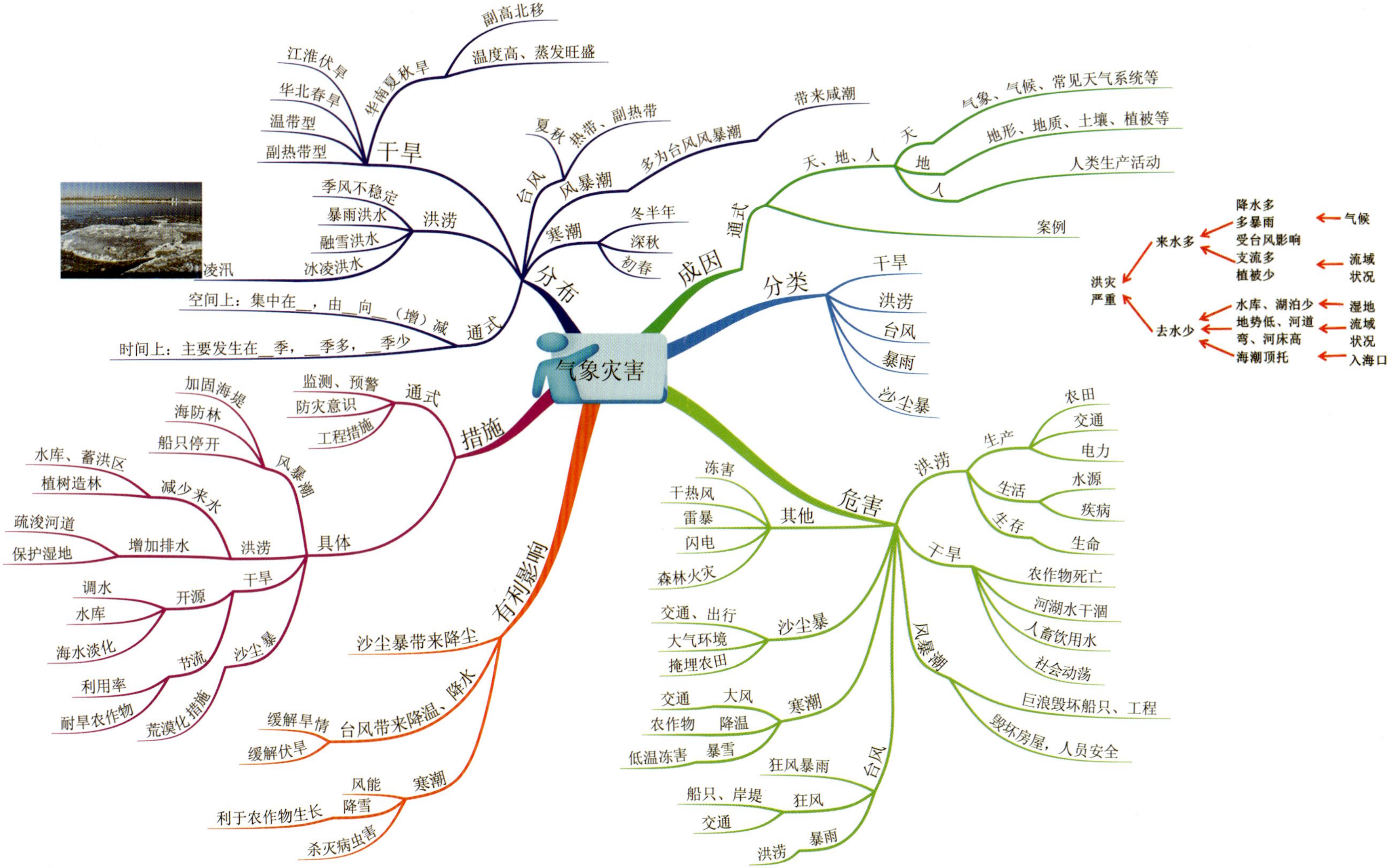

气象灾害
分布
干旱
华南夏秋旱
副高北移
温度高、蒸发旺盛
江淮伏旱
华北春旱
温带型
副热带型
洪涝
季风不稳定
暴雨洪水
融雪洪水
冰凌洪水
凌汛
台风
夏秋
热带、副热带
风暴潮
多为台风风暴潮
带来咸潮
寒潮
冬半年
深秋
初春
通式
空间上：集中在__，由__向__（增）减
时间上：主要发生在__季，__季多，__季少
成因
通式
天、地、人
天
气象、气候、常见天气系统等
地
地形、地质、土壤、植被等
人
人类生产活动
案例
洪灾严重
来水多
降水多
多暴雨
受台风影响
支流多
植被少
气候
流域状况
去水少
水库、湖泊少
地势低、河道弯、河床高
海潮顶托
湿地
流域状况
入海口
分类
干旱
洪涝
台风
暴雨
沙尘暴
危害
洪涝
生产
农田
交通
电力
生活
水源
疾病
生存
生命
干旱
农作物死亡
河湖水干涸
人畜饮用水
社会动荡
风暴潮
巨浪毁坏船只、工程
毁坏房屋，人员安全
其他
冻害
干热风
雷暴
闪电
森林火灾
沙尘暴
交通、出行
大气环境
掩埋农田
寒潮
大风
降温
暴雪
交通
农作物
低温冻害
台风
狂风暴雨
狂风
暴雨
船只、岸堤
交通
洪涝
有利影响
沙尘暴带来降尘
台风带来降温、降水
缓解旱情
缓解伏旱
寒潮
风能
降雪
利于农作物生长
杀灭病虫害
措施
通式
监测、预警
防灾意识
工程措施
具体
风暴潮
加固海堤
海防林
船只停开
洪涝
减少来水
水库、蓄洪区
植树造林
增加排水
疏浚河道
保护湿地
干旱
开源
调水
水库
海水淡化
节流
利用率
耐旱农作物
沙尘暴
荒漠化措施

思维导图案例 17：“整体性与地域分异”思维导图

本图为笔者用 iMindMap 软件绘制。针对现有教材中整体性与地域分异知识零散、体系不够完整的初始状态，依据备考目标要求，将地带性、非地带性、整体性几个容易混淆的问题说明整合为“整体性与地域分异”思维导图。

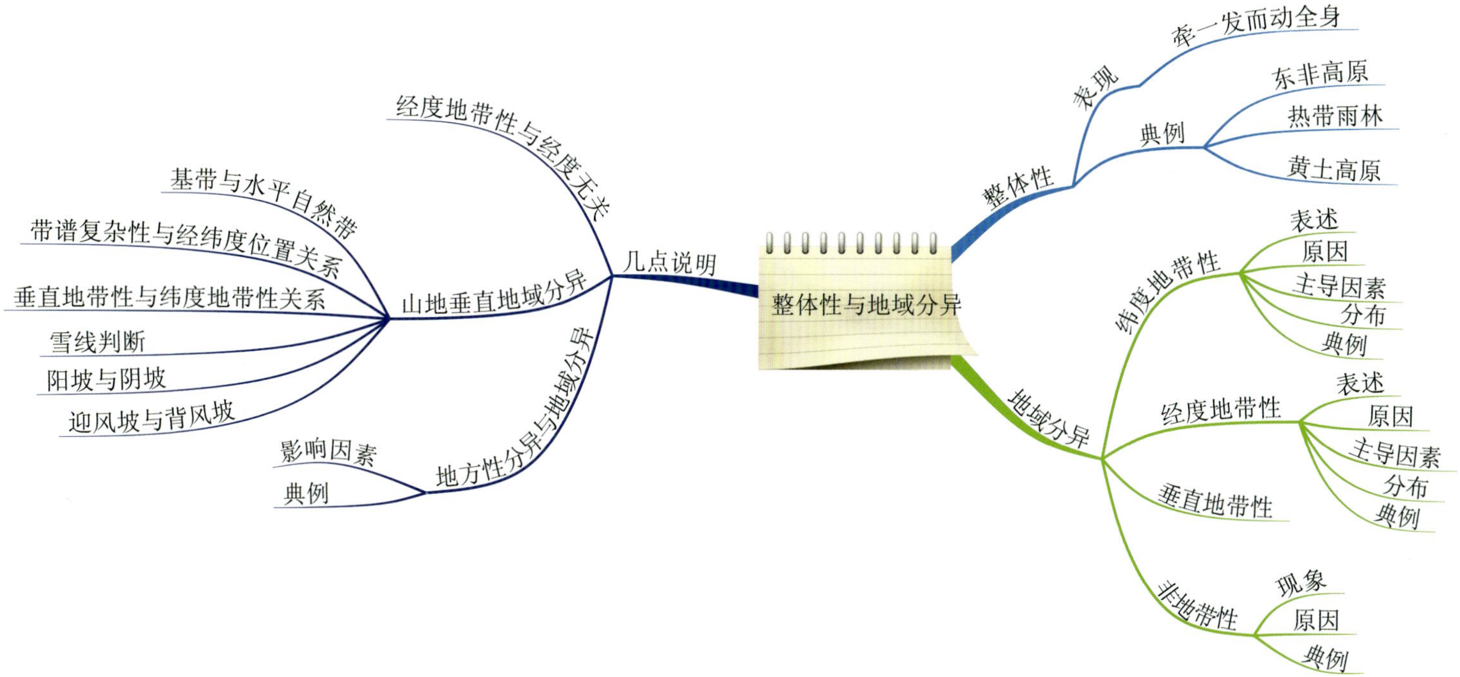

整体性与地域分异
整体性
表现
牵一发而动全身
典例
东非高原
热带雨林
黄土高原
地域分异
纬度地带性
表述
原因
主导因素
分布
典例
经度地带性
表述
原因
主导因素
分布
典例
垂直地带性
非地带性
现象
原因
典例
几点说明
经度地带性与经度无关
山地垂直地域分异
基带与水平自然带
带谱复杂性与经纬度位置关系
垂直地带性与纬度地带性关系
雪线判断
阳坡与阴坡
迎风坡与背风坡
地方性分异与地域分异
影响因素
典例

思维导图案例 18：“资源与能源”思维导图

本图为笔者用 iMindMap 软件绘制。针对资源与能源分布于现有初高中地理教材不同章节、新旧不同版本教材的特点，依据备考目标要求，将资源的概念与分类、中国的自然资源，能源的概念及分类、山西能源基地的建设、中国能源安全等整合为“资源与能源”专题思维导图。

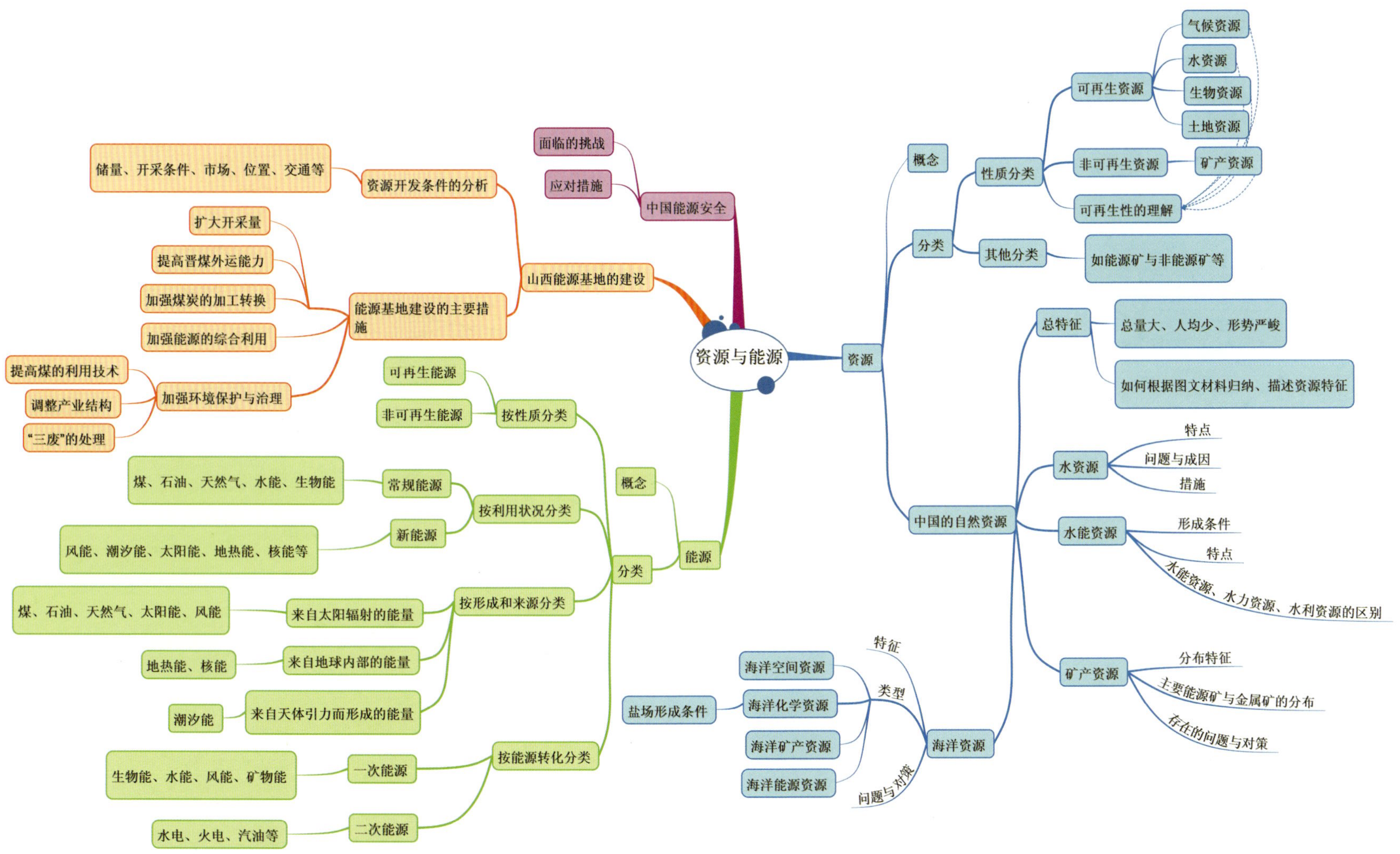

资源与能源
资源
概念
分类
性质分类
可再生资源
气候资源
水资源
生物资源
土地资源
非可再生资源
矿产资源
可再生性的理解
其他分类
如能源矿与非能源矿等
中国的自然资源
总特征
总量大、人均少、形势严峻
如何根据图文材料归纳、描述资源特征
水资源
特点
问题与成因
措施
水能资源
形成条件
特点
水能资源、水力资源、水利资源的区别
矿产资源
分布特征
主要能源矿与金属矿的分布
存在的问题与对策
海洋资源
特征
类型
问题与对策
海洋空间资源
海洋化学资源
海洋矿产资源
海洋能源资源
盐场形成条件
能源
概念
分类
按性质分类
可再生能源
非可再生能源
按利用状况分类
常规能源
煤、石油、天然气、水能、生物能
新能源
风能、潮汐能、太阳能、地热能、核能等
按形成和来源分类
来自太阳辐射的能量
煤、石油、天然气、太阳能、风能
来自地球内部的能量
地热能、核能
来自天体引力而形成的能量
潮汐能
按能源转化分类
一次能源
生物能、水能、风能、矿物能
二次能源
水电、火电、汽油等
山西能源基地的建设
资源开发条件的分析
储量、开采条件、市场、位置、交通等
能源基地建设的主要措施
扩大开采量
提高晋煤外运能力
加强煤炭的加工转换
加强能源的综合利用
加强环境保护与治理
提高煤的利用技术
调整产业结构
“三废”的处理
中国能源安全
面临的挑战
应对措施

思维导图案例 19：“自然地理模块”思维导图

本图为笔者用 iMindMap 软件绘制。将自然地理的地图、大气、地球、水、岩石圈、地理环境整体性与地域分异、资源与能源整合为“自然地理模块”学科思维导图。

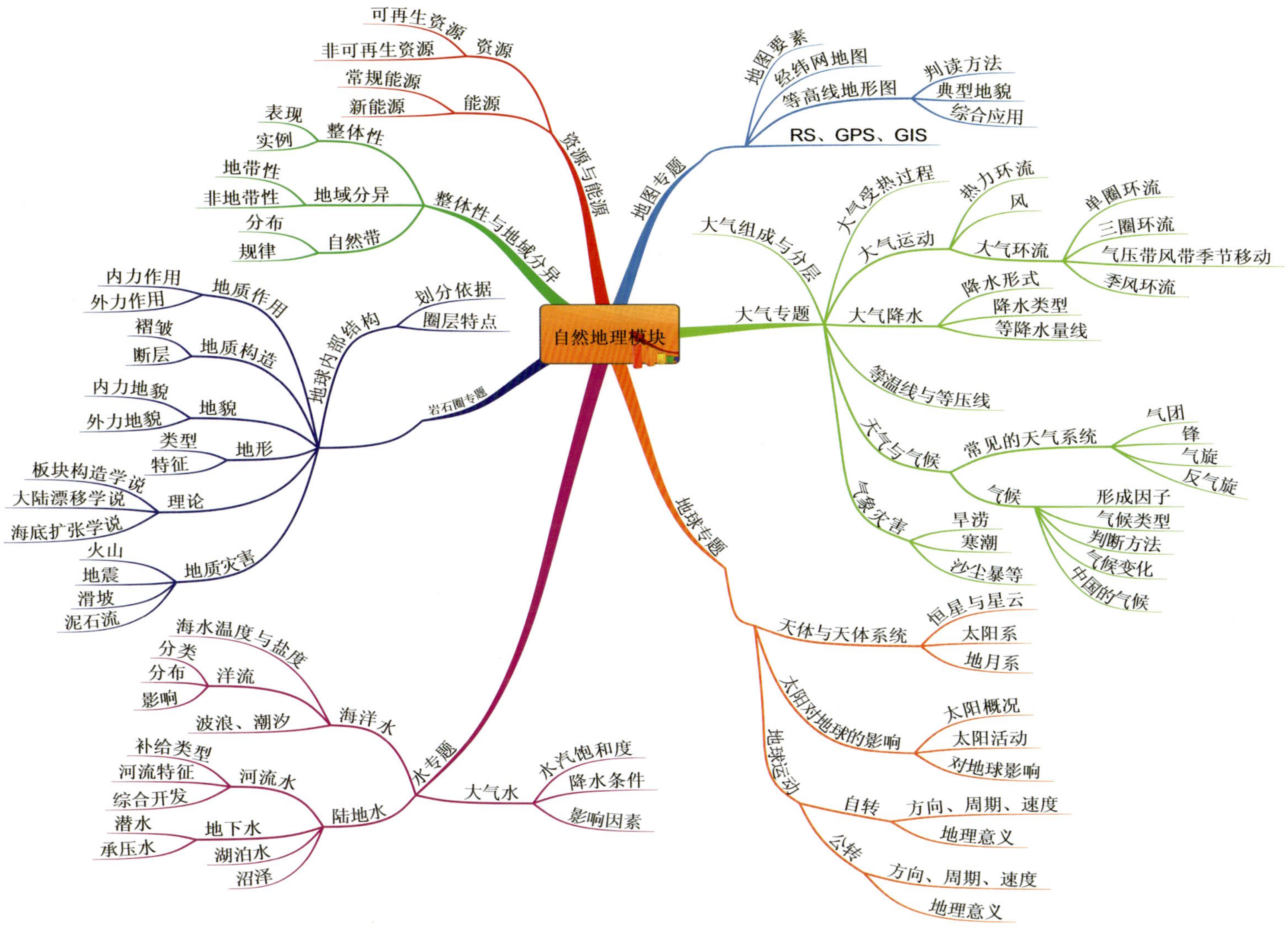

自然地理模块
资源与能源
资源
可再生资源
非可再生资源
能源
常规能源
新能源
整体性与地域分异
整体性
表现
实例
地域分异
地带性
非地带性
自然带
分布
规律
岩石圈专题
地球内部结构
划分依据
圈层特点
地质作用
内力作用
外力作用
地质构造
褶皱
断层
地貌
内力地貌
外力地貌
地形
类型
特征
理论
板块构造学说
大陆漂移学说
海底扩张学说
地质灾害
火山
地震
滑坡
泥石流
水专题
海洋水
海水温度与盐度
洋流
分类
分布
影响
波浪、潮汐
陆地水
河流水
补给类型
河流特征
综合开发
地下水
潜水
承压水
湖泊水
沼泽
大气水
水汽饱和度
降水条件
影响因素
地图专题
地图要素
经纬网地图
等高线地形图
判读方法
典型地貌
综合应用
RS、GPS、GIS
大气专题
大气组成与分层
大气受热过程
大气运动
热力环流
风
大气环流
单圈环流
三圈环流
气压带风带季节移动
季风环流
大气降水
降水形式
降水类型
等降水量线
等温线与等压线
天气与气候
常见的天气系统
气团
锋
气旋
反气旋
气候
形成因子
气候类型
判断方法
气候变化
中国的气候
气象灾害
旱涝
寒潮
沙尘暴等
地球专题
天体与天体系统
恒星与星云
太阳系
地月系
太阳对地球的影响
太阳概况
太阳活动
对地球影响
地球运动
自转
方向、周期、速度
地理意义
公转
方向、周期、速度
地理意义

思维导图案例 20：“人口”思维导图

本图为笔者用 iMindMap 软件绘制。针对现有教材中人口部分脉络不够清晰、知识零散的特点，依据备考目标要求，将人口增长、人口分布、人口问题、人口迁移、环境人口容量与人口合理容量概念区别等整合为“人口”思维导图。

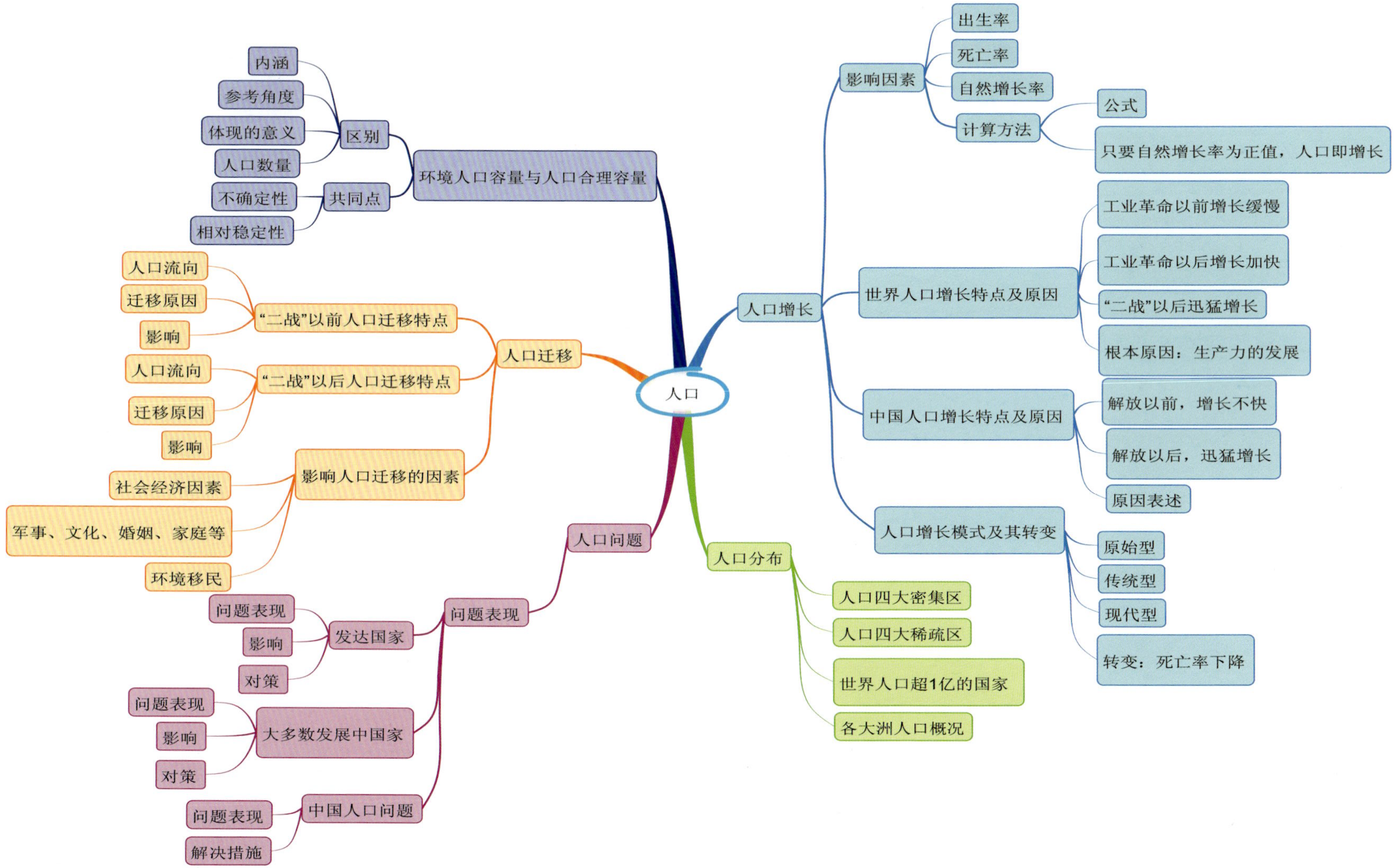

人口
人口增长
影响因素
出生率
死亡率
自然增长率
计算方法
公式
只要自然增长率为正值，人口即增长
世界人口增长特点及原因
工业革命以前增长缓慢
工业革命以后增长加快
“二战”以后迅猛增长
根本原因：生产力的发展
中国人口增长特点及原因
解放以前，增长不快
解放以后，迅猛增长
原因表述
人口增长模式及其转变
原始型
传统型
现代型
转变：死亡率下降
人口分布
人口四大密集区
人口四大稀疏区
世界人口超1亿的国家
各大洲人口概况
人口问题
问题表现
发达国家
问题表现
影响
对策
大多数发展中国家
问题表现
影响
对策
中国人口问题
问题表现
解决措施
人口迁移
“二战”以前人口迁移特点
人口流向
迁移原因
影响
“二战”以后人口迁移特点
人口流向
迁移原因
影响
影响人口迁移的因素
社会经济因素
军事、文化、婚姻、家庭等
环境移民
环境人口容量与人口合理容量
区别
内涵
参考角度
体现的意义
人口数量
共同点
不确定性
相对稳定性

思维导图案例 21：“城市内部空间结构”思维导图

本图为笔者用 iMindMap 软件绘制。针对现有教材中城市内部空间结构部分脉络不够清晰、知识零散的特点，依据备考目标要求，将城市功能区类型、判断城市功能区的主要方法、城市内部空间结构形成原因、常见功能区的规划布局等整合为“城市内部空间结构”专题知识体系思维导图。

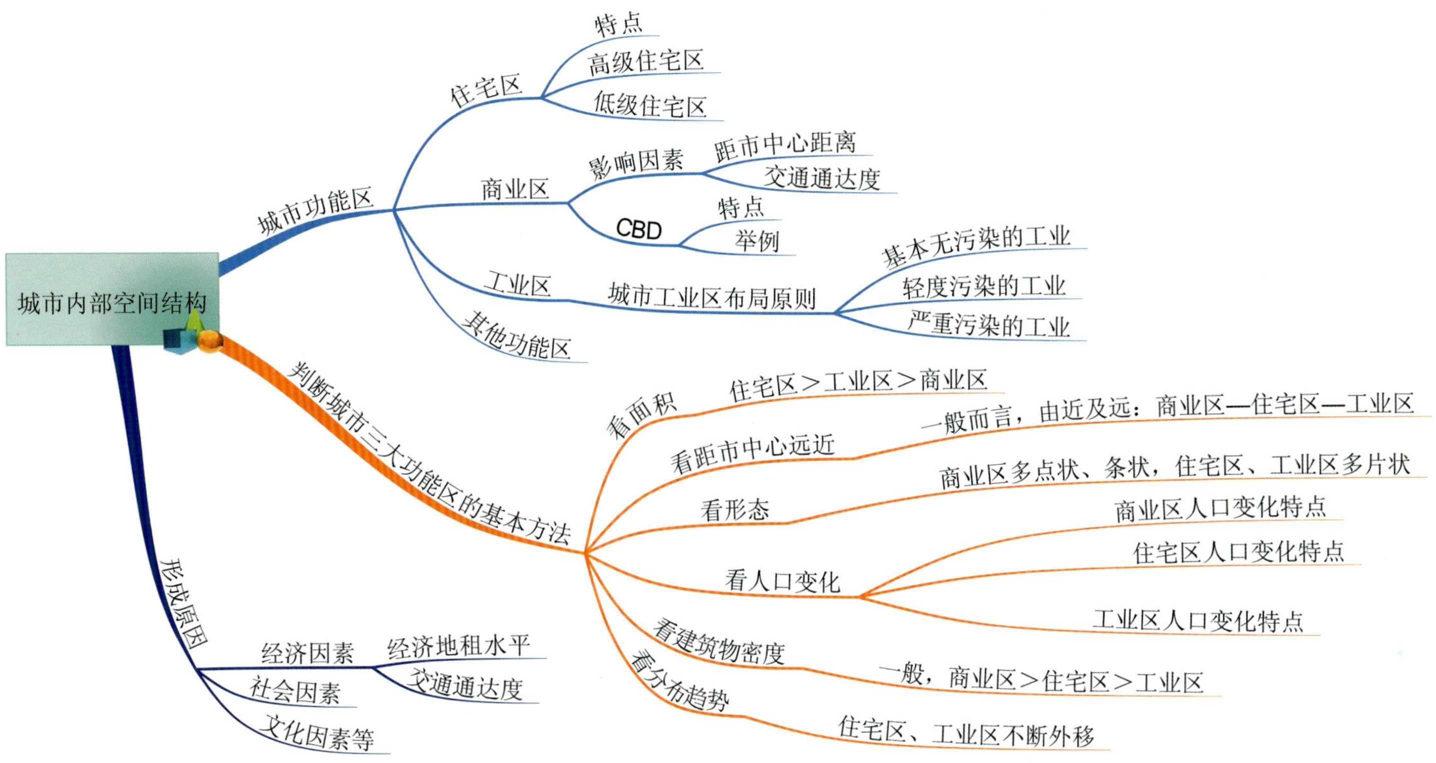

城市内部空间结构
城市功能区
住宅区
特点
高级住宅区
低级住宅区
商业区
影响因素
距市中心距离
交通通达度
CBD
特点
举例
工业区
城市工业区布局原则
基本无污染的工业
轻度污染的工业
严重污染的工业
其他功能区
判断城市三大功能区的基本方法
看面积
住宅区 > 工业区 > 商业区
看距市中心远近
一般而言，由近及远：商业区—住宅区—工业区
看形态
商业区多点状、条状，住宅区、工业区多片状
看人口变化
商业区人口变化特点
住宅区人口变化特点
工业区人口变化特点
看建筑物密度
一般，商业区 > 住宅区 > 工业区
看分布趋势
住宅区、工业区不断外移
形成原因
经济因素
经济地租水平
交通通达度
社会因素
文化因素等

思维导图案例 22：“城市与城市化”思维导图

本图为笔者用 iMindMap 软件绘制。针对现有教材中城市与城市化部分脉络不够清晰、知识零散的特点，依据备考目标要求，将影响城市的区位因素、城市地域结构、城市功能区、不同等级城市的服务功能、工业化与城市化等整合为“城市与城市化”思维导图。

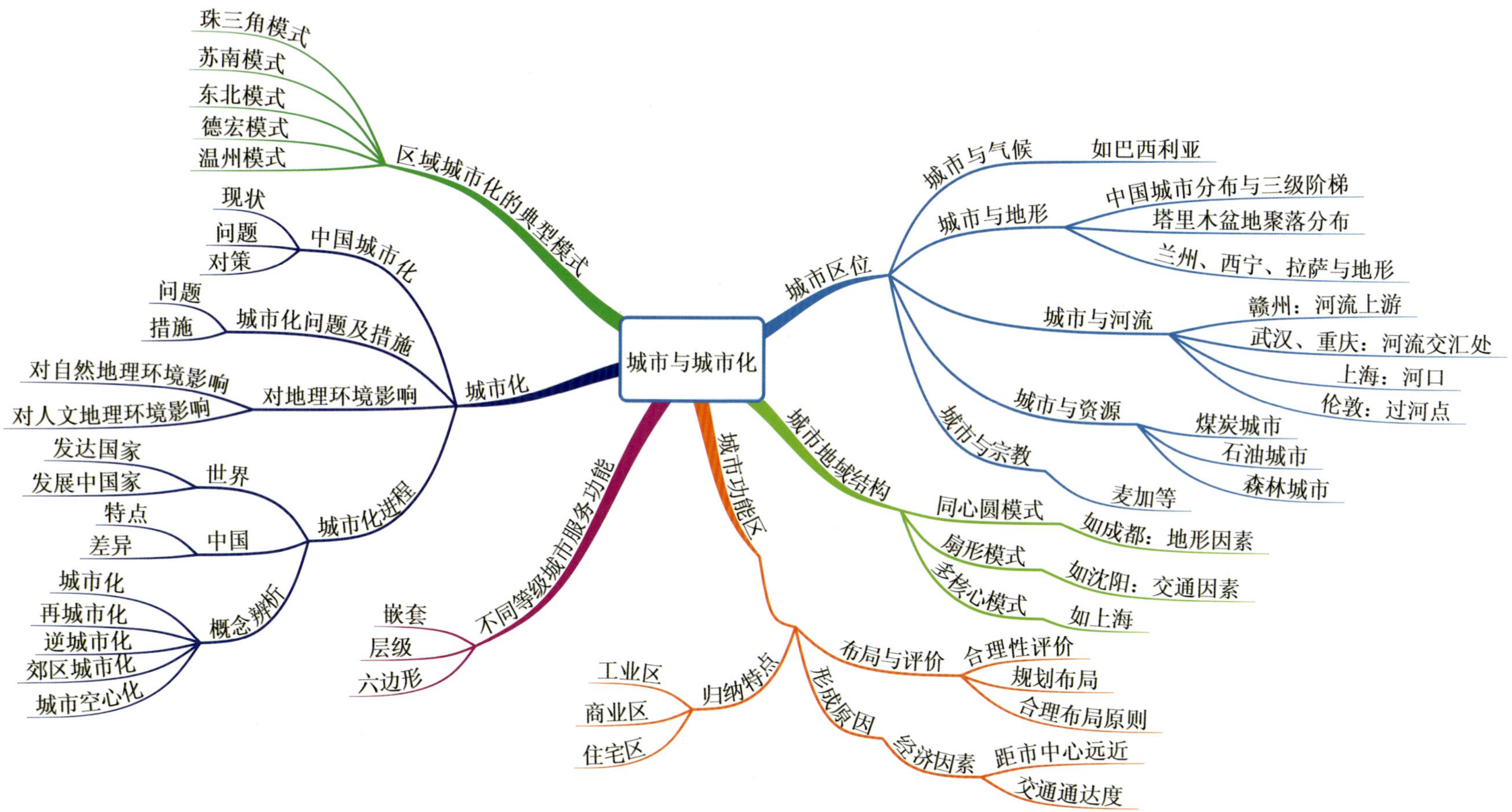
城市与城市化
城市区位
城市与气候
如巴西利亚
城市与地形
中国城市分布与三级阶梯
塔里木盆地聚落分布
兰州、西宁、拉萨与地形
城市与河流
赣州：河流上游
武汉、重庆：河流交汇处
上海：河口
伦敦：过河点
城市与资源
煤炭城市
石油城市
森林城市
城市与宗教
麦加等
城市地域结构
同心圆模式
如成都：地形因素
扇形模式
如沈阳：交通因素
多核心模式
如上海
城市功能区
布局与评价
合理性评价
规划布局
合理布局原则
形成原因
经济因素
距市中心远近
交通通达度
归纳特点
工业区
商业区
住宅区
不同等级城市服务功能
嵌套
层级
六边形
城市化
中国城市化
现状
问题
对策
城市化问题及措施
问题
措施
对地理环境影响
对自然地理环境影响
对人文地理环境影响
城市化进程
世界
发达国家
发展中国家
中国
特点
差异
概念辨析
城市化
再城市化
逆城市化
郊区城市化
城市空心化
区域城市化的典型模式
珠三角模式
苏南模式
东北模式
德宏模式
温州模式

思维导图案例 23：“农业区位分析”思维导图

本图为笔者用 iMindMap 软件绘制。依据备考目标要求，将农业区位因素、区位选择、区位内涵等整合为“农业区位分析”思维导图。

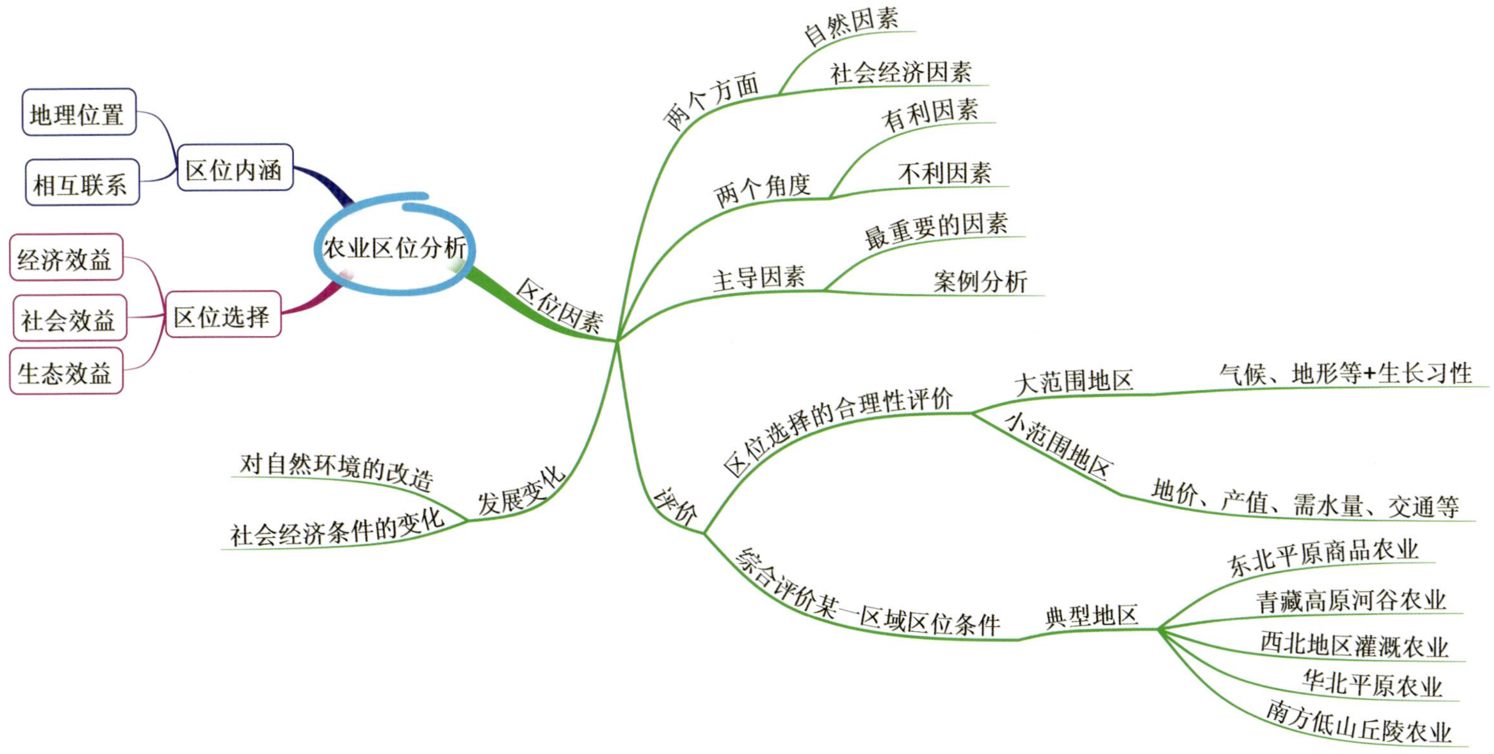

农业区位分析
区位内涵
地理位置
相互联系
区位选择
经济效益
社会效益
生态效益
区位因素
两个方面
自然因素
社会经济因素
两个角度
有利因素
不利因素
主导因素
最重要的因素
案例分析
评价
区位选择的合理性评价
大范围地区
气候、地形等+生长习性
小范围地区
地价、产值、需水量、交通等
综合评价某一区域区位条件
典型地区
东北平原商品农业
青藏高原河谷农业
西北地区灌溉农业
华北平原农业
南方低山丘陵农业
发展变化
对自然环境的改造
社会经济条件的变化

思维导图案例 24：“农业地域类型”思维导图

本图为笔者用 iMindMap 软件绘制。依据备考目标要求，将世界农业地域类型的分类及注意要点、区位分析答题思路、生产特点答题思路，以及水稻种植业、现代混合农业、商品谷物农业的生产特点与区位分析整合为“农业地域类型”思维导图。

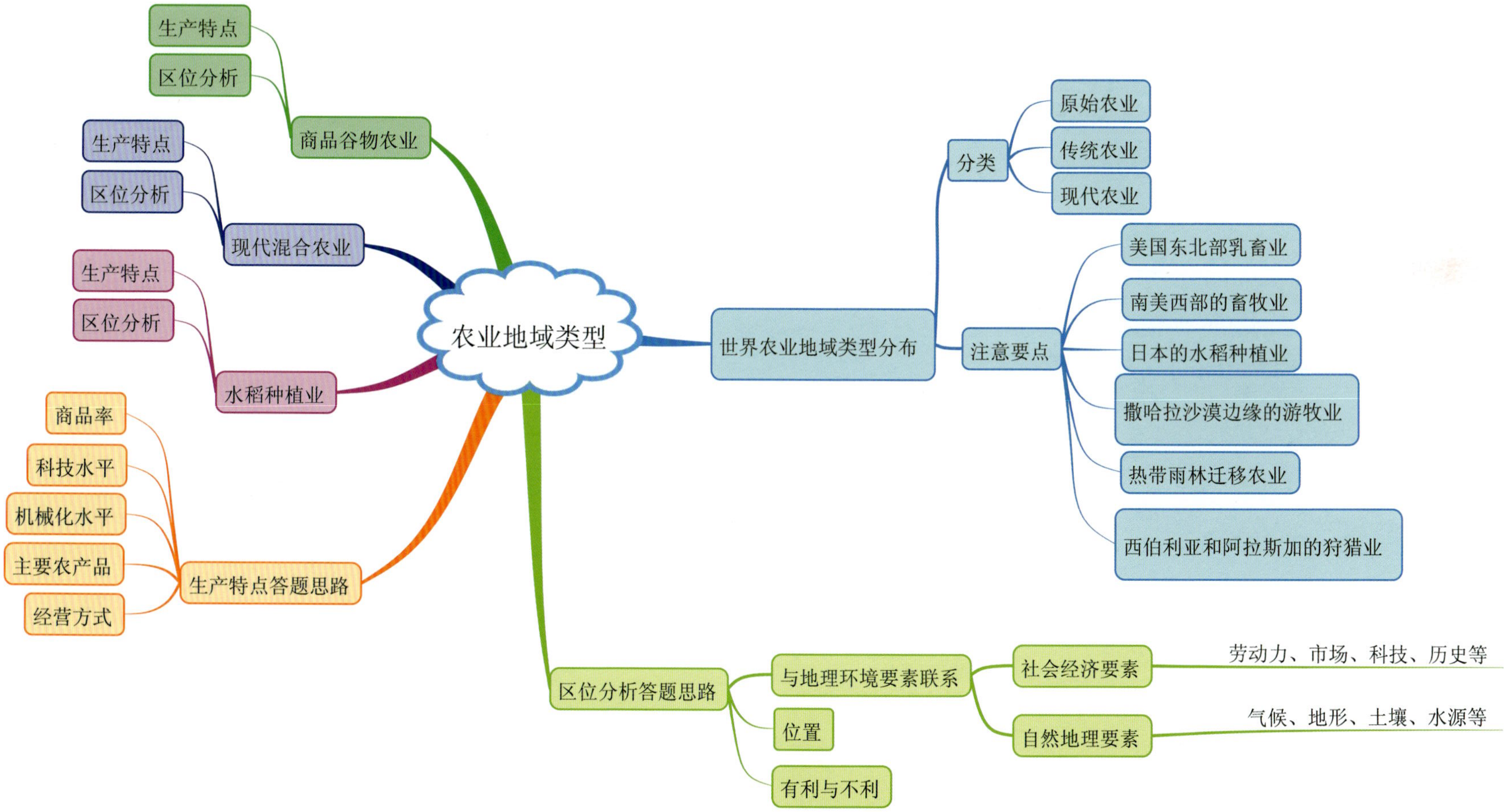
农业地域类型
商品谷物农业
生产特点
区位分析
现代混合农业
生产特点
区位分析
水稻种植业
生产特点
区位分析
生产特点答题思路
商品率
科技水平
机械化水平
主要农产品
经营方式
世界农业地域类型分布
分类
原始农业
传统农业
现代农业
注意要点
美国东北部乳畜业
南美西部的畜牧业
日本的水稻种植业
撒哈拉沙漠边缘的游牧业
热带雨林迁移农业
西伯利亚和阿拉斯加的狩猎业
区位分析答题思路
与地理环境要素联系
社会经济要素
劳动力、市场、科技、历史等
自然地理要素
气候、地形、土壤、水源等
位置
有利与不利

思维导图案例 25：“以种植业为主的农业地域类型”思维导图

本图为笔者用 iMindMap 软件绘制。依据备考目标要求，将热带雨林迁移农业、季风水田农业、商品谷物农业、传统旱作谷物农业、地中海型农业、热带种植园农业等农业地域类型按照种植作物、生产特点与区位分析等分支整合为“以种植业为主的农业地域类型”思维导图。

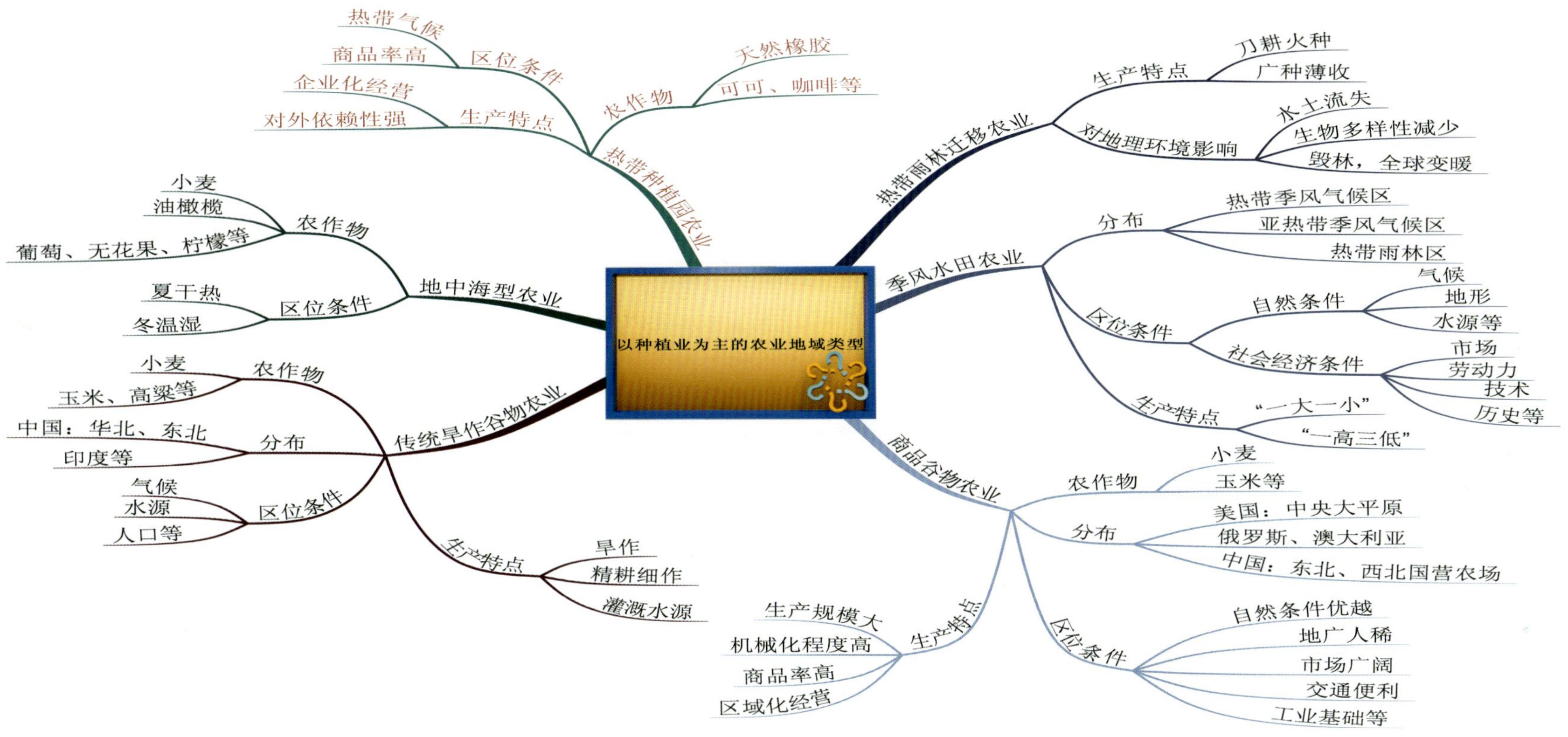
以种植业为主的农业地域类型
热带雨林迁移农业
生产特点
刀耕火种
广种薄收
对地理环境影响
水土流失
生物多样性减少
毁林，全球变暖
季风水田农业
分布
热带季风气候区
亚热带季风气候区
热带雨林区
区位条件
自然条件
气候
地形
水源等
社会经济条件
市场
劳动力
技术
历史等
生产特点
“一大一小”
“一高三低”
商品谷物农业
农作物
小麦
玉米等
分布
美国：中央大平原
俄罗斯、澳大利亚
中国：东北、西北国营农场
区位条件
自然条件优越
地广人稀
市场广阔
交通便利
工业基础等
生产特点
生产规模大
机械化程度高
商品率高
区域化经营
传统旱作谷物农业
农作物
小麦
玉米、高粱等
分布
中国：华北、东北
印度等
区位条件
气候
水源
人口等
生产特点
旱作
精耕细作
灌溉水源
地中海型农业
农作物
小麦
油橄榄
葡萄、无花果、柠檬等
区位条件
夏干热
冬温湿
热带种植园农业
农作物
天然橡胶
可可、咖啡等
区位条件
热带气候
商品率高
生产特点
企业化经营
对外依赖性强

思维导图案例 26：“以畜牧业为主的农业地域类型和混合农业”思维导图

本图为笔者用 iMindMap 软件绘制。依据备考目标要求，按照类型、区位分析与生产特点（答题思路）对中国的启示，以及混合农业等分支整合为“以畜牧业为主的农业地域类型和混合农业”思维导图。

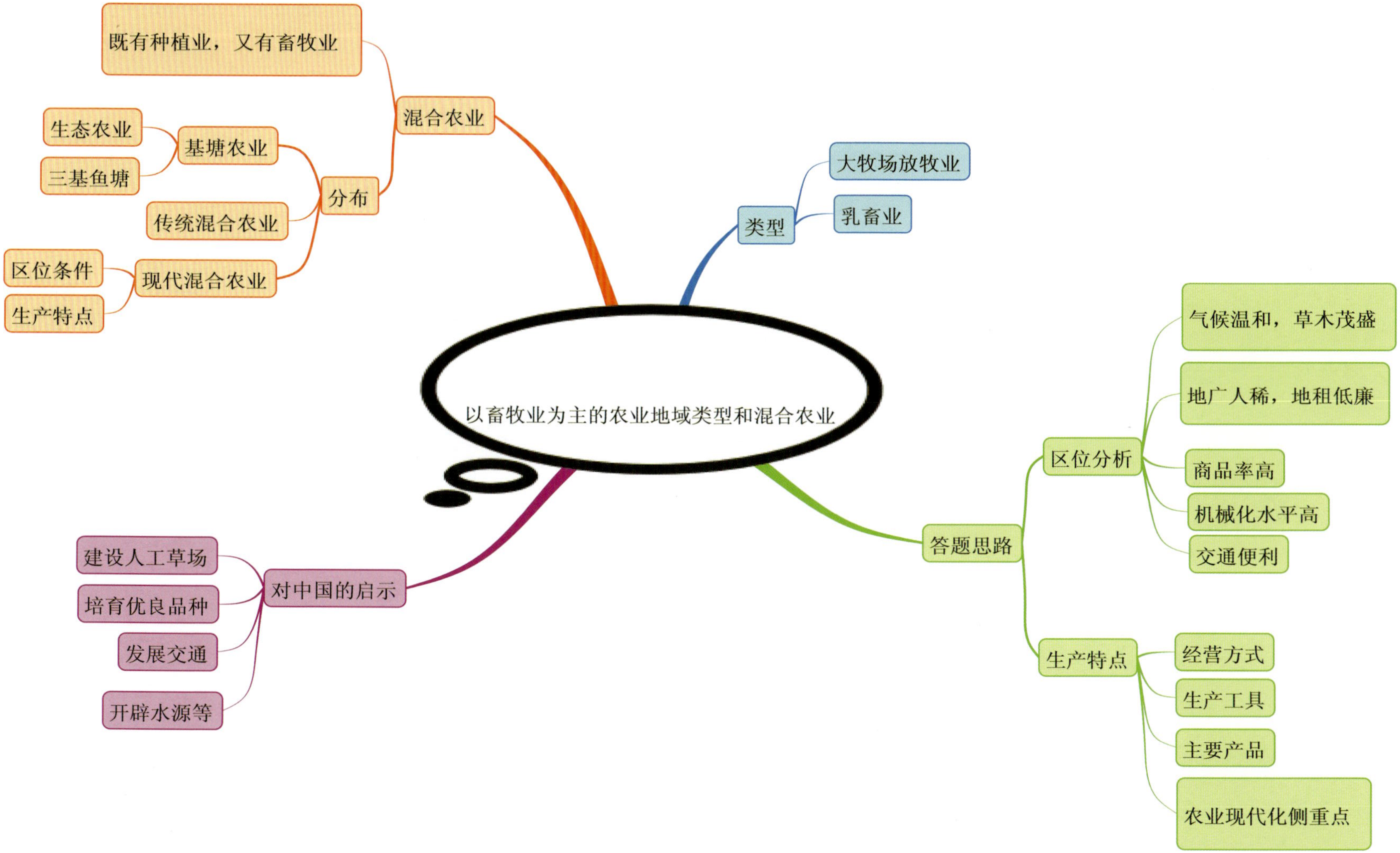
以畜牧业为主的农业地域类型和混合农业
混合农业
既有种植业，又有畜牧业
分布
基塘农业
生态农业
三基鱼塘
传统混合农业
现代混合农业
区位条件
生产特点
类型
大牧场放牧业
乳畜业
答题思路
区位分析
气候温和，草木茂盛
地广人稀，地租低廉
商品率高
机械化水平高
交通便利
生产特点
经营方式
生产工具
主要产品
农业现代化侧重点
对中国的启示
建设人工草场
培育优良品种
发展交通
开辟水源等

思维导图案例 27：“农业地理”思维导图

本图为笔者用 Mindjet MindManager 软件绘制。依据备考目标要求，将农业概念与特点、主要农作物分布、农业分类、农业区位、中国农业、农业地域类型等整合为“农业地理”学科思维导图。

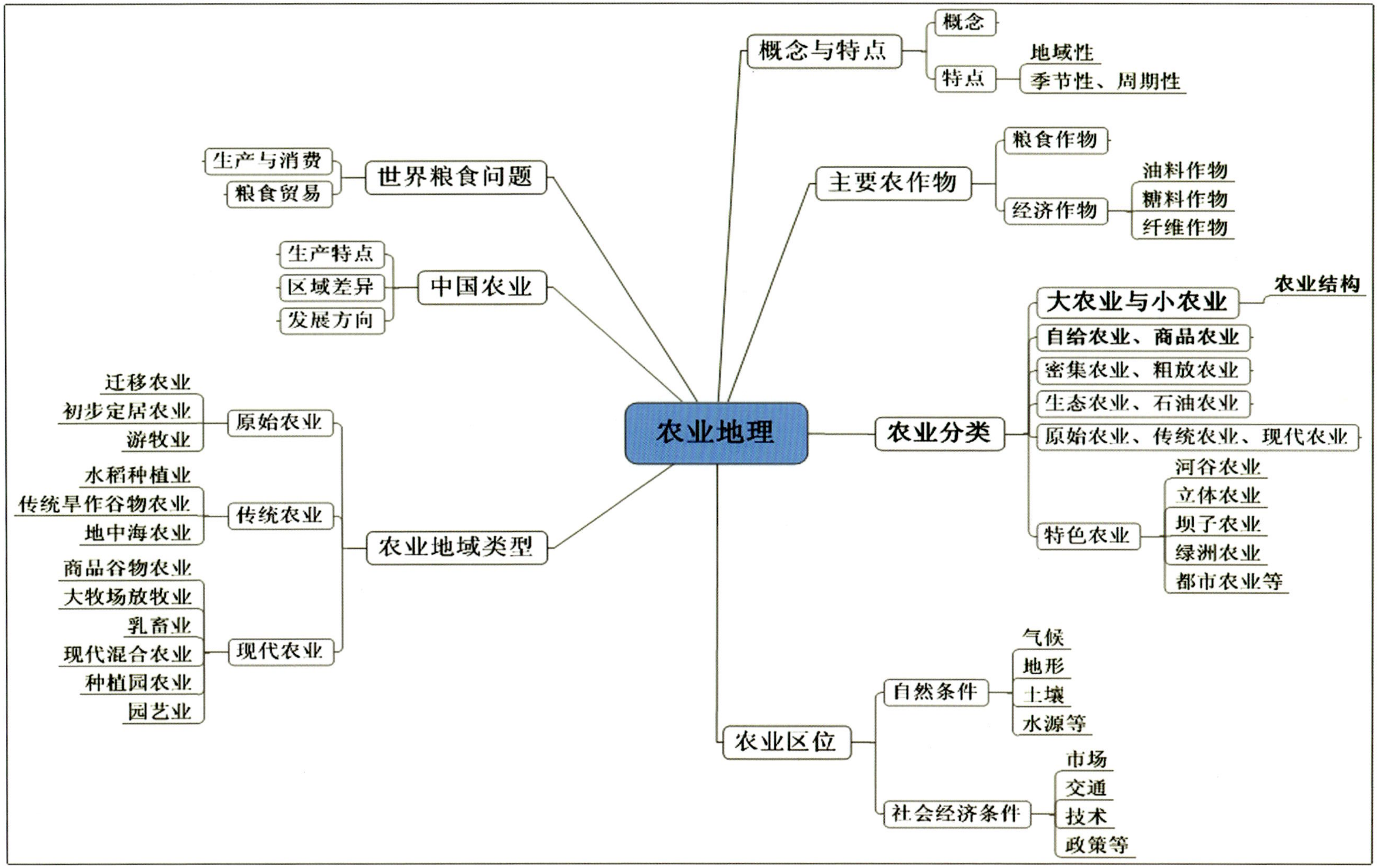

农业地理
概念与特点
概念
特点
地域性
季节性、周期性
主要农作物
粮食作物
经济作物
油料作物
糖料作物
纤维作物
农业分类
大农业与小农业
农业结构
自给农业、商品农业
密集农业、粗放农业
生态农业、石油农业
原始农业、传统农业、现代农业
特色农业
河谷农业
立体农业
坝子农业
绿洲农业
都市农业等
农业区位
自然条件
气候
地形
土壤
水源等
社会经济条件
市场
交通
技术
政策等
世界粮食问题
生产与消费
粮食贸易
中国农业
生产特点
区域差异
发展方向
农业地域类型
原始农业
迁移农业
初步定居农业
游牧业
传统农业
水稻种植业
传统旱作谷物农业
地中海农业
现代农业
商品谷物农业
大牧场放牧业
乳畜业
现代混合农业
种植园农业
园艺业

思维导图案例 28：“工业区位因素和区位选择”思维导图

本图为笔者用 iMindMap 软件绘制。依据备考目标要求，将工业区位因素、工业区位选择、工业的主导类型及分布、环境因素对工业区位的影响等分支整合为“工业区位因素和区位选择”思维导图。

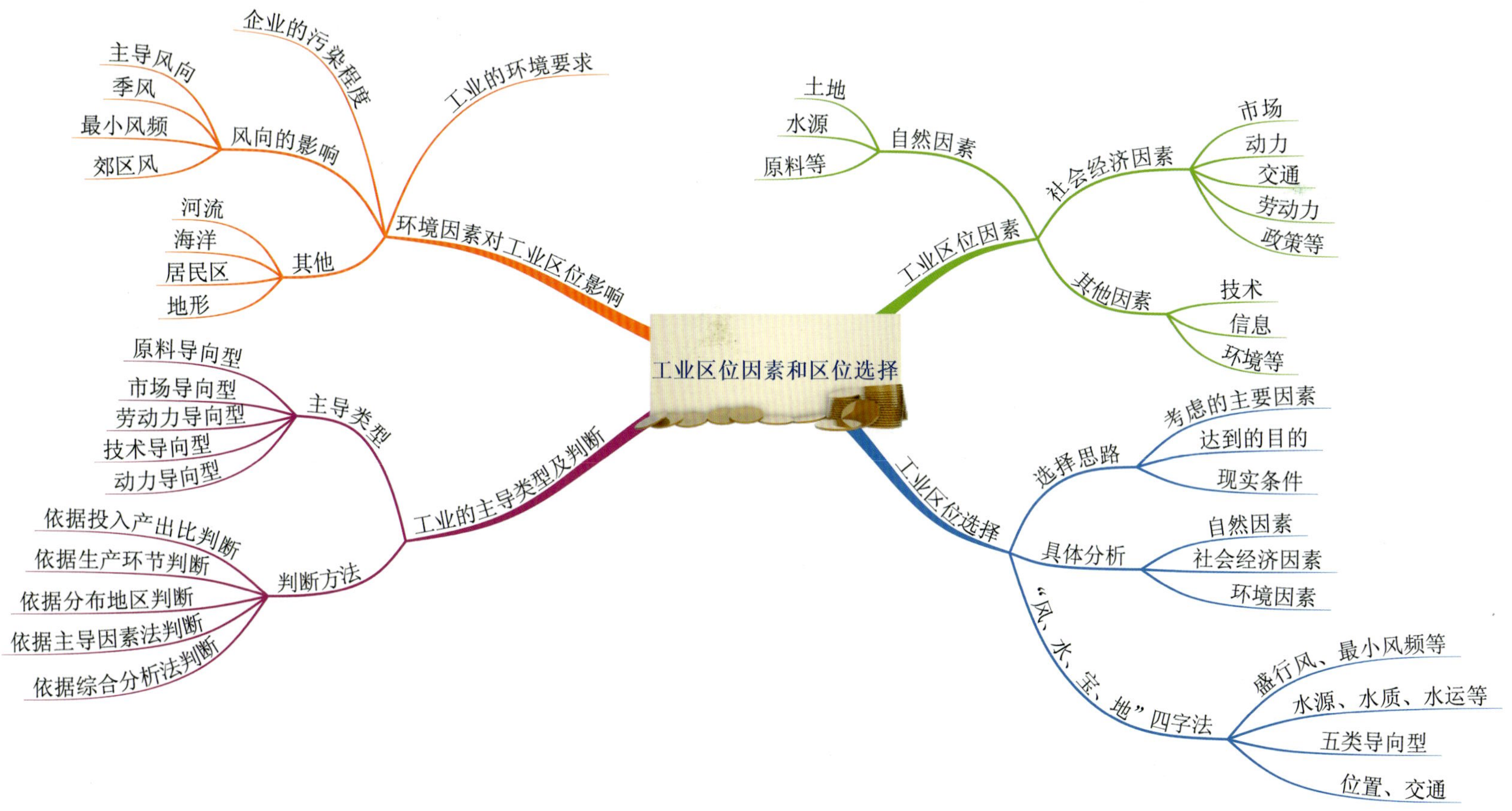
工业区位因素和区位选择
工业区位因素
自然因素
土地
水源
原料等
社会经济因素
市场
动力
交通
劳动力
政策等
其他因素
技术
信息
环境等
工业区位选择
选择思路
考虑的主要因素
达到的目的
现实条件
具体分析
自然因素
社会经济因素
环境因素
“风、水、宝、地”四字法
盛行风、最小风频等
水源、水质、水运等
五类导向型
位置、交通
工业的主导类型及判断
主导类型
原料导向型
市场导向型
劳动力导向型
技术导向型
动力导向型
判断方法
依据投入产出比判断
依据生产环节判断
依据分布地区判断
依据主导因素法判断
依据综合分析法判断
环境因素对工业区位影响
工业的环境要求
企业的污染程度
风向的影响
主导风向
季风
最小风频
郊区风
其他
河流
海洋
居民区
地形

思维导图案例 29：“工业地域的形成”思维导图

本图为笔者用 iMindMap 软件绘制。依据高考备考目标要求，将工业集聚与工业分散、传统工业区、新工业区、实践应用等分支整合为“工业地域的形成”思维导图。

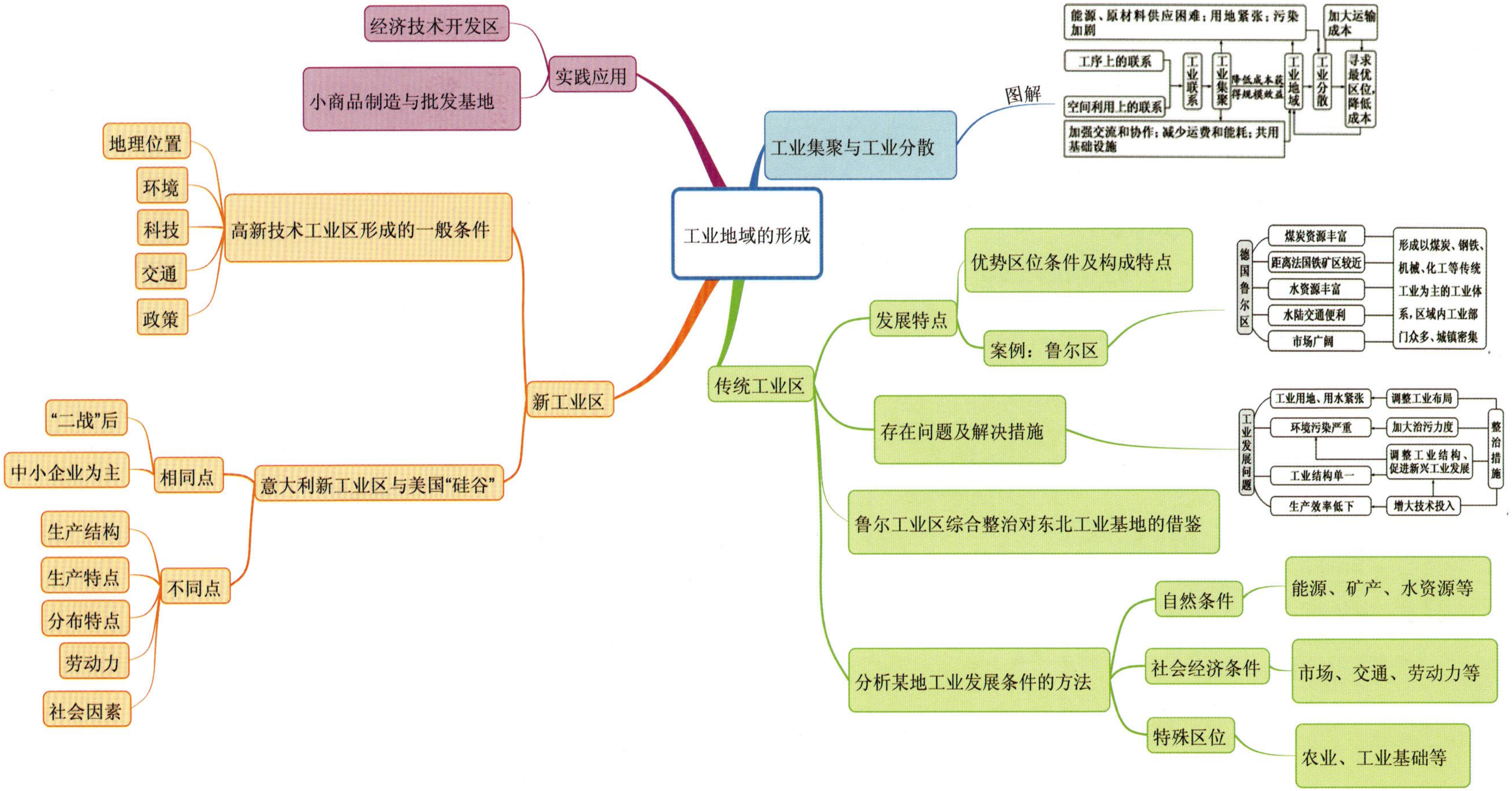

工业地域的形成
工业集聚与工业分散
图解
能源、原材料供应困难；用地紧张；污染加剧
加大运输成本
工序上的联系
空间利用上的联系
加强交流和协作；减少运费和能耗；共用基础设施
工业联系
工业集聚
降低成本获得规模效益
工业地域
工业分散
寻求最优区位，降低成本
传统工业区
发展特点
优势区位条件及构成特点
案例：鲁尔区
德国鲁尔区
煤炭资源丰富
距离法国铁矿区较近
水资源丰富
水陆交通便利
市场广阔
形成以煤炭、钢铁、机械、化工等传统工业为主的工业体系，区域内工业部门众多、城镇密集
存在问题及解决措施
工业发展问题
工业用地、用水紧张
环境污染严重
工业结构单一
生产效率低下
调整工业布局
加大治污力度
调整工业结构、促进新兴工业发展
增大技术投入
整治措施
鲁尔工业区综合整治对东北工业基地的借鉴
分析某地工业发展条件的方法
自然条件
能源、矿产、水资源等
社会经济条件
市场、交通、劳动力等
特殊区位
农业、工业基础等
新工业区
高新技术工业区形成的一般条件
地理位置
环境
科技
交通
政策
意大利新工业区与美国“硅谷”
相同点
“二战”后
中小企业为主
不同点
生产结构
生产特点
分布特点
劳动力
社会因素
实践应用
经济技术开发区
小商品制造与批发基地

思维导图案例 30：“工业地理”思维导图

本图为笔者用 Mindjet MindManager 软件绘制。依据高考备考目标要求，将工业概念及分类、三次工业革命与工业部门、工业区位、工业地域、传统工业区与新兴工业区、中国工业、工业生产活动对地理环境的影响等零碎分布于高初中地理教材、地理教辅图册等的知识整合为“工业地理”思维导图，为工业地理复习的总体框架。图中还标注了内容所在教材和图册的页码，方便学生学习。

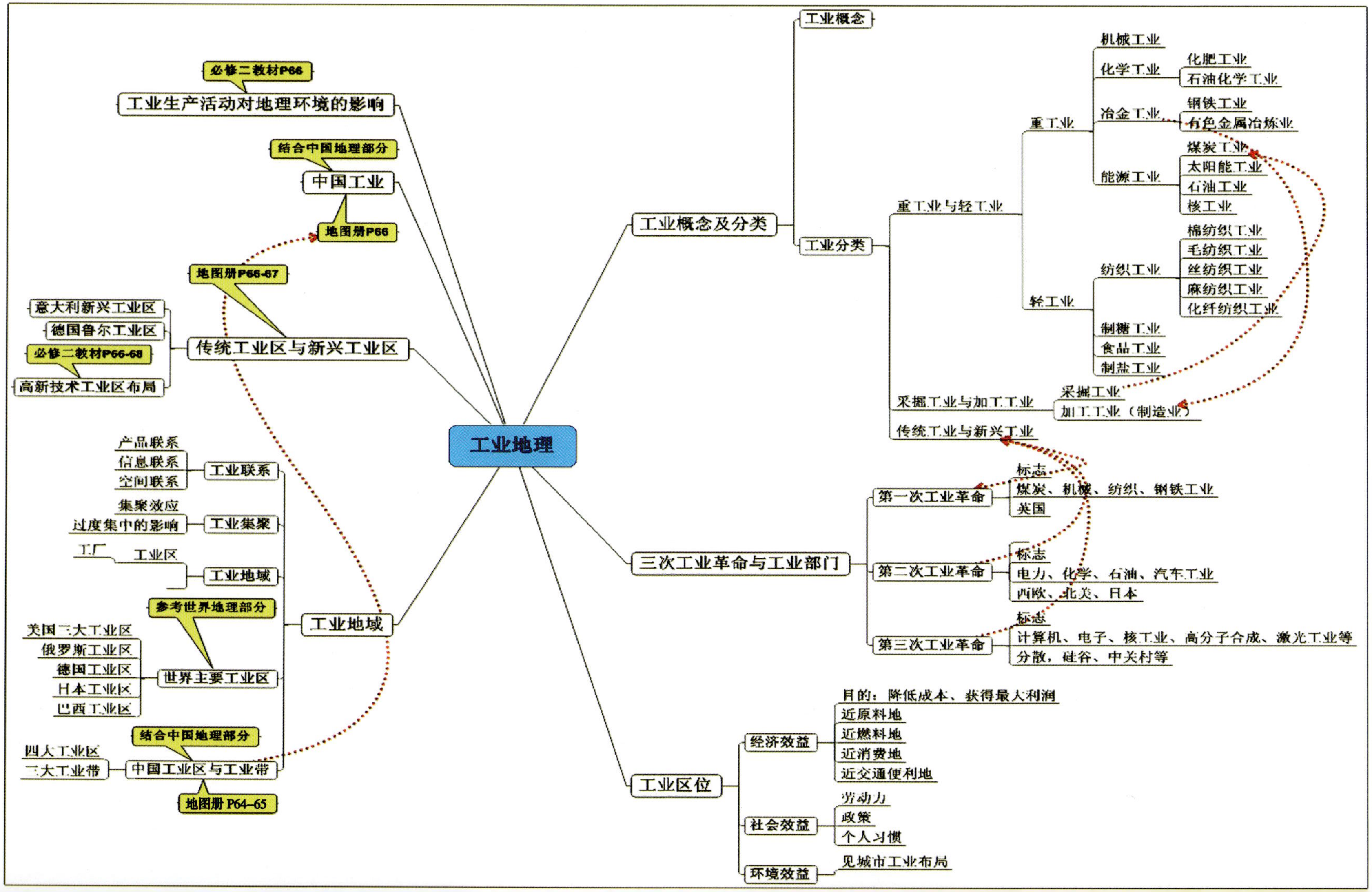

工业地理
工业概念及分类
工业概念
工业分类
重工业与轻工业
重工业
机械工业
化学工业
化肥工业
石油化学工业
冶金工业
钢铁工业
有色金属冶炼业
能源工业
煤炭工业
太阳能工业
石油工业
核工业
轻工业
纺织工业
棉纺织工业
毛纺织工业
丝纺织工业
麻纺织工业
化纤纺织工业
制糖工业
食品工业
制盐工业
采掘工业与加工工业
采掘工业
加工工业（制造业）
传统工业与新兴工业
三次工业革命与工业部门
第一次工业革命
标志
煤炭、机械、纺织、钢铁工业
英国
第二次工业革命
标志
电力、化学、石油、汽车工业
西欧、北美、日本
第三次工业革命
标志
计算机、电子、核工业、高分子合成、激光工业等
分散，硅谷、中关村等
工业区位
经济效益
目的：降低成本、获得最大利润
近原料地
近燃料地
近消费地
近交通便利地
社会效益
劳动力
政策
个人习惯
环境效益
见城市工业布局
工业生产活动对地理环境的影响
必修二教材P66
中国工业
结合中国地理部分
地图册P66
传统工业区与新兴工业区
地图册P66-67
意大利新兴工业区
德国鲁尔工业区
必修二教材P66-68
高新技术工业区布局
工业地域
工业联系
产品联系
信息联系
空间联系
工业集聚
集聚效应
过度集中的影响
工业地域
工厂
工业区
世界主要工业区
参考世界地理部分
美国三大工业区
俄罗斯工业区
德国工业区
日本工业区
巴西工业区
中国工业区与工业带
结合中国地理部分
四大工业区
三大工业带
地图册 P64-65

思维导图案例 31：“交通运输布局及其影响”思维导图

本图为笔者用 iMindMap 软件绘制。依据高考备考目标要求，将现代交通运输方式的类型及选择的思维模式、交通运输线的区位因素、港口区位影响因素等教材中很少说明，但地理试题常出现的知识点整合为“交通运输布局及其影响”思维导图，为学生提供简单明了的复习知识体系框架。

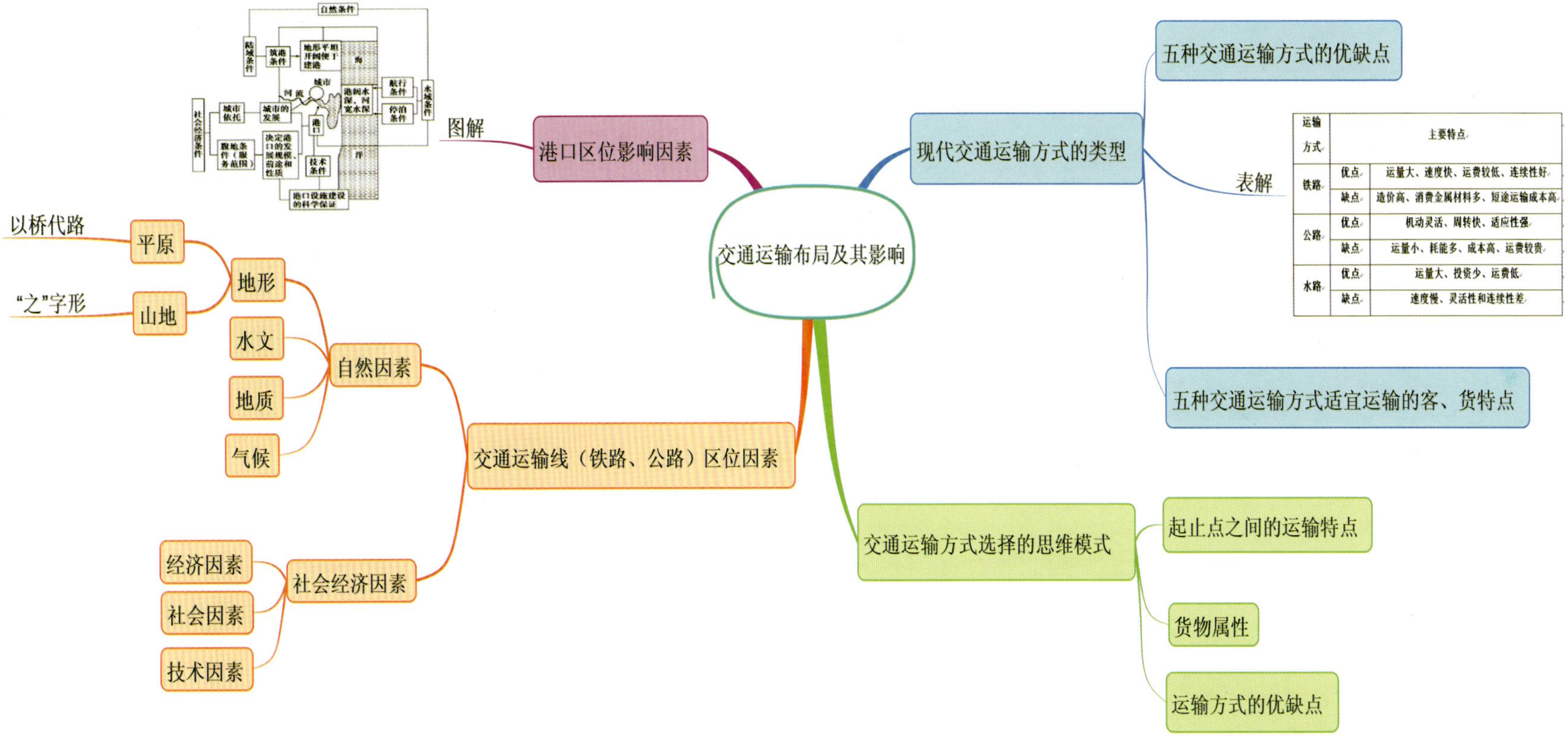

交通运输布局及其影响
港口区位影响因素
图解
现代交通运输方式的类型
五种交通运输方式的优缺点
表解
运输方式 | 主要特点
铁路 优点 运量大、速度快、运费较低、连续性好
铁路 缺点 造价高、消费金属材料多、短途运输成本高
公路 优点 机动灵活、周转快、适应性强
公路 缺点 运量小、耗能多、成本高、运费较贵
水路 优点 运量大、投资少、运费低
水路 缺点 速度慢、灵活性和连续性差
五种交通运输方式适宜运输的客、货特点
交通运输方式选择的思维模式
起止点之间的运输特点
货物属性
运输方式的优缺点
交通运输线（铁路、公路）区位因素
自然因素
地形
平原
以桥代路
山地
“之”字形
水文
地质
气候
社会经济因素
经济因素
社会因素
技术因素

思维导图案例 32：“环境问题”思维导图

本图为笔者用 iMindMap 软件绘制。依据高考备考目标要求，将环境问题的表现、成因、分布、影响和措施等整合为“环境问题”思维导图，为学生提供简单明了的复习知识体系框架。

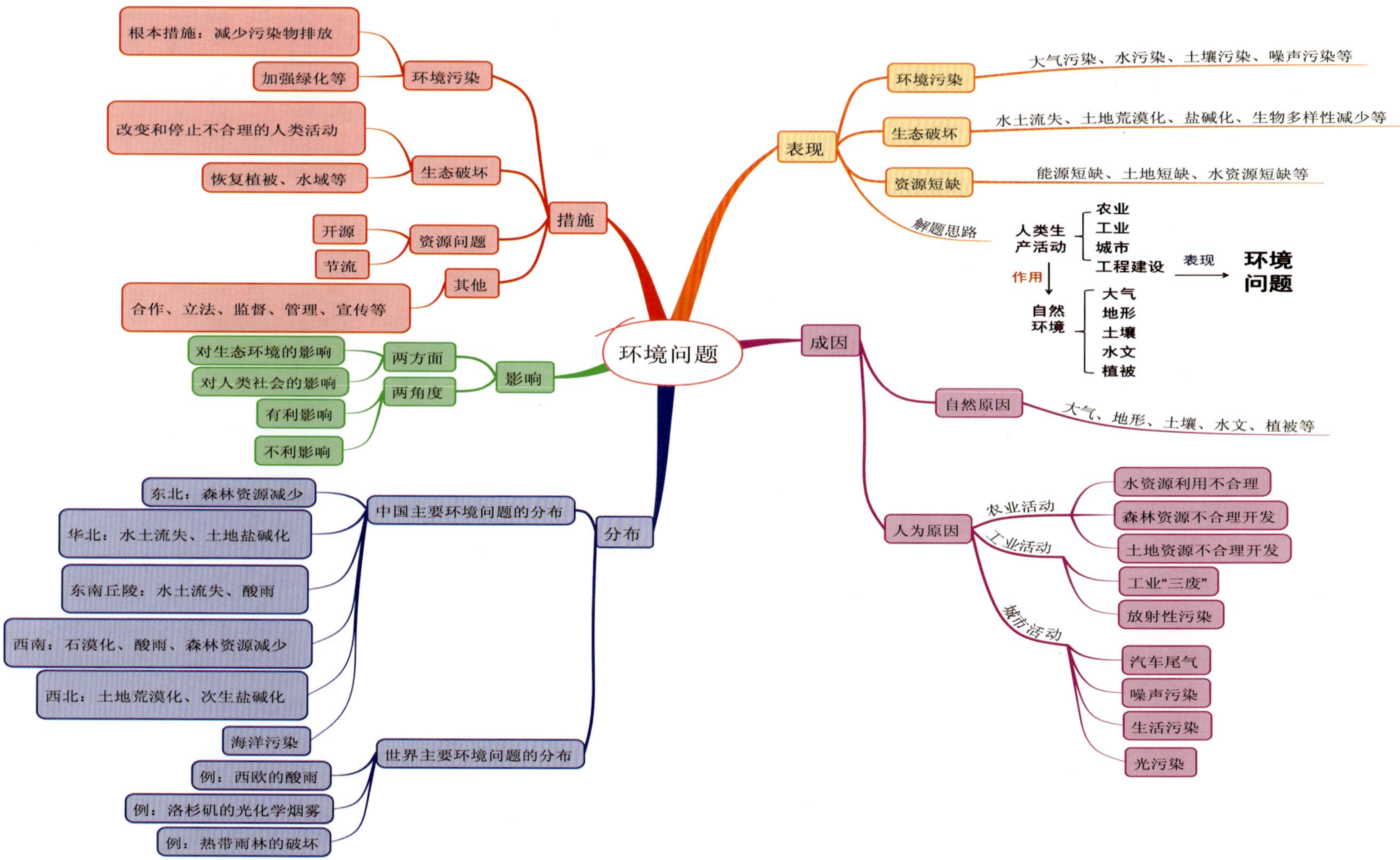
环境问题
表现
环境污染
大气污染、水污染、土壤污染、噪声污染等
生态破坏
水土流失、土地荒漠化、盐碱化、生物多样性减少等
资源短缺
能源短缺、土地短缺、水资源短缺等
解题思路
人类生产活动
农业
工业
城市
工程建设
表现
环境问题
作用
自然环境
大气
地形
土壤
水文
植被
成因
自然原因
大气、地形、土壤、水文、植被等
人为原因
农业活动
工业活动
城市活动
水资源利用不合理
森林资源不合理开发
土地资源不合理开发
工业“三废”
放射性污染
汽车尾气
噪声污染
生活污染
光污染
分布
中国主要环境问题的分布
东北：森林资源减少
华北：水土流失、土地盐碱化
东南丘陵：水土流失、酸雨
西南：石漠化、酸雨、森林资源减少
西北：土地荒漠化、次生盐碱化
海洋污染
世界主要环境问题的分布
例：西欧的酸雨
例：洛杉矶的光化学烟雾
例：热带雨林的破坏
影响
两方面
对生态环境的影响
对人类社会的影响
两角度
有利影响
不利影响
措施
环境污染
根本措施：减少污染物排放
加强绿化等
生态破坏
改变和停止不合理的人类活动
恢复植被、水域等
资源问题
开源
节流
其他
合作、立法、监督、管理、宣传等

思维导图案例 33："环境污染"思维导图

本图为笔者用 iMindMap 软件绘制。依据高考备考目标要求，将水污染、固体废弃物污染、大气污染中的类型、原因、危害、措施等整合为"环境污染"思维导图，是本专题知识体系的概括和提升。

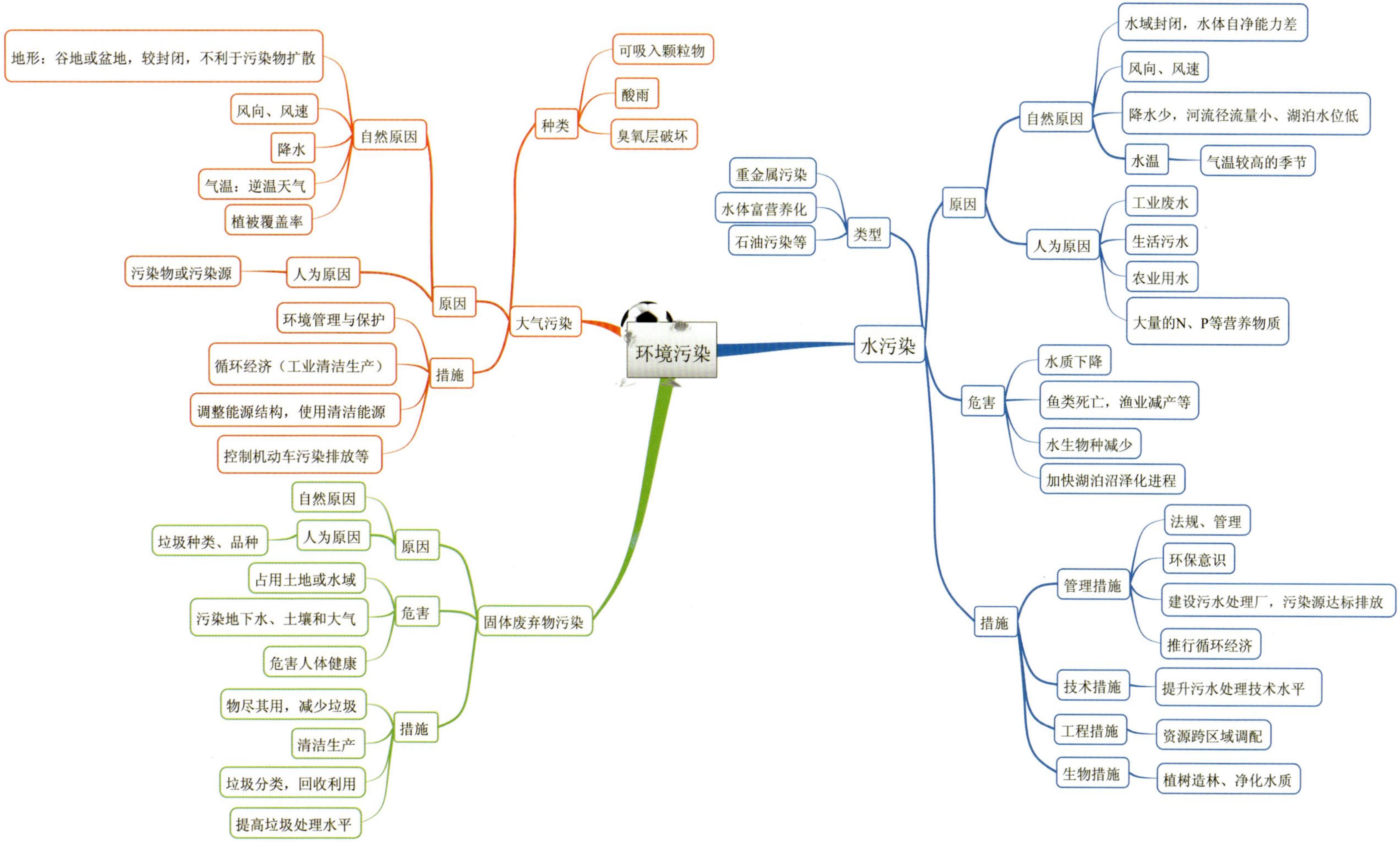

环境污染
大气污染
种类
可吸入颗粒物
酸雨
臭氧层破坏
原因
自然原因
地形：谷地或盆地，较封闭，不利于污染物扩散
风向、风速
降水
气温：逆温天气
植被覆盖率
人为原因
污染物或污染源
措施
环境管理与保护
循环经济（工业清洁生产）
调整能源结构，使用清洁能源
控制机动车污染排放等
固体废弃物污染
原因
自然原因
人为原因
垃圾种类、品种
危害
占用土地或水域
污染地下水、土壤和大气
危害人体健康
措施
物尽其用，减少垃圾
清洁生产
垃圾分类，回收利用
提高垃圾处理水平
水污染
类型
重金属污染
水体富营养化
石油污染等
原因
自然原因
水域封闭，水体自净能力差
风向、风速
降水少，河流径流量小、湖泊水位低
水温
气温较高的季节
人为原因
工业废水
生活污水
农业用水
大量的N、P等营养物质
危害
水质下降
鱼类死亡，渔业减产等
水生物种减少
加快湖泊沼泽化进程
措施
管理措施
法规、管理
环保意识
建设污水处理厂，污染源达标排放
推行循环经济
技术措施
提升污水处理技术水平
工程措施
资源跨区域调配
生物措施
植树造林、净化水质

思维导图案例 34：“三类污染的影响及措施”思维导图

本图为笔者用 iMindMap 软件绘制。依据高考备考目标要求，将水污染的类型及其成因、固体废弃物污染及其危害、大气污染及其防治主干知识等整合为“三类污染的影响及措施”思维导图，是环境污染知识体系的拓展。

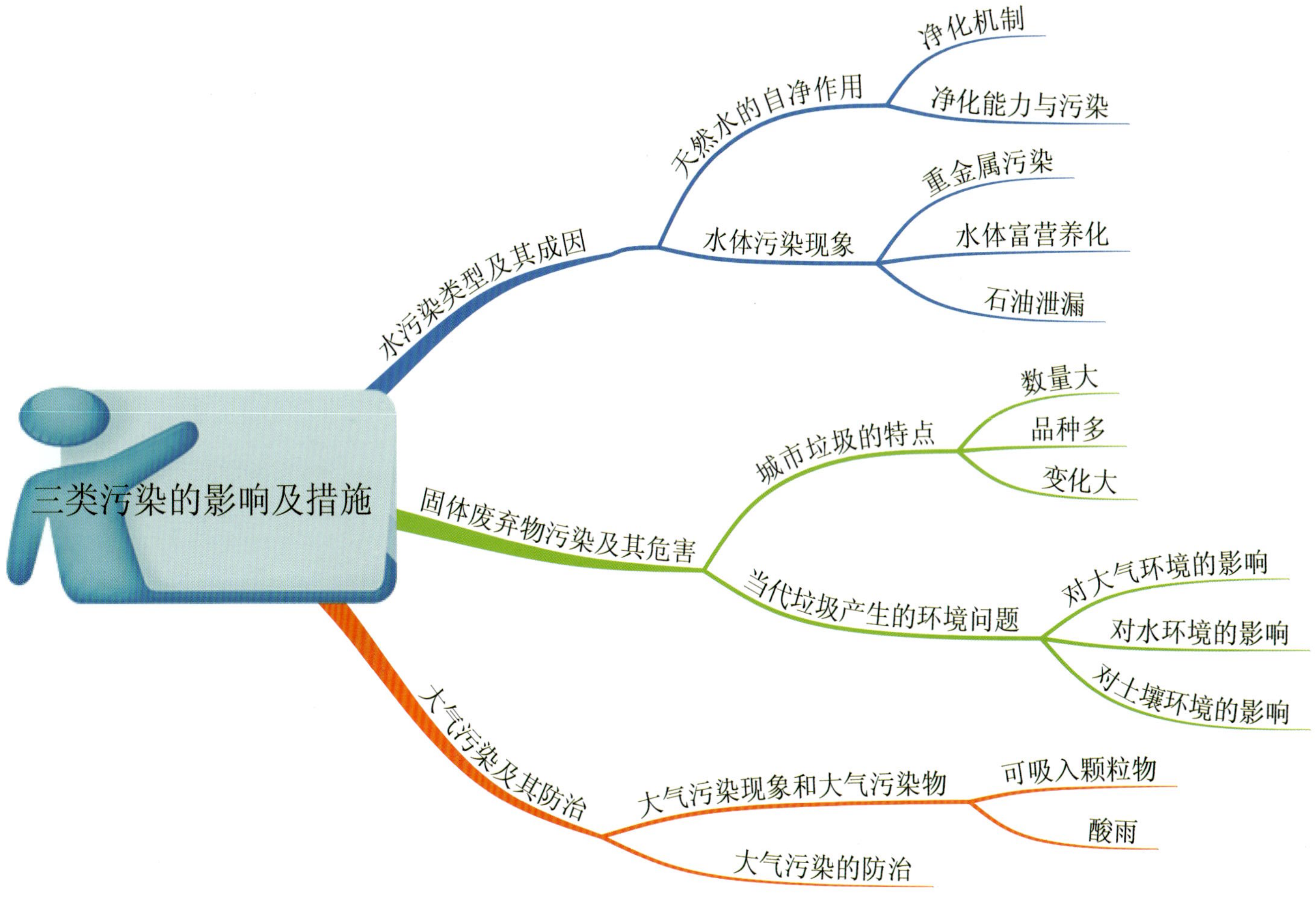
三类污染的影响及措施
水污染类型及其成因
天然水的自净作用
净化机制
净化能力与污染
水体污染现象
重金属污染
水体富营养化
石油泄漏
固体废弃物污染及其危害
城市垃圾的特点
数量大
品种多
变化大
当代垃圾产生的环境问题
对大气环境的影响
对水环境的影响
对土壤环境的影响
大气污染及其防治
大气污染现象和大气污染物
可吸入颗粒物
酸雨
大气污染的防治

思维导图案例 35：“可持续发展”思维导图

本图为笔者用 iMindMap 软件绘制。依据高考备考目标要求，将不同版本教材中呈现的人地关系思想的演变，可持续发展的概念、内涵及原则，以及中国的可持续发展道路、可持续发展常见题型的解题思路等整合为“可持续发展”思维导图，为学生地理学习建构知识体系。

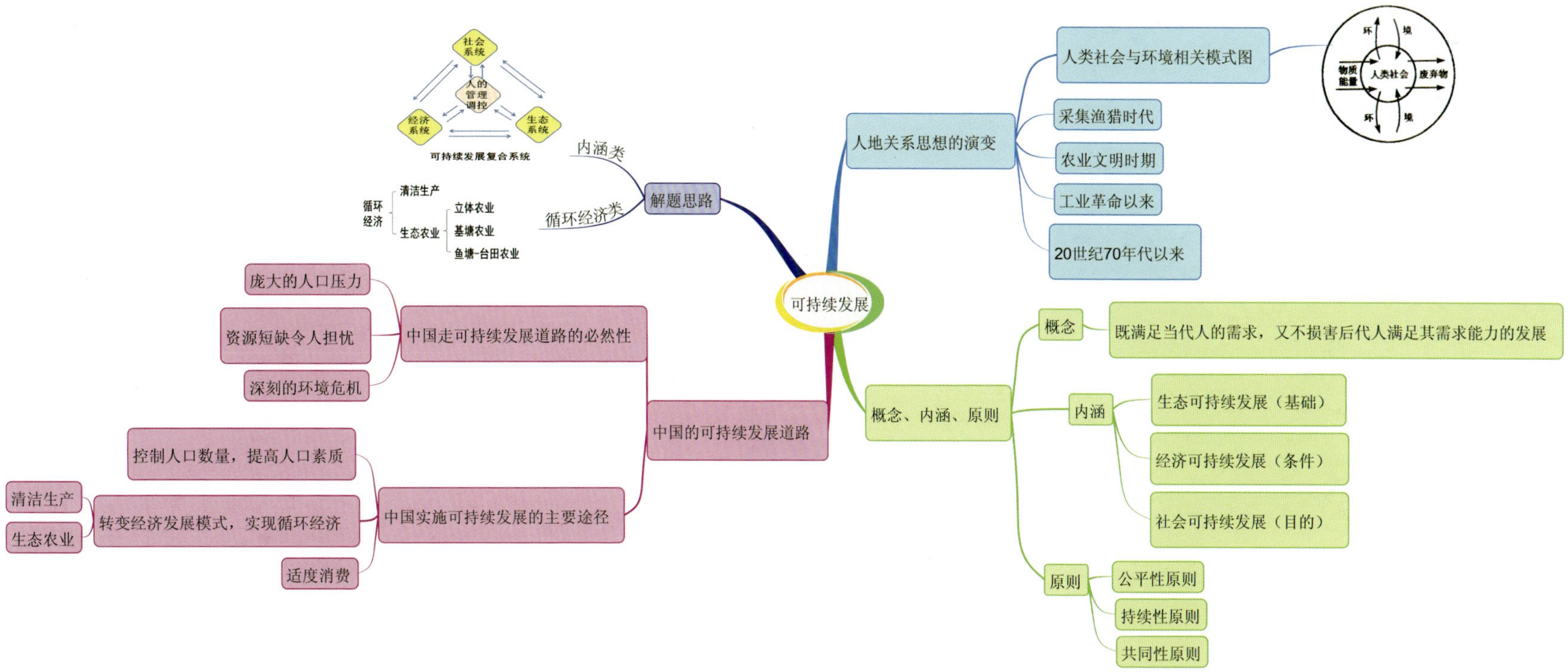
可持续发展
人地关系思想的演变
人类社会与环境相关模式图
环
境
物质能量
人类社会
废弃物
采集渔猎时代
农业文明时期
工业革命以来
20世纪70年代以来
概念、内涵、原则
概念
既满足当代人的需求，又不损害后代人满足其需求能力的发展
内涵
生态可持续发展（基础）
经济可持续发展（条件）
社会可持续发展（目的）
原则
公平性原则
持续性原则
共同性原则
中国的可持续发展道路
中国走可持续发展道路的必然性
庞大的人口压力
资源短缺令人担忧
深刻的环境危机
中国实施可持续发展的主要途径
控制人口数量，提高人口素质
转变经济发展模式，实现循环经济
清洁生产
生态农业
适度消费
解题思路
内涵类
社会系统
人的管理调控
经济系统
生态系统
可持续发展复合系统
循环经济类
循环经济
清洁生产
生态农业
立体农业
基塘农业
鱼塘-台田农业

思维导图案例 36：“旅游地理”思维导图

本图为笔者用 iMindMap 软件绘制。依据高考备考目标要求，将旅游地理学习指导、现代旅游及其作用、旅游资源、旅游景观的欣赏、旅游资源的开发与保护等整合为“旅游地理”思维导图，为本专题地理学习提供指导。

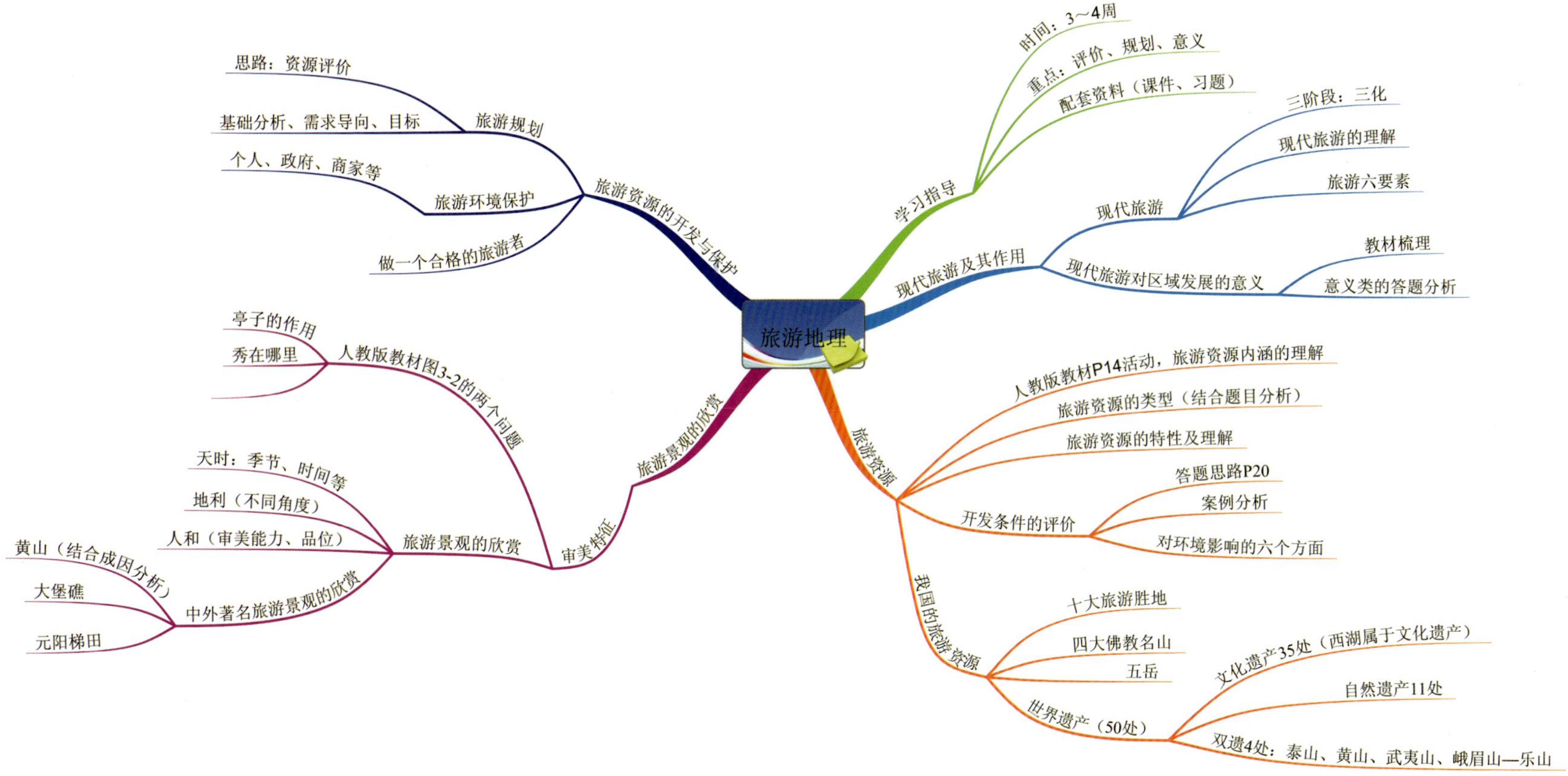

旅游地理
学习指导
时间：3～4周
重点：评价、规划、意义
配套资料（课件、习题）
现代旅游及其作用
现代旅游
三阶段：三化
现代旅游的理解
旅游六要素
现代旅游对区域发展的意义
教材梳理
意义类的答题分析
旅游资源
人教版教材P14活动，旅游资源内涵的理解
旅游资源的类型（结合题目分析）
旅游资源的特性及理解
开发条件的评价
答题思路P20
案例分析
对环境影响的六个方面
我国的旅游资源
十大旅游胜地
四大佛教名山
五岳
世界遗产（50处）
文化遗产35处（西湖属于文化遗产）
自然遗产11处
双遗4处：泰山、黄山、武夷山、峨眉山—乐山
旅游资源的开发与保护
旅游规划
思路：资源评价
基础分析、需求导向、目标
旅游环境保护
个人、政府、商家等
做一个合格的旅游者
旅游景观的欣赏
审美特征
人教版教材图3-2的两个问题
亭子的作用
秀在哪里
旅游景观的欣赏
天时：季节、时间等
地利（不同角度）
人和（审美能力、品位）
中外著名旅游景观的欣赏
黄山（结合成因分析）
大堡礁
元阳梯田

思维导图案例 37：“南方低山丘陵水土流失的原因和危害”思维导图

本图为笔者用 iMindMap 软件绘制。依据高考备考目标要求，针对南方低山丘陵水土流失的原因和危害，从地理背景分析、原因分析、对当地和流域的危害等角度整合为案例分析的学科知识思维导图。

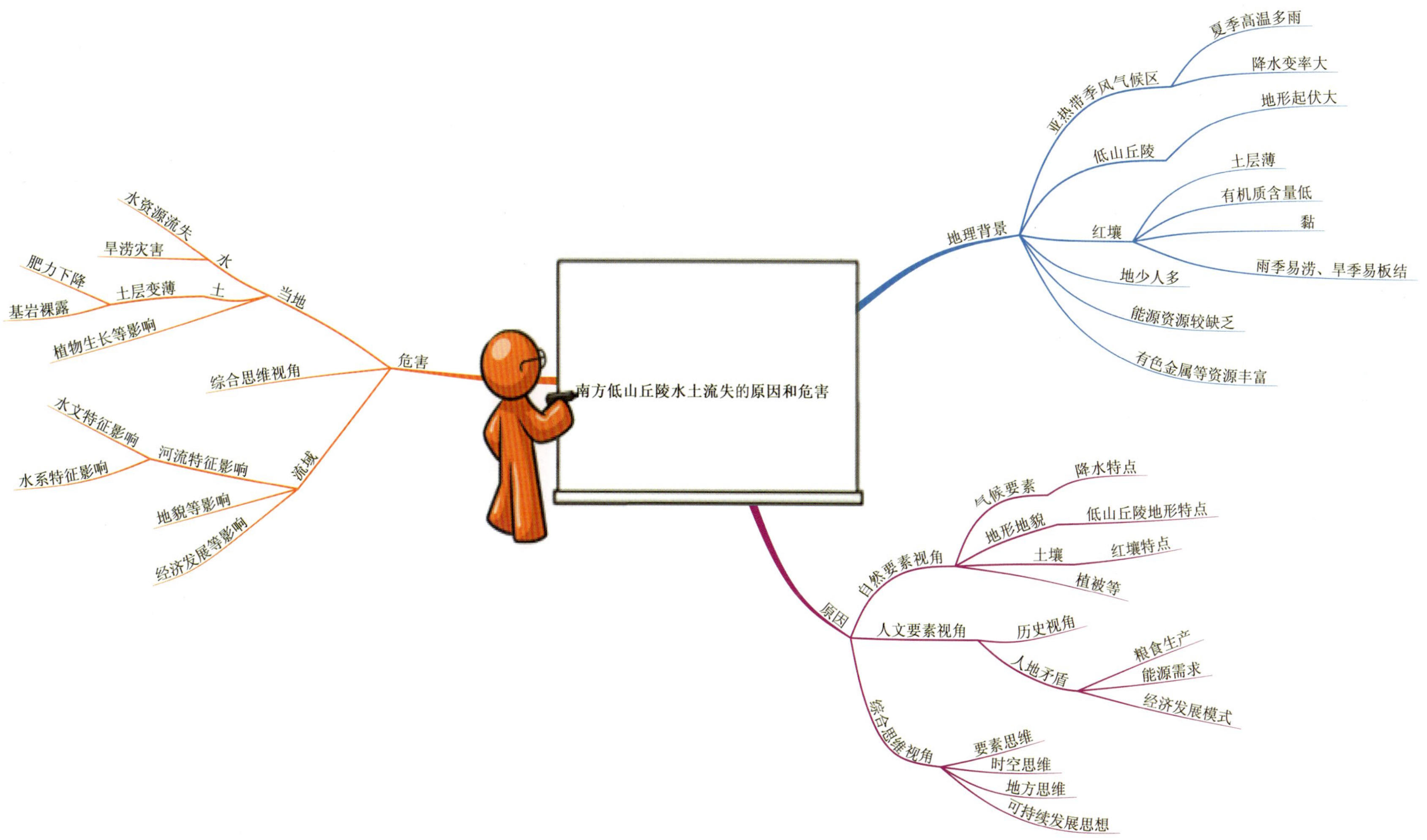

南方低山丘陵水土流失的原因和危害
地理背景
亚热带季风气候区
夏季高温多雨
降水变率大
低山丘陵
地形起伏大
红壤
土层薄
有机质含量低
黏
雨季易涝、旱季易板结
地少人多
能源资源较缺乏
有色金属等资源丰富
原因
自然要素视角
气候要素
降水特点
地形地貌
低山丘陵地形特点
土壤
红壤特点
植被等
人文要素视角
历史视角
人地矛盾
粮食生产
能源需求
经济发展模式
综合思维视角
要素思维
时空思维
地方思维
可持续发展思想
危害
当地
水
水资源流失
旱涝灾害
土
土层变薄
肥力下降
基岩裸露
植物生长等影响
综合思维视角
流域
河流特征影响
水文特征影响
水系特征影响
地貌等影响
经济发展等影响

思维导图案例 38：“区域资源、能源开发”思维导图

本图为笔者用 iMindMap 软件绘制。依据高考备考目标要求，针对区域非可再生资源（能源）开发条件分析、区域可再生资源（能源）开发条件分析、资源（能源）状况（特征）分析、资源跨区域调配原因等角度整合为“区域资源、能源开发”的学科知识思维导图。

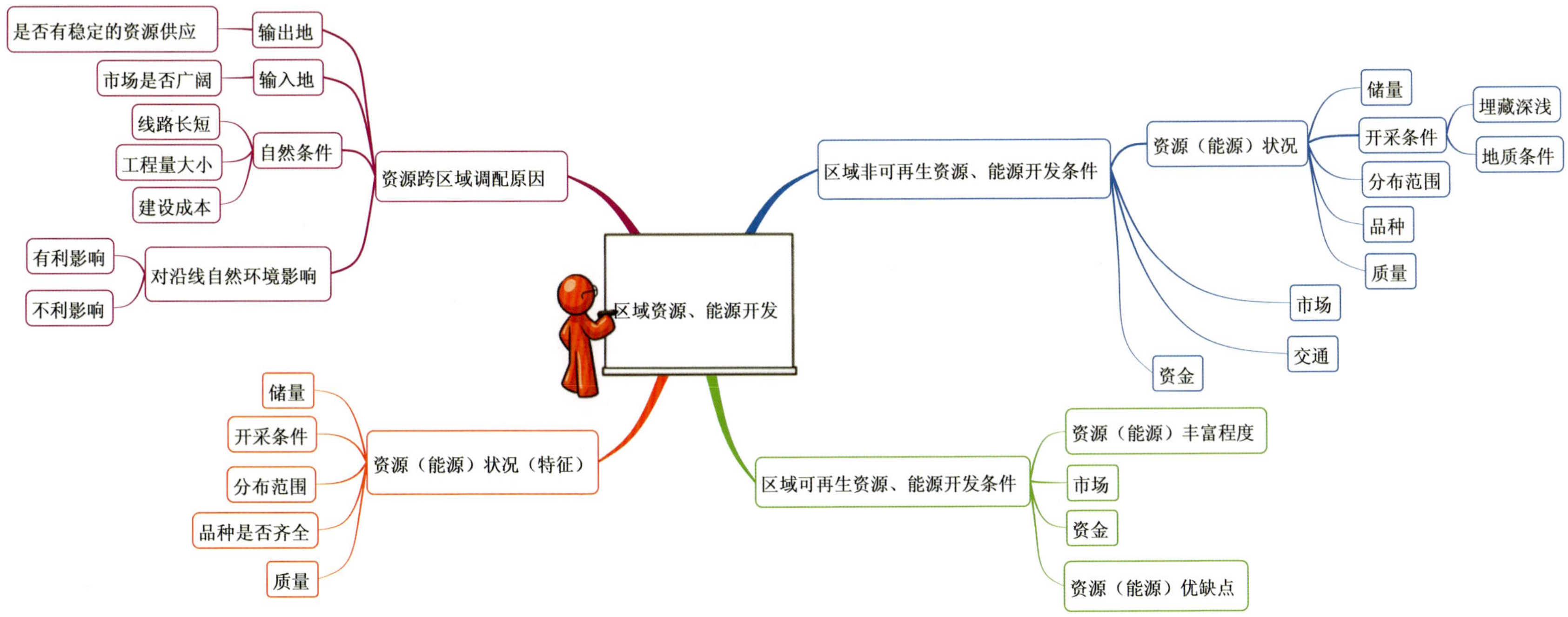
区域资源、能源开发
区域非可再生资源、能源开发条件
资源（能源）状况
储量
开采条件
埋藏深浅
地质条件
分布范围
品种
质量
市场
交通
资金
区域可再生资源、能源开发条件
资源（能源）丰富程度
市场
资金
资源（能源）优缺点
资源（能源）状况（特征）
储量
开采条件
分布范围
品种是否齐全
质量
资源跨区域调配原因
输出地
是否有稳定的资源供应
输入地
市场是否广阔
自然条件
线路长短
工程量大小
建设成本
对沿线自然环境影响
有利影响
不利影响

思维导图案例 39：“荒漠化的原因及防治”思维导图

本图为笔者用 iMindMap 软件绘制。依据高考备考目标要求，针对荒漠化的原因分析思路、防治措施建构的学科专题知识思维导图。

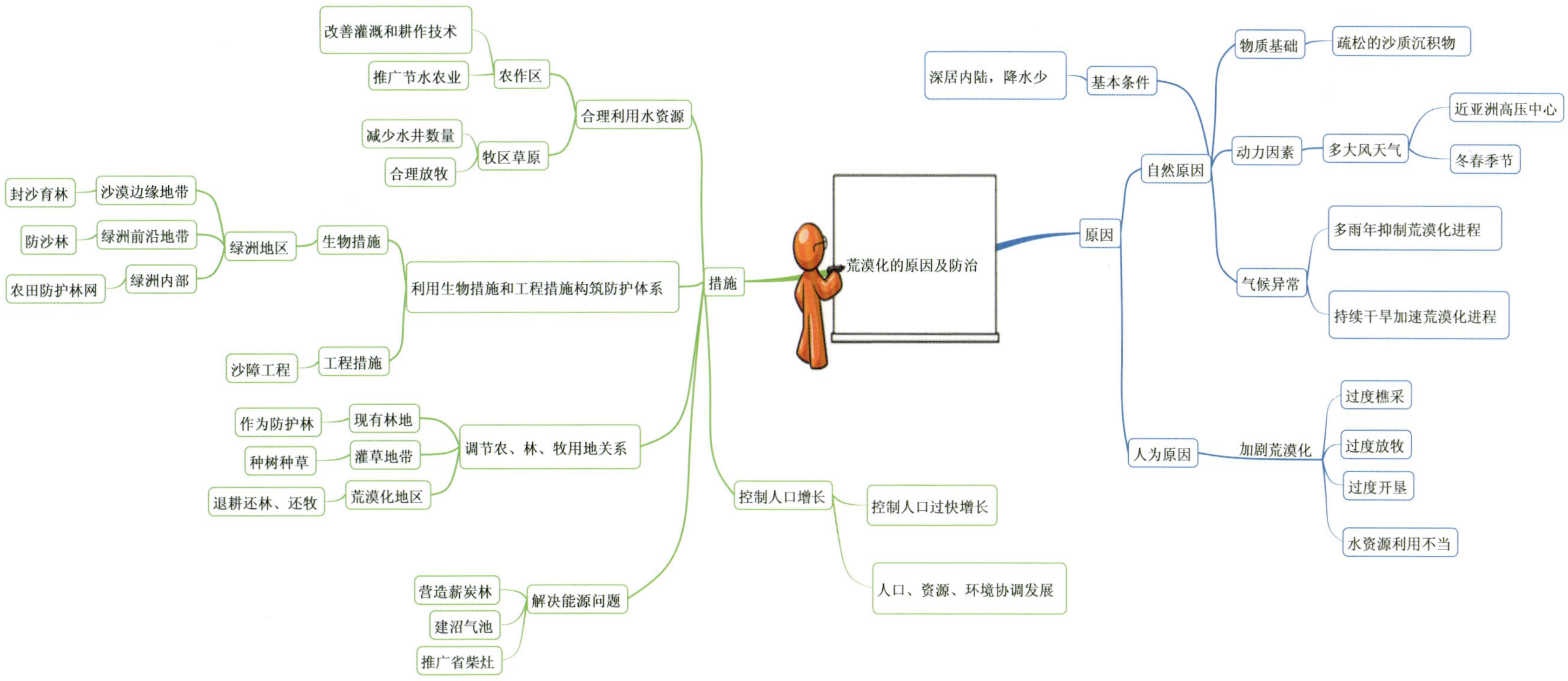
荒漠化的原因及防治
原因
基本条件
深居内陆，降水少
自然原因
物质基础
疏松的沙质沉积物
动力因素
多大风天气
近亚洲高压中心
冬春季节
气候异常
多雨年抑制荒漠化进程
持续干旱加速荒漠化进程
人为原因
加剧荒漠化
过度樵采
过度放牧
过度开垦
水资源利用不当
措施
合理利用水资源
农作区
改善灌溉和耕作技术
推广节水农业
牧区草原
减少水井数量
合理放牧
利用生物措施和工程措施构筑防护体系
生物措施
绿洲地区
沙漠边缘地带
封沙育林
绿洲前沿地带
防沙林
绿洲内部
农田防护林网
工程措施
沙障工程
调节农、林、牧用地关系
现有林地
作为防护林
灌草地带
种树种草
荒漠化地区
退耕还林、还牧
解决能源问题
营造薪炭林
建沼气池
推广省柴灶
控制人口增长
控制人口过快增长
人口、资源、环境协调发展

思维导图案例 40：“河流综合开发”思维导图

本图为笔者用 iMindMap 软件绘制。依据高考备考目标要求，针对河流综合开发中的供水、水能开发、流域资源开发、效益、河流航运价值等方面建构的“河流综合开发”专题知识思维导图。

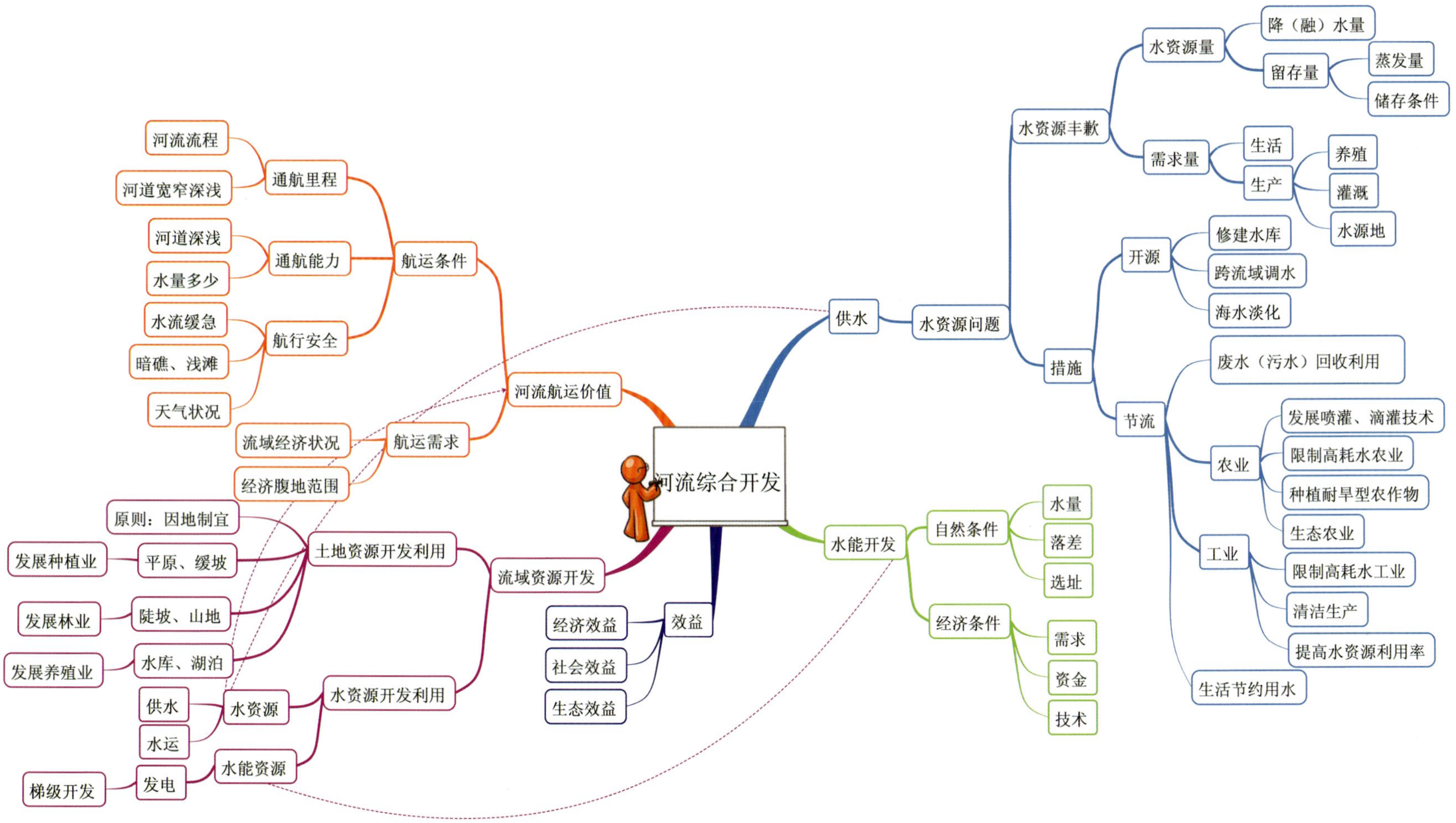
河流综合开发
供水
水资源问题
水资源丰歉
水资源量
降（融）水量
留存量
蒸发量
储存条件
需求量
生活
生产
养殖
灌溉
水源地
措施
开源
修建水库
跨流域调水
海水淡化
节流
废水（污水）回收利用
农业
发展喷灌、滴灌技术
限制高耗水农业
种植耐旱型农作物
生态农业
工业
限制高耗水工业
清洁生产
提高水资源利用率
生活节约用水
水能开发
自然条件
水量
落差
选址
经济条件
需求
资金
技术
效益
经济效益
社会效益
生态效益
流域资源开发
土地资源开发利用
原则：因地制宜
平原、缓坡
发展种植业
陡坡、山地
发展林业
水库、湖泊
发展养殖业
水资源开发利用
水资源
供水
水运
水能资源
发电
梯级开发
河流航运价值
航运条件
通航里程
河流流程
河道宽窄深浅
通航能力
河道深浅
水量多少
航行安全
水流缓急
暗礁、浅滩
天气状况
航运需求
流域经济状况
经济腹地范围

思维导图案例 41：“非洲复习”思维导图

本图为笔者用 iMindmap 软件绘制。依据区域地理高考备考目标要求，针对非洲常考点建构的“非洲复习”思维导图。

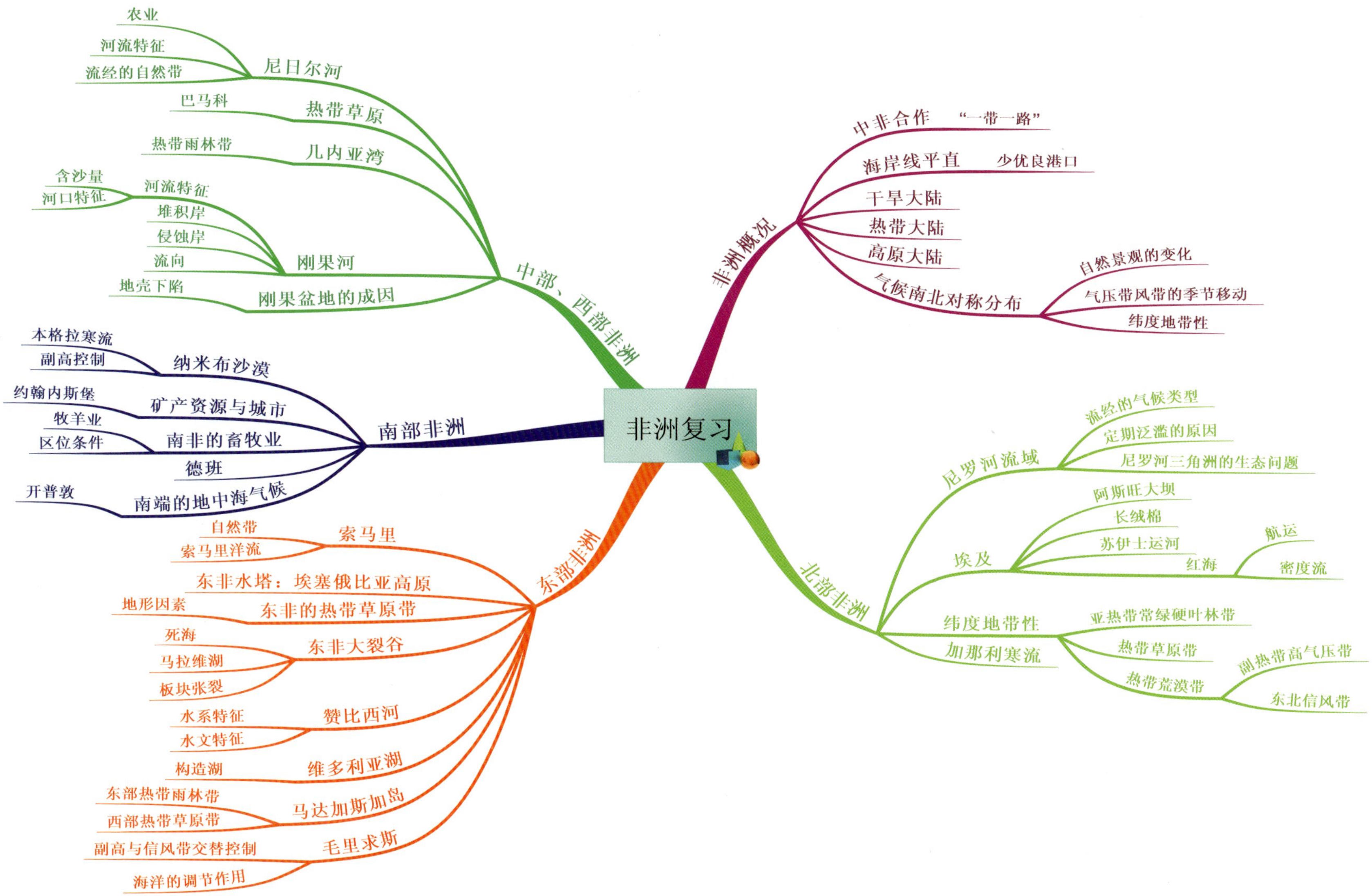

非洲复习
非洲概况
中非合作
“一带一路”
海岸线平直
少优良港口
干旱大陆
热带大陆
高原大陆
气候南北对称分布
自然景观的变化
气压带风带的季节移动
纬度地带性
北部非洲
尼罗河流域
流经的气候类型
定期泛滥的原因
尼罗河三角洲的生态问题
埃及
阿斯旺大坝
长绒棉
苏伊士运河
红海
航运
密度流
纬度地带性
亚热带常绿硬叶林带
热带草原带
热带荒漠带
副热带高气压带
东北信风带
加那利寒流
中部、西部非洲
尼日尔河
农业
河流特征
流经的自然带
热带草原
巴马科
几内亚湾
热带雨林带
刚果河
河流特征
含沙量
河口特征
堆积岸
侵蚀岸
流向
刚果盆地的成因
地壳下陷
南部非洲
纳米布沙漠
本格拉寒流
副高控制
矿产资源与城市
约翰内斯堡
南非的畜牧业
牧羊业
区位条件
德班
南端的地中海气候
开普敦
东部非洲
索马里
自然带
索马里洋流
东非水塔：埃塞俄比亚高原
东非的热带草原带
地形因素
东非大裂谷
死海
马拉维湖
板块张裂
赞比西河
水系特征
水文特征
维多利亚湖
构造湖
马达加斯加岛
东部热带雨林带
西部热带草原带
毛里求斯
副高与信风带交替控制
海洋的调节作用

思维导图案例 42：学生绘制的“大气运动”思维导图

作为学习者，学生自己动手绘制学科思维导图可以将新旧知识建立联系，可以有目的地捕捉信息，然后通过思维导图这个全貌体系来储存知识，方便以后需要时能够随时快速提取出来。下面是深圳市龙城高级中学学生戴同学绘制的“大气运动”专题思维导图。学生绘制的学科思维导图有很多，在此不再赘述。

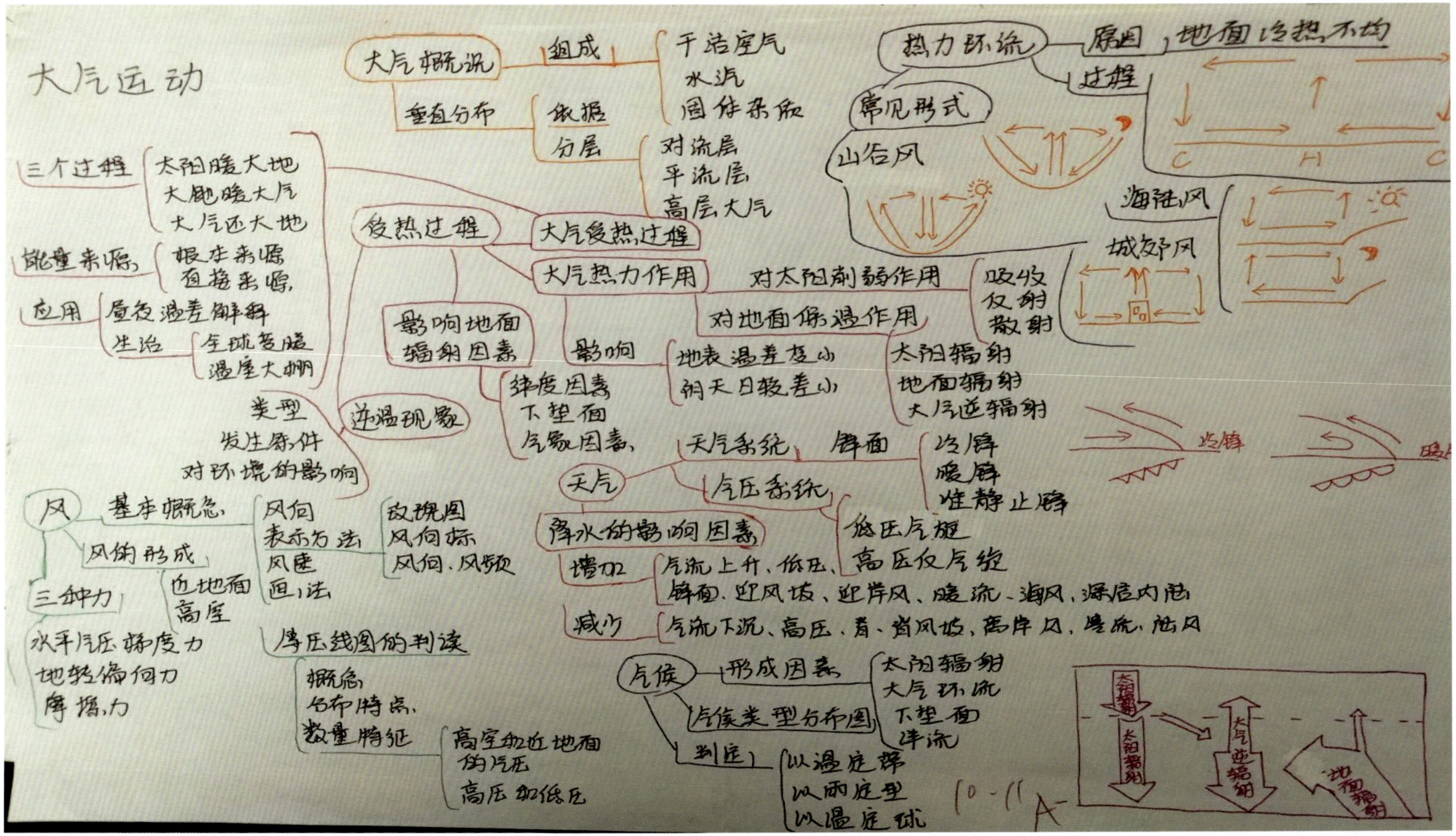
大气运动
大气概况
组成
干洁空气
水汽
固体杂质
垂直分布
依据
分层
对流层
平流层
高层大气
热力环流
原因
地面冷热不均
过程
常见形式
山谷风
海陆风
城郊风
三个过程
太阳暖大地
大地暖大气
大气还大地
能量来源
根本来源
直接来源
应用
昼夜温差解释
生活
全球变暖
温室大棚
受热过程
大气受热过程
大气热力作用
对太阳削弱作用
吸收
反射
散射
对地面保温作用
影响地面辐射因素
影响
地表温差变小
纬度因素
下垫面
气象因素
太阳辐射
地面辐射
大气逆辐射
逆温现象
类型
发生条件
对环境的影响
天气
天气系统
锋面
冷锋
暖锋
准静止锋
气压系统
低压气旋
高压反气旋
降水的影响因素
增加
减少
风
基本概念
风的形成
风向
表示方法
风速
玫瑰图
风向标
三种力
水平气压梯度力
地转偏向力
摩擦力
等压线图的判读
概念
分布特点
数量特征
气候
形成因素
大气环流
下垫面
洋流
气候类型分布图
判定
以温定带
以雨定型
太阳辐射
大气逆辐射
地面辐射

（本思维导图由深圳市龙城高级中学高三 16 班戴同学手绘）

第三节　地理教学信息有效整合问题与思维导图

一、信息社会带给地理教学的新问题及解决途径

随着信息技术的不断更新与发展，人类社会已经进入了一个全新的数字化时代，几乎人人都拥有一部智能终端设备，人们可以很轻松地从网络上获取知识。微信、微博、QQ 等新媒体使学生学习的空间大大拓展。有了互联网的支持，地理师生就能够获得巨大的教与学的信息支持，无论是地理教材内容的拓展和延伸，还是各种考试试题及答案，以及最新的地理学科动态乃至与地理学习有关的时事新闻等资源，比起以往更容易获得。地理师生更容易在视野上跟上时代的前沿。

总体上看，互联网给地理教学提供的信息资源大致可以分为三种类型。第一种是地理教学类的信息，直接提供诸如地理教科书、地理教学参考、地理习题练习、地理教案设计等教学内容，使得教与学的内容选取极大地丰富和延伸。第二种就是地理知识拓展类的信息。如天文、大气、海洋、地质等跟地理学习相关的学科知识类信息网站，拓展了教师的地理知识和教与学的视野。第三种就是新闻时事类的地理信息。如新闻报道中的地理知识、地理前沿成果动态等信息。

现在互联网、电视等媒体信息储量巨大，各种下载软件、储存硬件更加便利，信息的下载、储存非常方便，更新也非常及时。在实际教学中，有些信息是我们受生活地域限制很难获得的资源。如东北的雾凇、华北的农事安排、西北的冬季牧场、圣诞节期间新西兰人戴着圣诞帽在海滩游泳等，这些信息使得地理教学内容更加丰富。而各种新媒体平台还可以异地交流，可以跨学校、跨区域研讨学习，这些平台也是为地理教学服务的信息资源。

另外，随着智能手机的普及，地理教学类公众号、朋友圈转发的各种信息，有很多都可以作为教与学的资源。例如，下面两则就是来自笔者手机朋友圈的信息，稍作加工和拓展就成了地理课堂教学资源。实践证明，这类资源引进地理课堂，学生会产生很强的地理学习兴趣。

附：两则来自朋友圈的地理教学资源信息。

信息 1：2018 年 1 月，深圳市龙城初级中学程老师在迪拜转机时拍的圆形农田照片

信息 2：传遍朋友圈的 2018 年 1 月 31 日超级蓝血月全食信息

2018 年 1 月 31 日晚一定要带着家人到户外欣赏一场难得的视觉盛宴！

2018 年 1 月 31 日晚，天空中将会上演一场万众瞩目的月全食。天文专家提醒您：千万别错过，因为这是一个“月全食＋蓝月亮＋超级月亮”组合亮相。届时，天空中将出现150 年来的首次“超级蓝色月全食”。

月食是地球正好位于太阳与月球的中间，地球影子投影在月球上的现象。1 月 31日的月全食，东亚、澳大利亚东部、太平洋及北美洲西北地区的人都可以观赏到。我国大部分地区全程可见此次月全食奇观，全食阶段历时约 1 小时 17 分钟。

月球从 19：48 开始进入地球的本影（初亏）；20：52 完全进入本影区（食既），月全食精彩部分开始；21：30 月亮到达本影的最内侧（食甚）；22：08 月亮即将离开地球本影（生光）；23：11 月亮离开本影区（复圆）。

整个月全食时间是 3 小时 23 分，相当适合观赏。观看月全食不需要望远镜，直接用眼睛观看就好，当月亮进入地球的本影后，原本的银色月光会变成红色的，那是因为太阳光受到地球大气折射和散射的影响。

还记得 1 月初的最大满月吗？1 月 31 日是 1 月的第二次满月，月亮的朔望周期平均长度是 29.5 天，比一个月的长度稍短，所以一个月内是会出现两次满月的，这是正常的历法现象。通常会把同一个月份第二次出现的满月称为“蓝月”。月亮在“蓝月”时并不会变成蓝色，“蓝月”只是个名称而已（蓝，难的谐音）。

此外，本次月全食还将伴随着“超级月亮”的现象。所谓“超级”就是比原本的月亮更大更亮。常识告诉我们，月亮到地球的平均距离是 38 万千米左右，但月亮绕地球运行的轨道并不是圆形的，而是椭圆形的。当月亮距离我们近时，看到的月亮便大一些，当月亮距离我们远时，看到的月亮便小一些。“超级月亮”发生时，比远地点的月亮大 12%~14%，亮 30%。

月全食、蓝月亮、超级月亮，这三者本身并不是特别罕见，但“超级蓝色月全食”却是过去152年来首次出现。

将这类信息去伪存真，作为地理教学资源，生成地理教学问题，效果肯定不错。

可见，信息社会带给我们繁杂而海量的地理信息，但也带来了新的问题：我们是为了单纯地获取资源而获取资源呢，还是为了解决某些教学问题而有意识地去获取资呢？这些海量的、动态的信息怎样才能有效地整合为我们教与学的资源？在有效整合这些信息资源的过程中，怎样建构师生地理教与学的心理图式？

思维导图可以将繁杂、海量、无序的信息和地理知识可视化、层次化，能够快速形成高度概括易于记忆的结构化图形，而且内容清晰明了，重点突出。思维导图形象逼真的图形，还有助于学生地理学习能力的增强。图形化、多色彩、结构化的地理思维导图给人以美感，能够触发各种媒介带来的地理知识之间的联系，能够增强感知力，提高地理学习兴趣，加深学习记忆，最大程度地挖掘学习潜能、激发创造力。思维导图高度概括化的图形，还便于学习者总结、复习和反思。绘制地理思维导图是地理学习者以发散思维对地理课程内容的归纳总结，而不是简单地将信息内容固化、重复。同时，翻看自己或其他学习者的总结式地理思维导图，还可以进一步优化地理思维模式，更全面系统地掌握地理知识体系。因此，运用思维导图进行地理教学信息的有效整合是很不错的问题解决路径。按照这个思路，笔者也做了一些尝试。

二、运用思维导图进行地理教学信息有效整合的案例

思维导图案例 43：“霜”思维导图

本图为笔者用 iMindMap 软件绘制。由于气候原因，深圳本地学生对霜的概念没有感性认知，更不用说初霜、终霜等概念了。学生对歇后语“霜打的茄子——焉了”“霜打的萝卜——冻（动）了心”等很茫然。笔者在教学实践中认识到这一点，并依据高考备考目标要求，从互联网上找到相关图文信息，进行有效整合，建构成有关霜的现象、概念、形成、无霜期与霜期、霜冻灾害等知识拓展的“霜”专题思维导图。

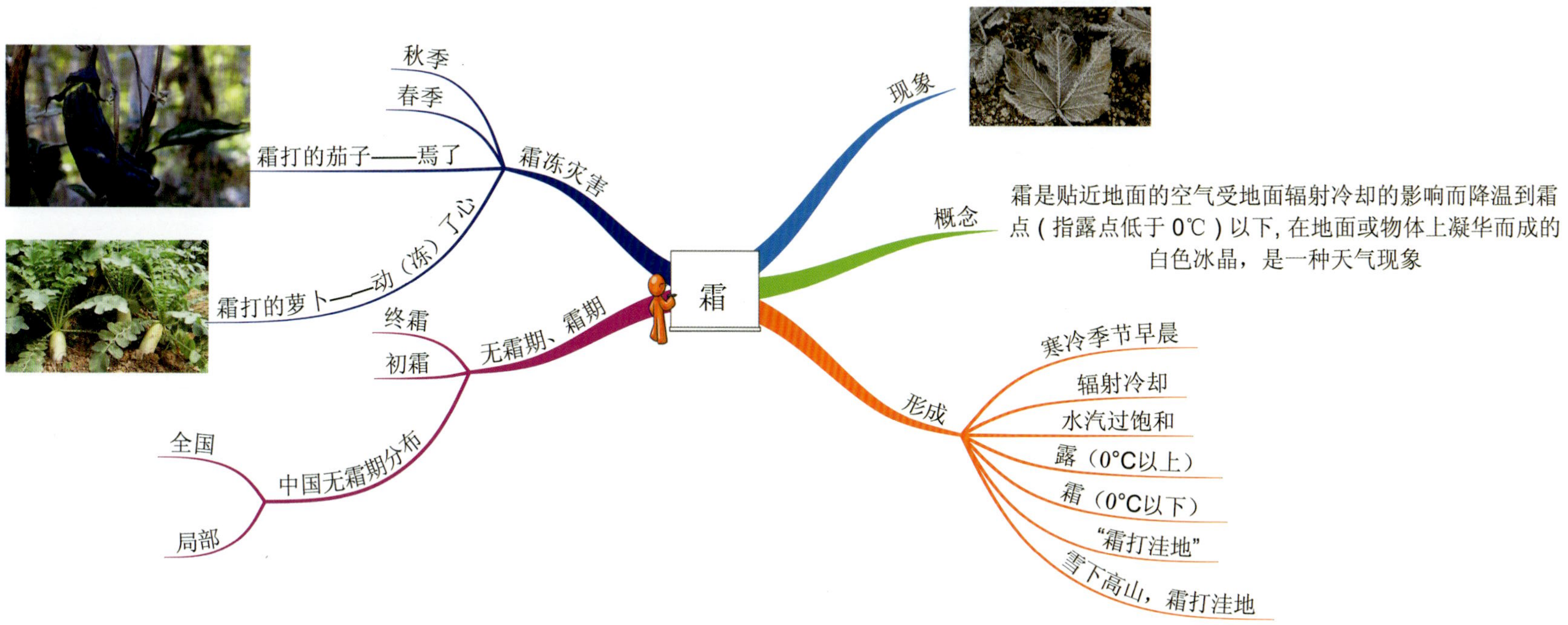
霜
现象
概念
霜是贴近地面的空气受地面辐射冷却的影响而降温到霜点（指露点低于 0℃）以下，在地面或物体上凝华而成的白色冰晶，是一种天气现象
形成
寒冷季节早晨
辐射冷却
水汽过饱和
露（0°C以上）
霜（0°C以下）
“霜打洼地”
雪下高山，霜打洼地
霜冻灾害
秋季
春季
霜打的茄子——焉了
霜打的萝卜——动（冻）了心
无霜期、霜期
终霜
初霜
中国无霜期分布
全国
局部

思维导图案例 44：“温室大棚”思维导图

本图为笔者用 iMindMap 软件绘制。高中地理教材中关于温室大棚的文字表述不多。但在各种高考题、模拟题等试题中，有关温室大棚的考题比比皆是。比如西藏等地大棚西瓜为什么挂着？为什么有人觉得大棚瓜果口感没有正常生长的瓜果口感好？各种零碎的小问题常常困扰着学生，影响地理教学效果。以温室大棚为中心词，对温室大棚的景观、原理、与温室效应的区别等进行有效整合，建构成“温室大棚”小专题思维导图，对提升学习效率有非常积极的作用。

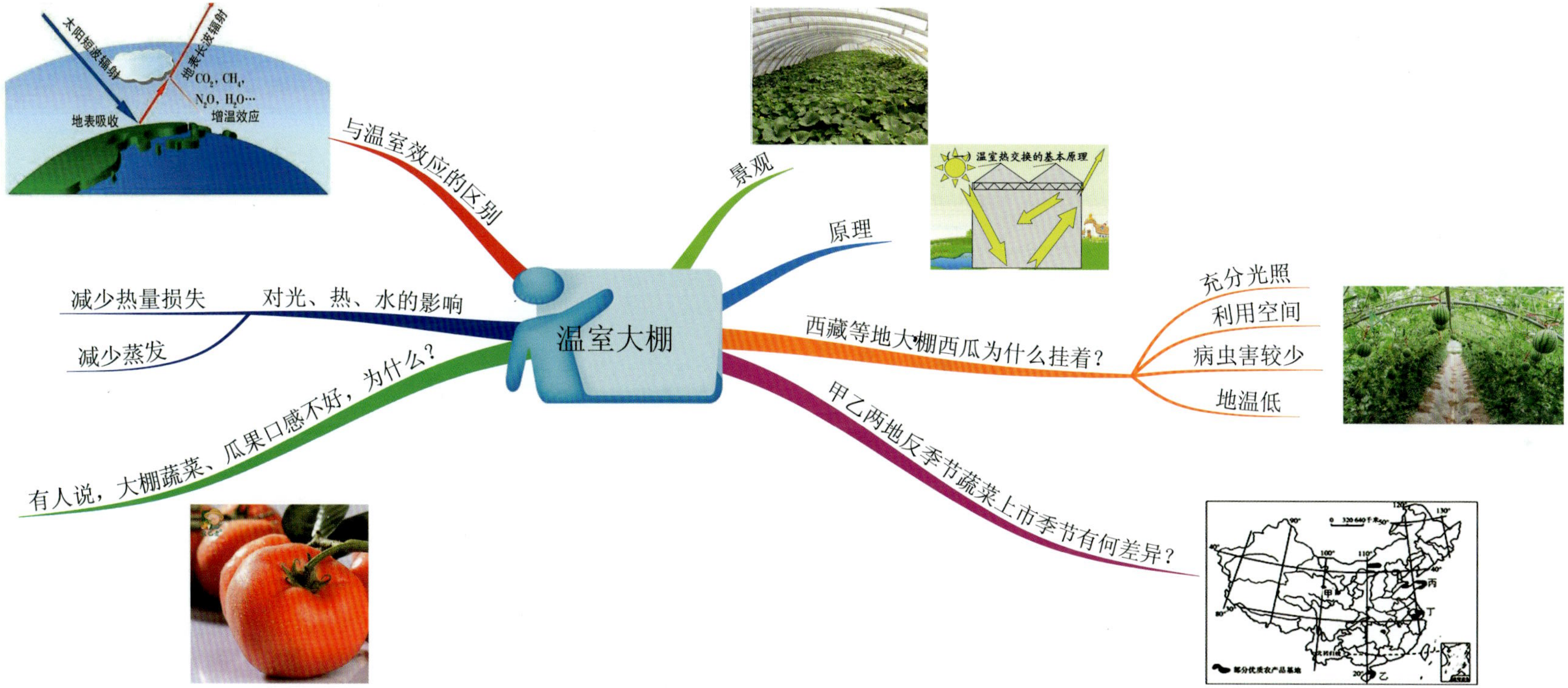

温室大棚
景观
原理
温室热交换的基本原理
西藏等地大棚西瓜为什么挂着？
充分光照
利用空间
病虫害较少
地温低
甲乙两地反季节蔬菜上市季节有何差异？
部分优质农产品基地
与温室效应的区别
太阳短波辐射
地表长波辐射
地表吸收
CO_2、CH_4、
N_2O、H_2O…
增温效应
对光、热、水的影响
减少热量损失
减少蒸发
有人说，大棚蔬菜、瓜果口感不好，为什么？

思维导图案例 45："河流水文特征"思维导图

本图为笔者用 iMindMap 软件绘制。日常地理教学中，仅限于对河流补给类型的补充和说明。但怎样归纳影响径流量大小的因素？径流量变化特点怎么描述？影响河流含沙量大小的因素有哪些？导致河流断流的原因又有哪些？这是制作"河流水文特征"专题思维导图的目的。

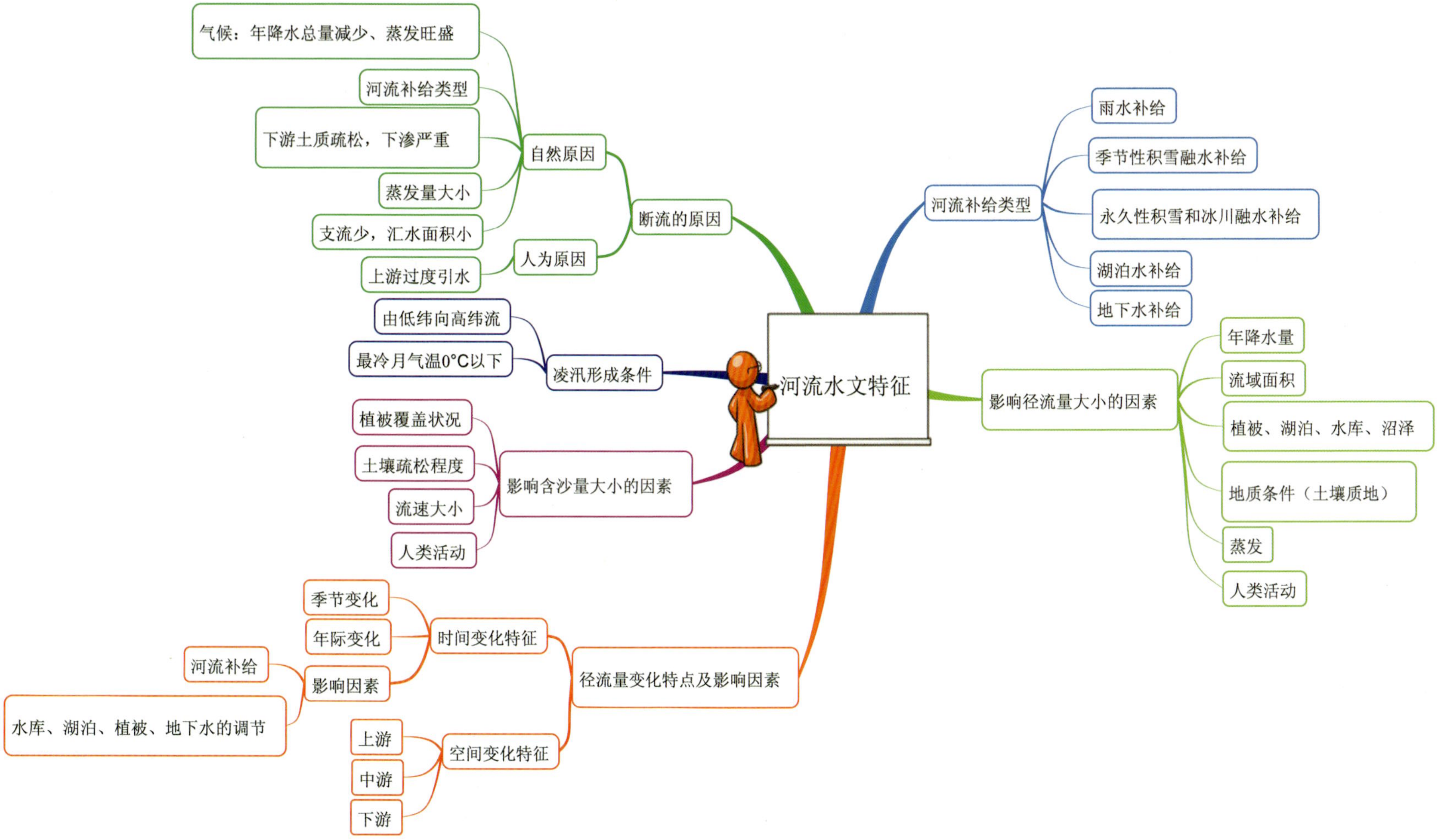
河流水文特征
河流补给类型
雨水补给
季节性积雪融水补给
永久性积雪和冰川融水补给
湖泊水补给
地下水补给
影响径流量大小的因素
年降水量
流域面积
植被、湖泊、水库、沼泽
地质条件（土壤质地）
蒸发
人类活动
径流量变化特点及影响因素
时间变化特征
季节变化
年际变化
影响因素
河流补给
水库、湖泊、植被、地下水的调节
空间变化特征
上游
中游
下游
影响含沙量大小的因素
植被覆盖状况
土壤疏松程度
流速大小
人类活动
凌汛形成条件
由低纬向高纬流
最冷月气温0°C以下
断流的原因
自然原因
气候：年降水总量减少、蒸发旺盛
河流补给类型
下游土质疏松，下渗严重
蒸发量大小
支流少，汇水面积小
人为原因
上游过度引水

思维导图案例 46：“河流流向”思维导图

本图为笔者用 iMindMap 软件绘制。河流流向可以说是高三教学最常见的考向之一了。将根据等高线判定河流流向、根据等潜水位线判定河流流向、根据城市的合理规划图判定河流流向、根据河床的深浅判定河流流向、根据颗粒物大小顺序判定河流流向以及根据经纬网或水系形状判定河流流向等有效整合而成的“河流流向”专题思维导图，很受地理学习者的欢迎。

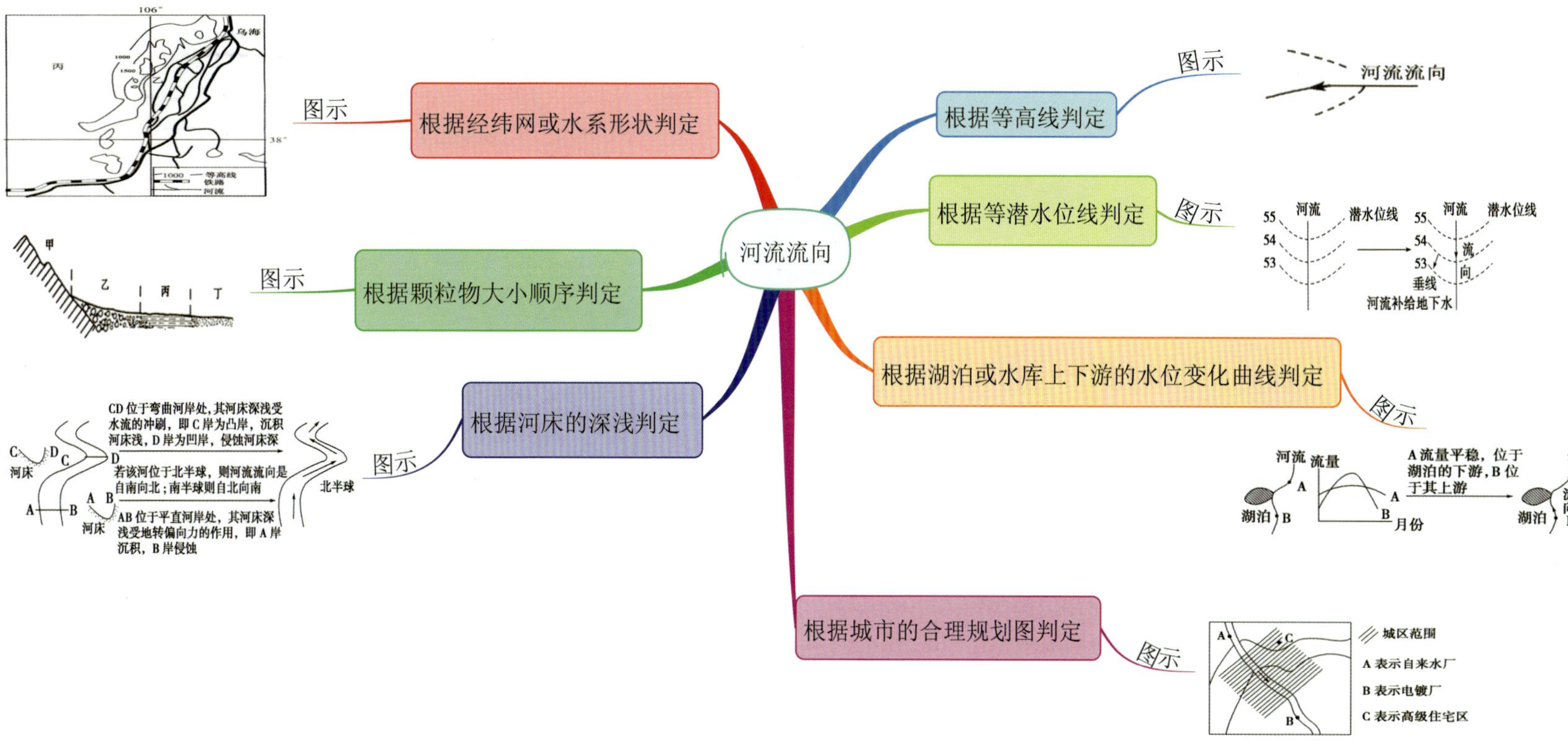
河流流向
根据等高线判定
图示
河流流向
根据等潜水位线判定
图示
河流
潜水位线
垂线
河流补给地下水
根据湖泊或水库上下游的水位变化曲线判定
图示
河流
流量
湖泊
月份
A 流量平稳，位于湖泊的下游，B 位于其上游
根据城市的合理规划图判定
图示
城区范围
A 表示自来水厂
B 表示电镀厂
C 表示高级住宅区
根据经纬网或水系形状判定
图示
乌海
等高线
铁路
河流
根据颗粒物大小顺序判定
图示
甲
乙
丙
丁
根据河床的深浅判定
图示
河床
CD 位于弯曲河岸处，其河床深浅受水流的冲刷，即 C 岸为凸岸，沉积河床浅，D 岸为凹岸，侵蚀河床深
若该河位于北半球，则河流流向是自南向北；南半球则自北向南
AB 位于平直河岸处，其河床深浅受地转偏向力的作用，即 A 岸沉积，B 岸侵蚀
北半球

思维导图案例 47：“河流（湖泊）补给与特征”思维导图

本图为笔者用 iMindMap 软件绘制。将河流冲淤作用、河流水文特征、湖泊、结冰等有效整合为“河流（湖泊）补给与特征”专题思维导图，地理课堂教学中也很受学生的欢迎。

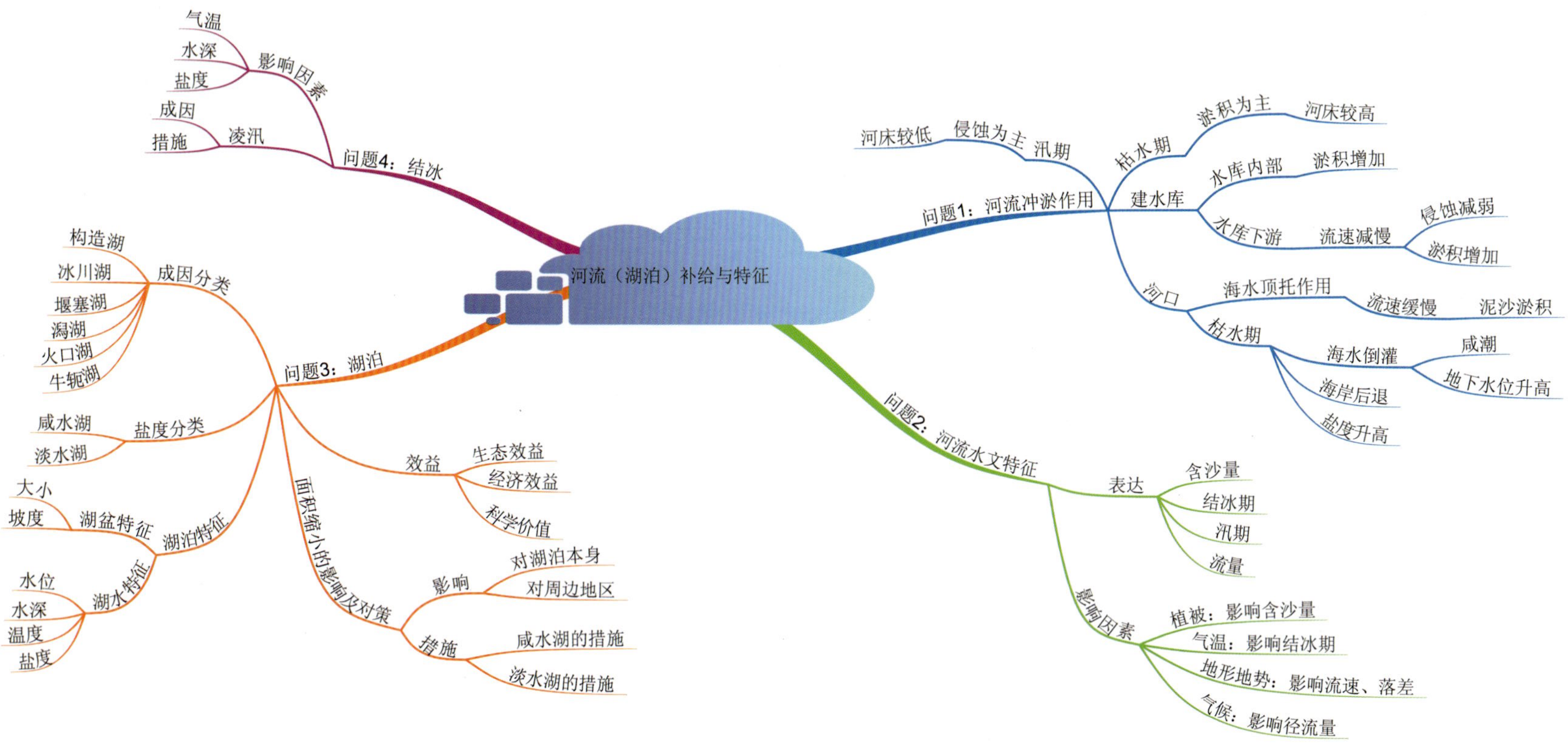
河流（湖泊）补给与特征
问题1：河流冲淤作用
汛期
侵蚀为主
河床较低
枯水期
淤积为主
河床较高
建水库
水库内部
淤积增加
水库下游
流速减慢
侵蚀减弱
淤积增加
河口
海水顶托作用
流速缓慢
泥沙淤积
枯水期
海水倒灌
咸潮
地下水位升高
海岸后退
盐度升高
问题2：河流水文特征
表达
含沙量
结冰期
汛期
流量
影响因素
植被：影响含沙量
气温：影响结冰期
地形地势：影响流速、落差
气候：影响径流量
问题3：湖泊
成因分类
构造湖
冰川湖
堰塞湖
潟湖
火口湖
牛轭湖
盐度分类
咸水湖
淡水湖
湖泊特征
湖盆特征
大小
坡度
湖水特征
水位
水深
温度
盐度
效益
生态效益
经济效益
科学价值
面积缩小的影响及对策
影响
对湖泊本身
对周边地区
措施
咸水湖的措施
淡水湖的措施
问题4：结冰
影响因素
气温
水深
盐度
凌汛
成因
措施

思维导图案例 48："地质构造的几个问题"思维导图

本图为笔者用 iMindMap 软件绘制。地层新老关系、岩石圈的物质循环、构造与地貌是学生学习地质构造常见的三大问题。将这些问题的答题思路进行有效整合形成的思维导图对学生地理学习有较大的帮助。

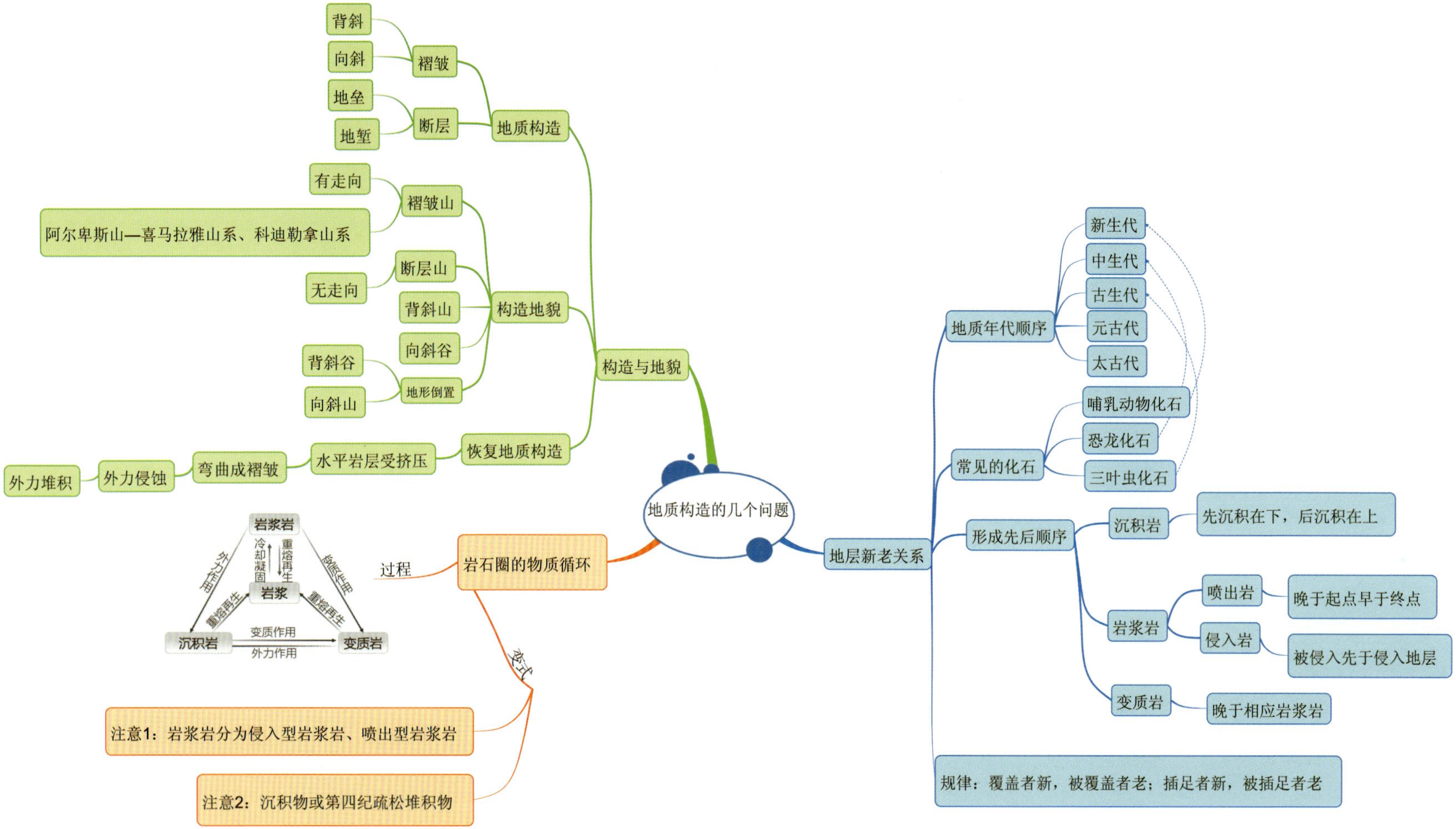

地质构造的几个问题
构造与地貌
地质构造
褶皱
背斜
向斜
断层
地垒
地堑
构造地貌
褶皱山
有走向
阿尔卑斯山—喜马拉雅山系、科迪勒拿山系
断层山
无走向
背斜山
向斜谷
地形倒置
背斜谷
向斜山
恢复地质构造
水平岩层受挤压
弯曲成褶皱
外力侵蚀
外力堆积
岩石圈的物质循环
过程
岩浆岩
冷却凝固
重熔再生
岩浆
外力作用
接触变质作用
重熔再生
重熔再生
沉积岩
变质岩
变质作用
外力作用
变式
注意1：岩浆岩分为侵入型岩浆岩、喷出型岩浆岩
注意2：沉积物或第四纪疏松堆积物
地层新老关系
地质年代顺序
新生代
中生代
古生代
元古代
太古代
常见的化石
哺乳动物化石
恐龙化石
三叶虫化石
形成先后顺序
沉积岩
先沉积在下，后沉积在上
岩浆岩
喷出岩
晚于起点早于终点
侵入岩
被侵入先于侵入地层
变质岩
晚于相应岩浆岩
规律：覆盖者新，被覆盖者老；插足者新，被插足者老

思维导图案例 49：“地形成因”思维导图

本图为笔者用 iMindMap 软件绘制。对各类地形的形成原因进行有效整合，帮助学生建构“地形成因”答题综合思维，是绘制“地形成因”思维导图的目的。

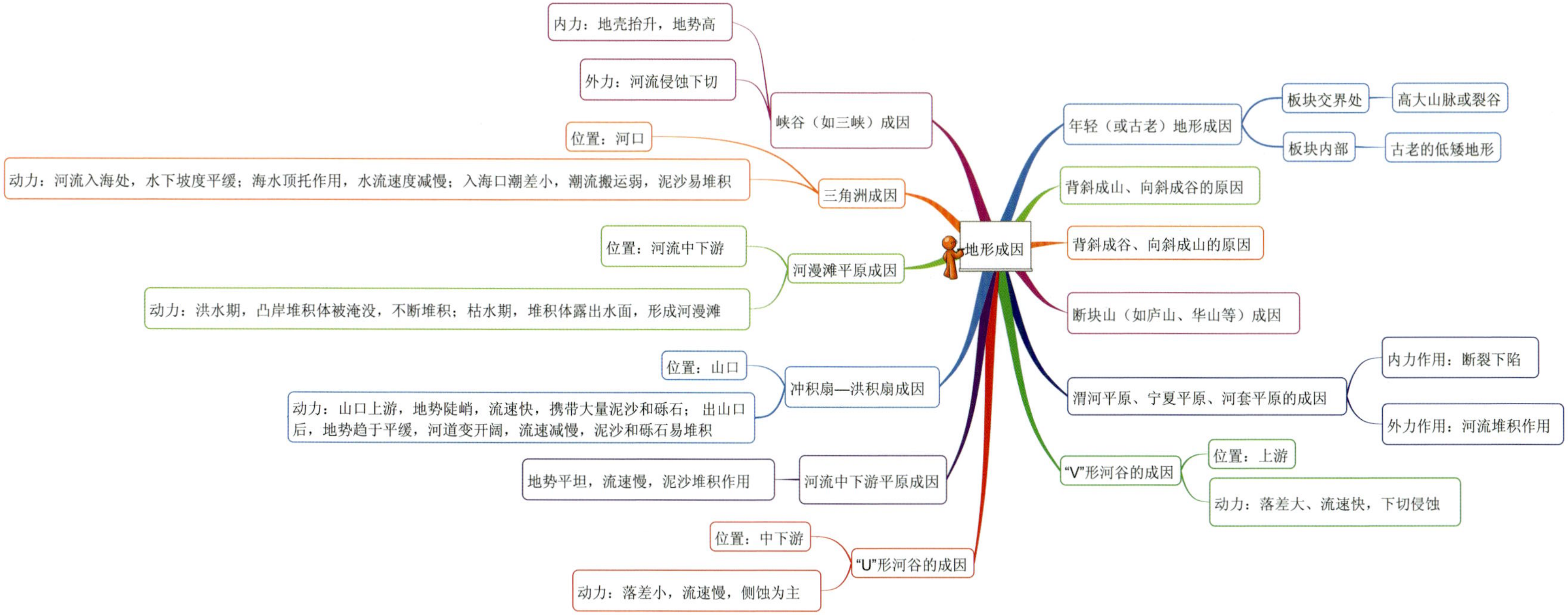
地形成因
年轻（或古老）地形成因
板块交界处
高大山脉或裂谷
板块内部
古老的低矮地形
背斜成山、向斜成谷的原因
背斜成谷、向斜成山的原因
断块山（如庐山、华山等）成因
渭河平原、宁夏平原、河套平原的成因
内力作用：断裂下陷
外力作用：河流堆积作用
“V”形河谷的成因
位置：上游
动力：落差大、流速快，下切侵蚀
峡谷（如三峡）成因
内力：地壳抬升，地势高
外力：河流侵蚀下切
三角洲成因
位置：河口
动力：河流入海处，水下坡度平缓；海水顶托作用，水流速度减慢；入海口潮差小，潮流搬运弱，泥沙易堆积
河漫滩平原成因
位置：河流中下游
动力：洪水期，凸岸堆积体被淹没，不断堆积；枯水期，堆积体露出水面，形成河漫滩
冲积扇—洪积扇成因
位置：山口
动力：山口上游，地势陡峭，流速快，携带大量泥沙和砾石；出山口后，地势趋于平缓，河道变开阔，流速减慢，泥沙和砾石易堆积
河流中下游平原成因
地势平坦，流速慢，泥沙堆积作用
“U”形河谷的成因
位置：中下游
动力：落差小，流速慢，侧蚀为主

思维导图案例 50：“冻土”思维导图

本图为笔者用 iMindMap 软件绘制。围绕 2015 年课标Ⅰ卷高考题中“青藏高原形成多年冻土的年平均气温比东北高纬度地区低”这一问题，将冻土的概念与分类、冻土与环境、“热棒”工作原理、片石通风路基，以及阿拉斯加冻土对天然气管道铺设的影响等有效整合为“冻土”的思维导图，对提升学生地理思维能力，拓展知识有很大的帮助。基于问题解决的思维导图比纯粹的知识整理更有效。

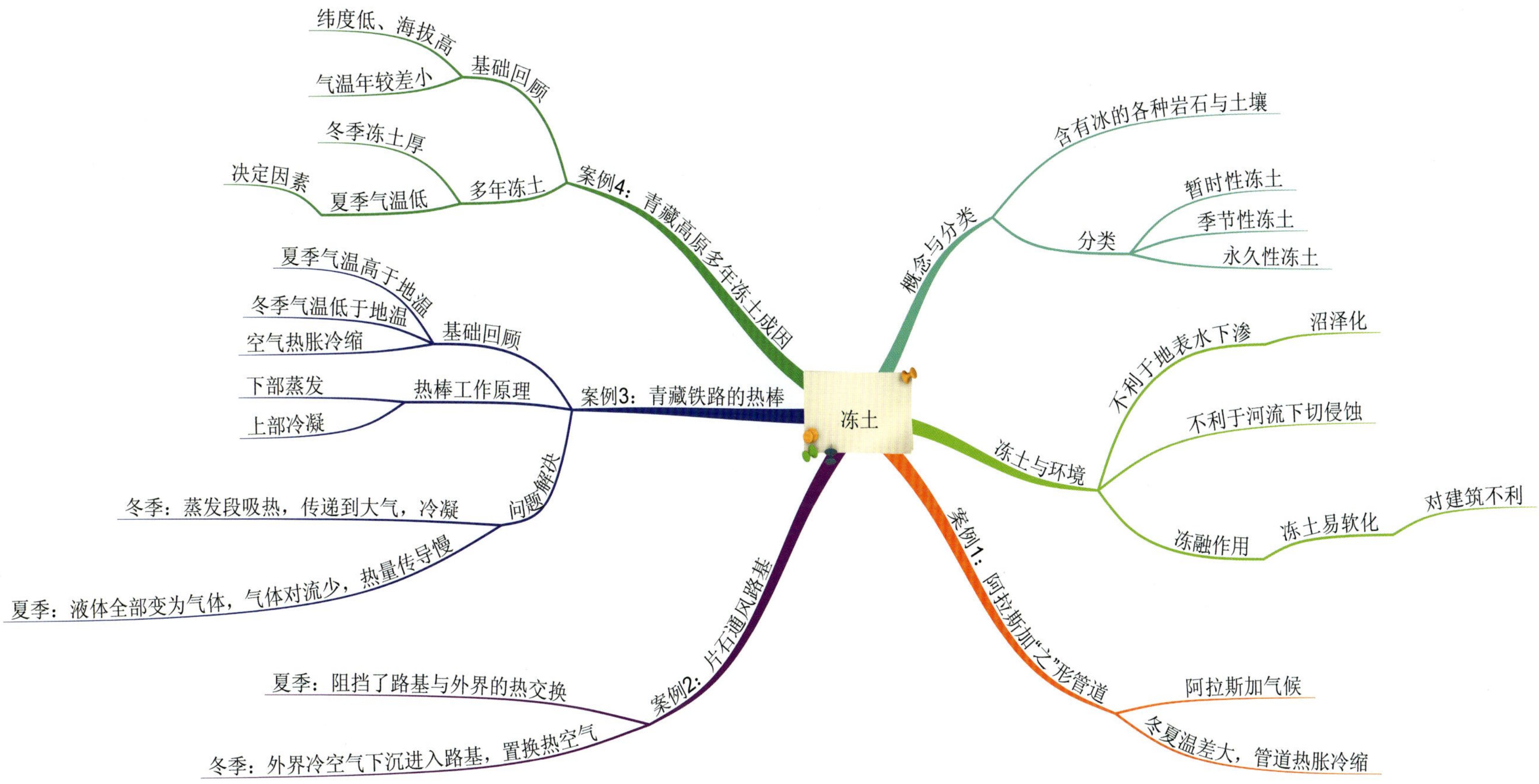

冻土
概念与分类
含有冰的各种岩石与土壤
分类
暂时性冻土
季节性冻土
永久性冻土
冻土与环境
不利于地表水下渗
沼泽化
不利于河流下切侵蚀
冻融作用
冻土易软化
对建筑不利
案例1：阿拉斯加“之”形管道
阿拉斯加气候
冬夏温差大，管道热胀冷缩
案例2：片石通风路基
夏季：阻挡了路基与外界的热交换
冬季：外界冷空气下沉进入路基，置换热空气
案例3：青藏铁路的热棒
基础回顾
夏季气温高于地温
冬季气温低于地温
空气热胀冷缩
热棒工作原理
下部蒸发
上部冷凝
问题解决
冬季：蒸发段吸热，传递到大气，冷凝
夏季：液体全部变为气体，气体对流少，热量传导慢
案例4：青藏高原多年冻土成因
基础回顾
纬度低、海拔高
气温年较差小
多年冻土
冬季冻土厚
夏季气温低
决定因素

思维导图案例 51：“茶树与地理环境”思维导图

本图为笔者用 iMindMap 软件绘制。围绕“茶树与地理环境”这一主题，将茶树生长习性、中国主要名茶、试题中常见的雨前龙井、斯里兰卡及印度茶叶等有效整合为小专题思维导图。

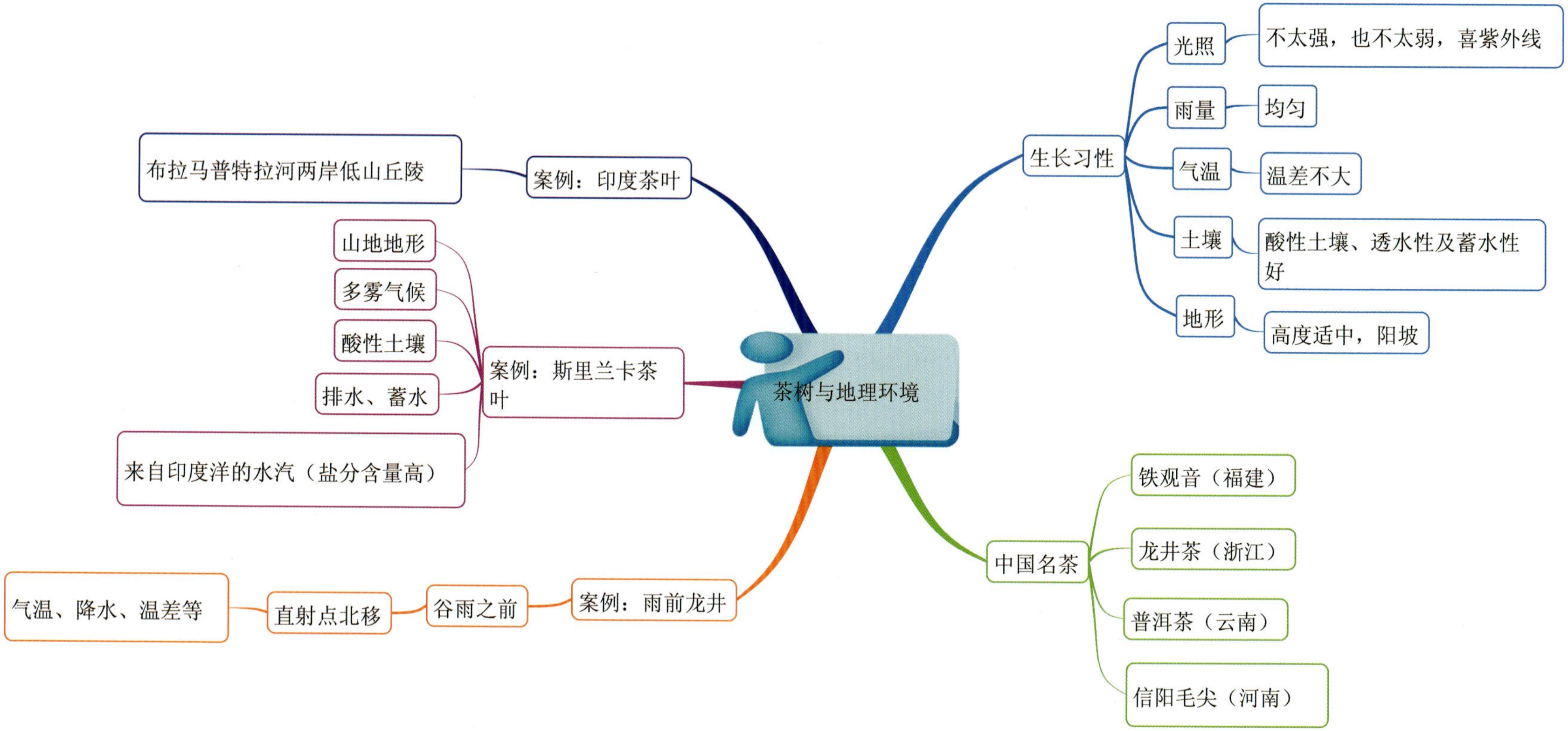

茶树与地理环境
生长习性
光照
不太强，也不太弱，喜紫外线
雨量
均匀
气温
温差不大
土壤
酸性土壤、透水性及蓄水性好
地形
高度适中，阳坡
中国名茶
铁观音（福建）
龙井茶（浙江）
普洱茶（云南）
信阳毛尖（河南）
案例：印度茶叶
布拉马普特拉河两岸低山丘陵
案例：斯里兰卡茶叶
山地地形
多雾气候
酸性土壤
排水、蓄水
来自印度洋的水汽（盐分含量高）
案例：雨前龙井
谷雨之前
直射点北移
气温、降水、温差等

思维导图案例 52：“植物与环境”思维导图

本图为笔者用 iMindMap 软件绘制。现有地理教材中缺失植物与环境主干内容，现在地理试题中常出现植物地理类试题。根据教学中遇到的“大青山南坡针阔叶混交林分布上限较低的原因”这一问题，将影响植物分布最主要的因素、珠穆朗玛峰垂直自然带、地形雨、天山北坡针叶林等围绕这个问题进行解决，形成一个“植物与环境”小专题思维导图（详见思维导图案例 59 的说明）。

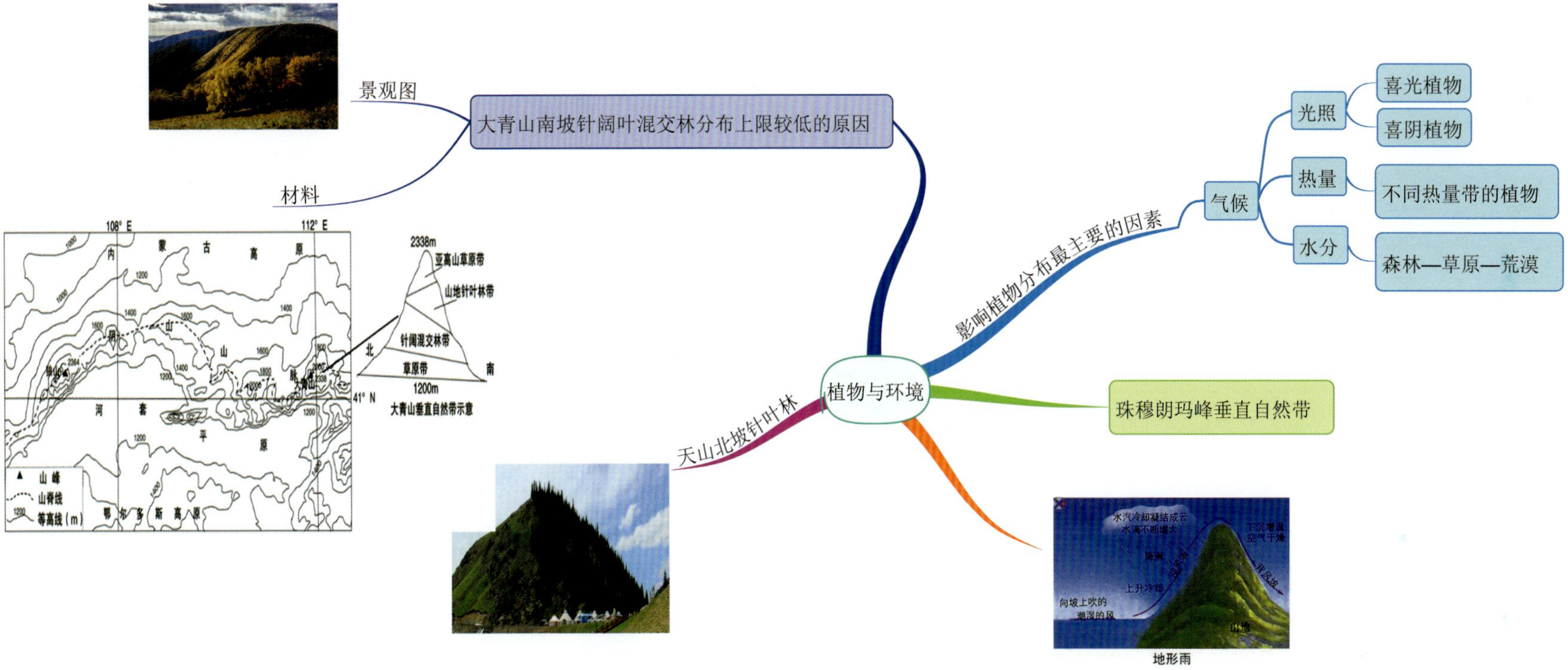
植物与环境
大青山南坡针阔叶混交林分布上限较低的原因
景观图
材料
108° E
112° E
41° N
2338m
亚高山草原带
山地针叶林带
针阔混交林带
草原带
1200m
北
南
大青山垂直自然带示意
山峰
山脊线
等高线（m）
影响植物分布最主要的因素
气候
光照
喜光植物
喜阴植物
热量
不同热量带的植物
水分
森林—草原—荒漠
珠穆朗玛峰垂直自然带
天山北坡针叶林
地形雨

思维导图案例 53：“人口统计图表”思维导图

本图为笔者用 iMindMap 软件绘制。将地理教材、试题中常见的人口金字塔图、人口曲线图、平面正三角形坐标图、四边形人口统计图四类人口统计图的图示及判读方法有效整合为“人口统计图表”小专题思维导图。

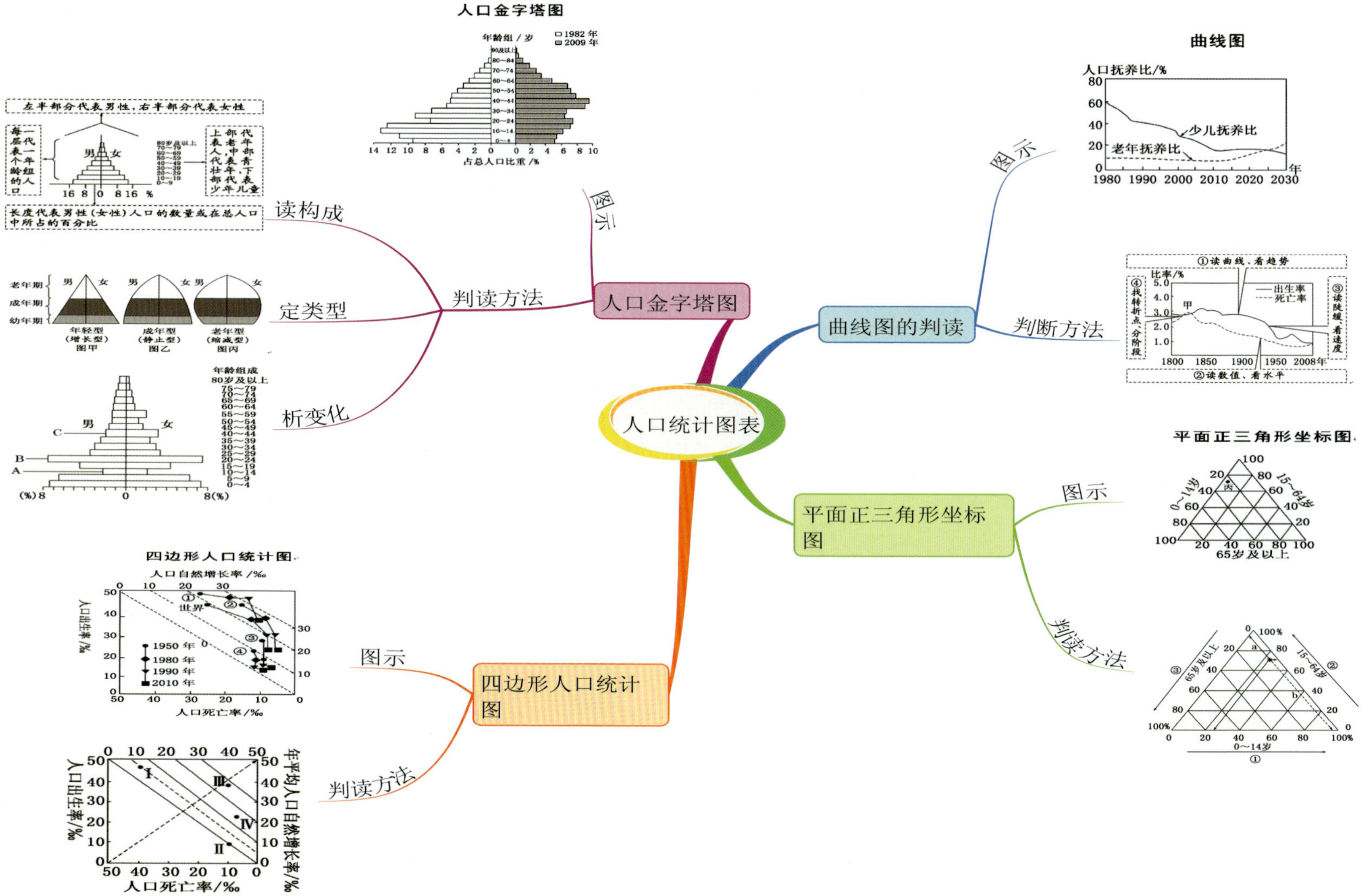
人口统计图表
人口金字塔图
图示
判读方法
读构成
定类型
析变化
人口金字塔图
曲线图的判读
图示
判断方法
曲线图
平面正三角形坐标图
图示
判读方法
平面正三角形坐标图
四边形人口统计图
图示
判读方法
四边形人口统计图

思维导图案例 54：“农作物生长习性的判读”思维导图

本图为笔者用 iMindMap 软件绘制。农业地理中农作物生长习性的喜温、喜光、喜肥、喜湿、耐盐碱、喜渍、生长期长短等在地理试题中非常零散，将平时积累归纳的答题思路方法有效整合为“农作物生长习性的判读”小专题思维导图，有助于提升教学效率。

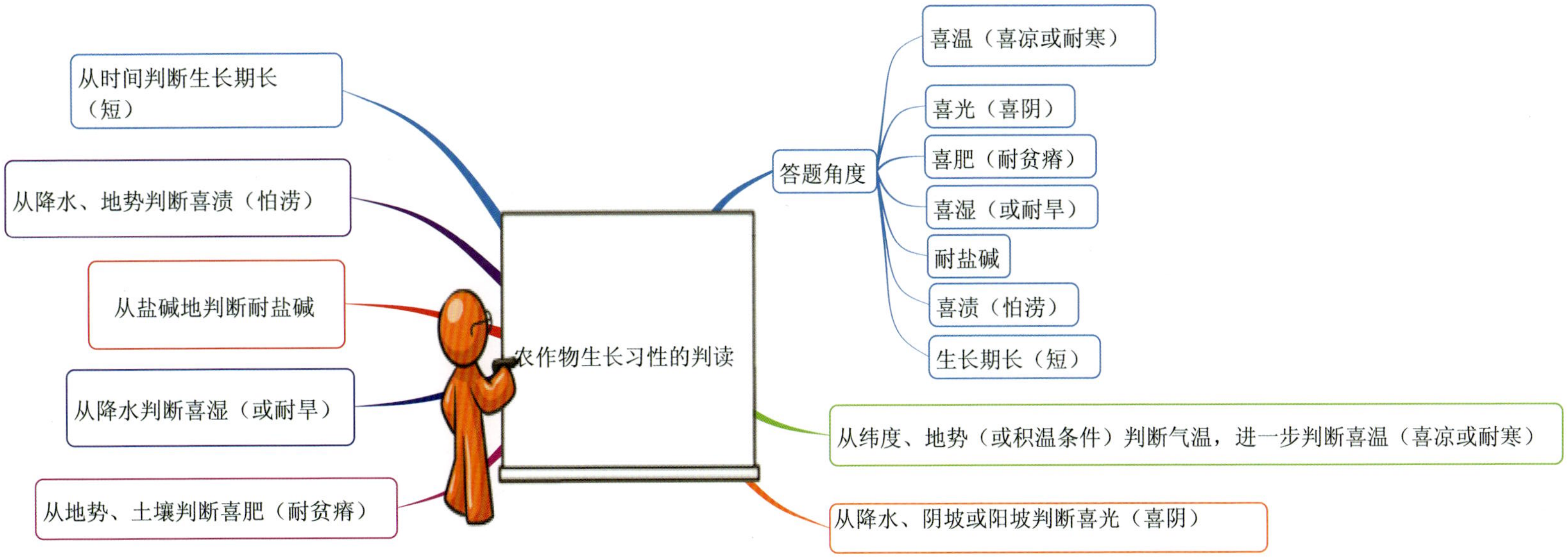
农作物生长习性的判读
从时间判断生长期长（短）
从降水、地势判断喜渍（怕涝）
从盐碱地判断耐盐碱
从降水判断喜湿（或耐旱）
从地势、土壤判断喜肥（耐贫瘠）
答题角度
喜温（喜凉或耐寒）
喜光（喜阴）
喜肥（耐贫瘠）
喜湿（或耐旱）
耐盐碱
喜渍（怕涝）
生长期长（短）
从纬度、地势（或积温条件）判断气温，进一步判断喜温（喜凉或耐寒）
从降水、阴坡或阳坡判断喜光（喜阴）

思维导图案例 55：“套种、间作、轮作”思维导图

本图为笔者用 iMindMap 软件绘制。现在的学生，尤其是城市学生，对套种、间作、轮作这些概念很茫然。利用互联网收集相关信息有效整合为一个小专题思维导图，对学习障碍的突破很有帮助。

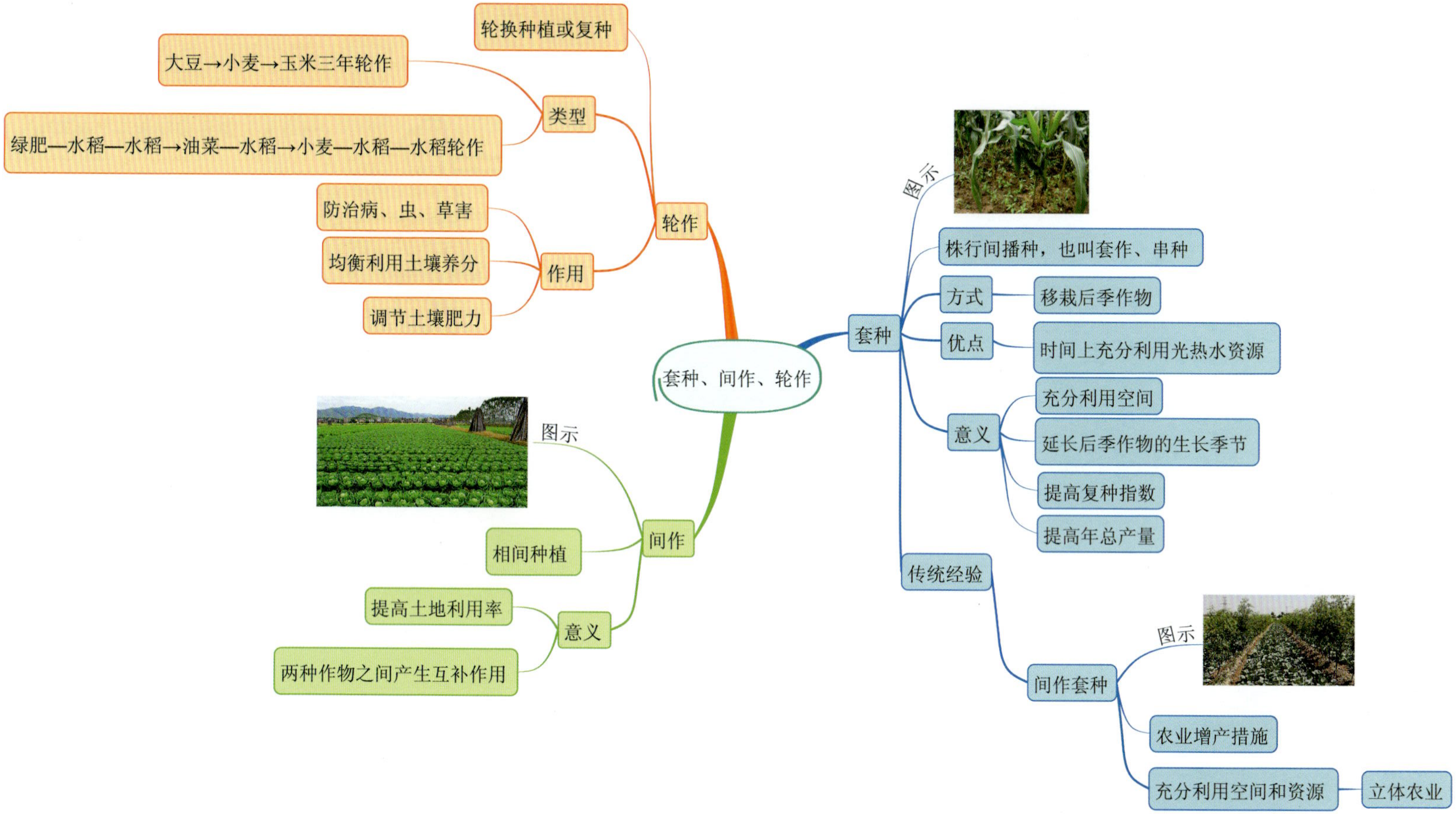

套种、间作、轮作
轮作
轮换种植或复种
类型
大豆→小麦→玉米三年轮作
绿肥—水稻—水稻→油菜—水稻→小麦—水稻—水稻轮作
作用
防治病、虫、草害
均衡利用土壤养分
调节土壤肥力
间作
图示
相间种植
意义
提高土地利用率
两种作物之间产生互补作用
套种
图示
株行间播种，也叫套作、串种
方式
移栽后季作物
优点
时间上充分利用光热水资源
意义
充分利用空间
延长后季作物的生长季节
提高复种指数
提高年总产量
传统经验
间作套种
图示
农业增产措施
充分利用空间和资源
立体农业

思维导图案例 56：“描述地理位置特征”思维导图

本图为笔者用 iMindMap 软件绘制。围绕纬度位置、经度位置、海陆位置、交通位置、政治位置、其他相对位置等角度的答题思路和方法，有效整合为“描述地理位置特征”思维导图，也很受学生欢迎。

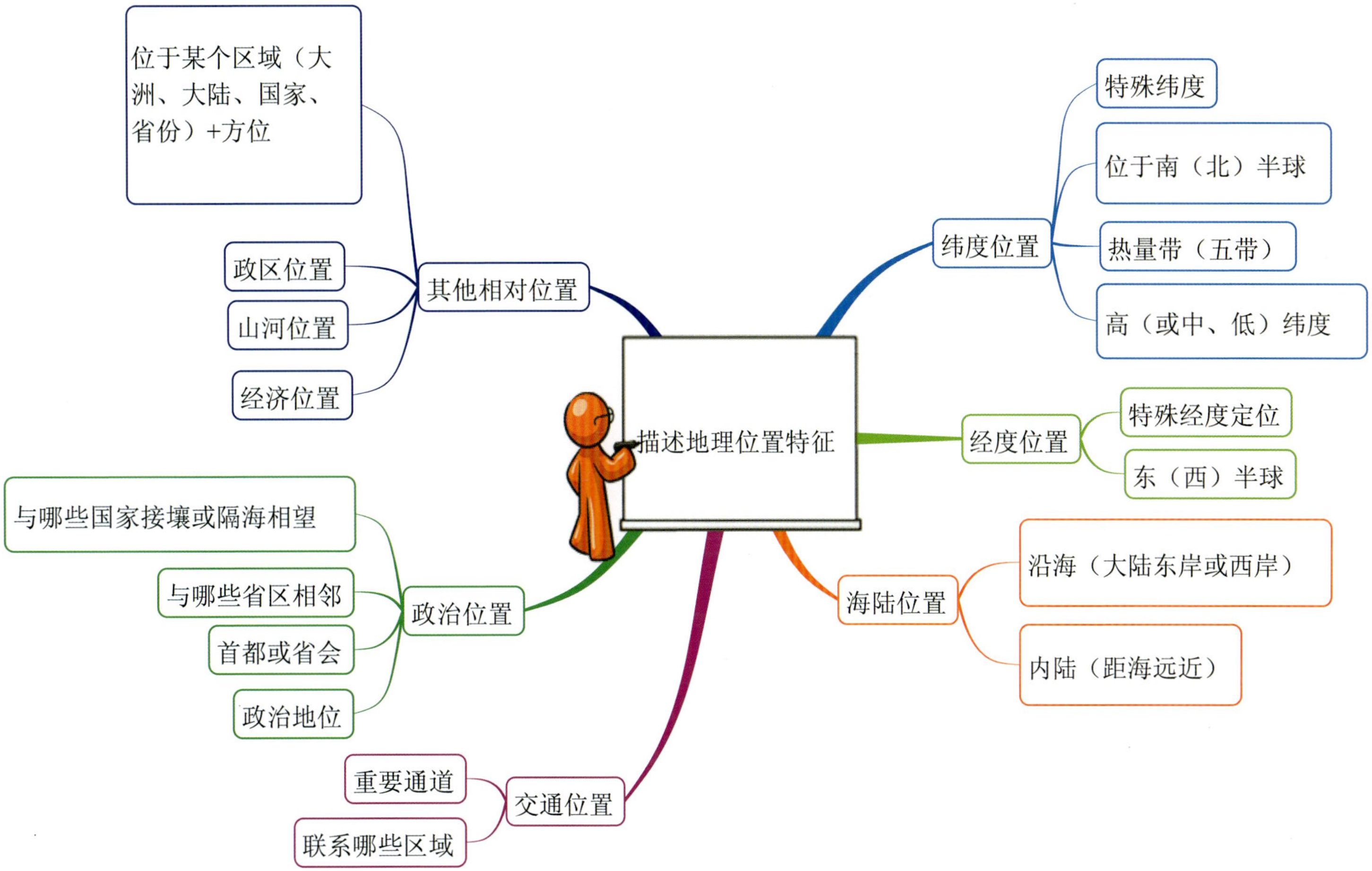

描述地理位置特征
纬度位置
特殊纬度
位于南（北）半球
热量带（五带）
高（或中、低）纬度
经度位置
特殊经度定位
东（西）半球
海陆位置
沿海（大陆东岸或西岸）
内陆（距海远近）
交通位置
重要通道
联系哪些区域
政治位置
与哪些国家接壤或隔海相望
与哪些省区相邻
首都或省会
政治地位
其他相对位置
位于某个区域（大洲、大陆、国家、省份）+方位
政区位置
山河位置
经济位置

思维导图案例 57：“描述地理事物空间分布特征”思维导图

本图为笔者用 iMindMap 软件绘制。将“描述地理事物空间分布特征”这一主题，从点、单线、多线、面状等不同的空间分布的答题方法整合为一个小专题思维导图，供地理教与学参考。

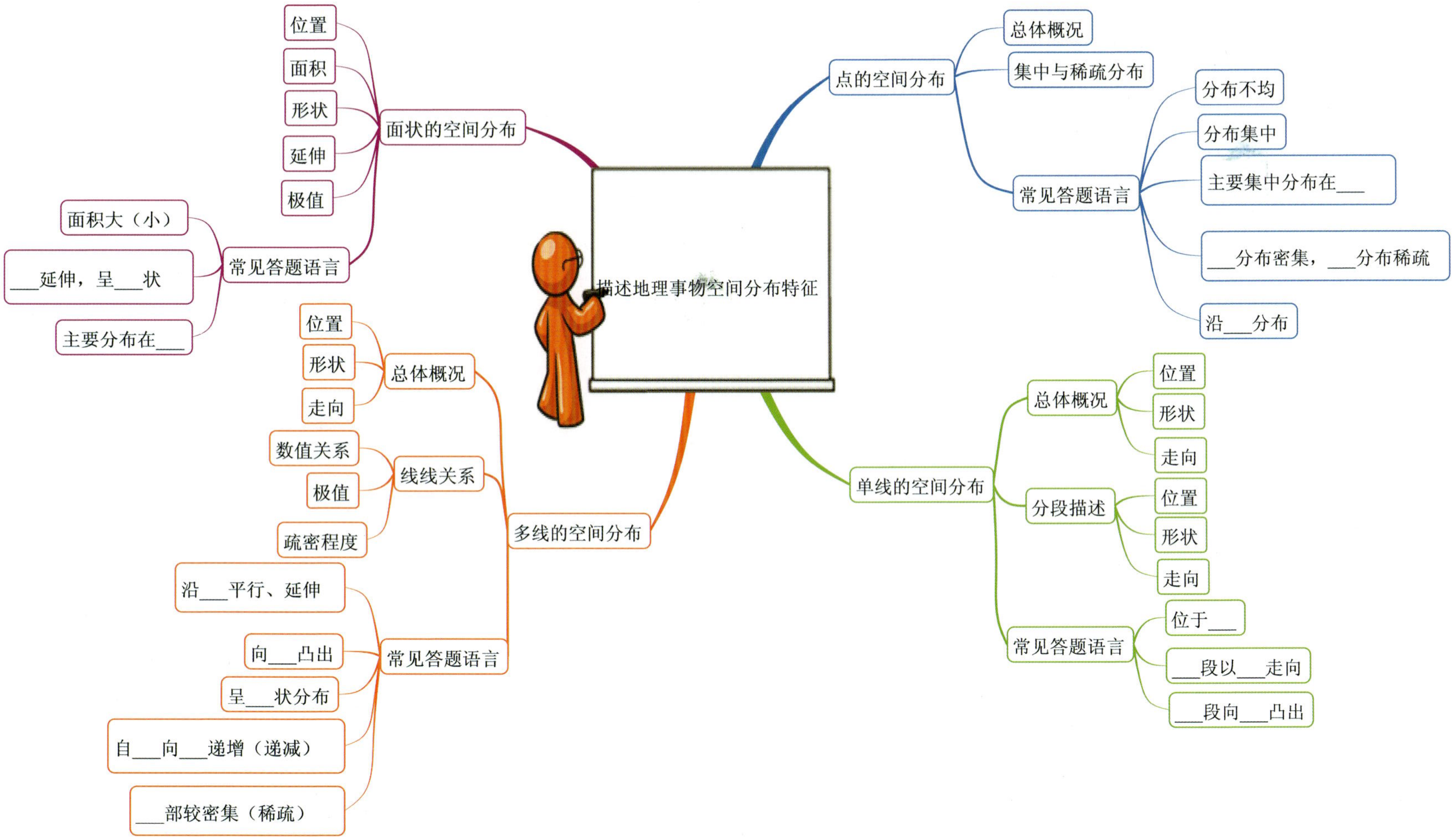
描述地理事物空间分布特征
点的空间分布
总体概况
集中与稀疏分布
常见答题语言
分布不均
分布集中
主要集中分布在___
___分布密集，___分布稀疏
沿___分布
单线的空间分布
总体概况
位置
形状
走向
分段描述
位置
形状
走向
常见答题语言
位于___
___段以___走向
___段向___凸出
多线的空间分布
总体概况
位置
形状
走向
线线关系
数值关系
极值
疏密程度
常见答题语言
沿___平行、延伸
向___凸出
呈___状分布
自___向___递增（递减）
___部较密集（稀疏）
面状的空间分布
位置
面积
形状
延伸
极值
常见答题语言
面积大（小）
___延伸，呈___状
主要分布在___

思维导图案例 58：“地理概念与政治术语辨析”思维导图

本图为笔者用 iMindMap 软件绘制。地理学科中很多概念术语与政治学科的概念术语极为类似，在文科综合考试中学生极易混淆。因此，将这些概念术语收集整理为一个思维导图进行对比分析，有助于学生区别差异和掌握内涵。

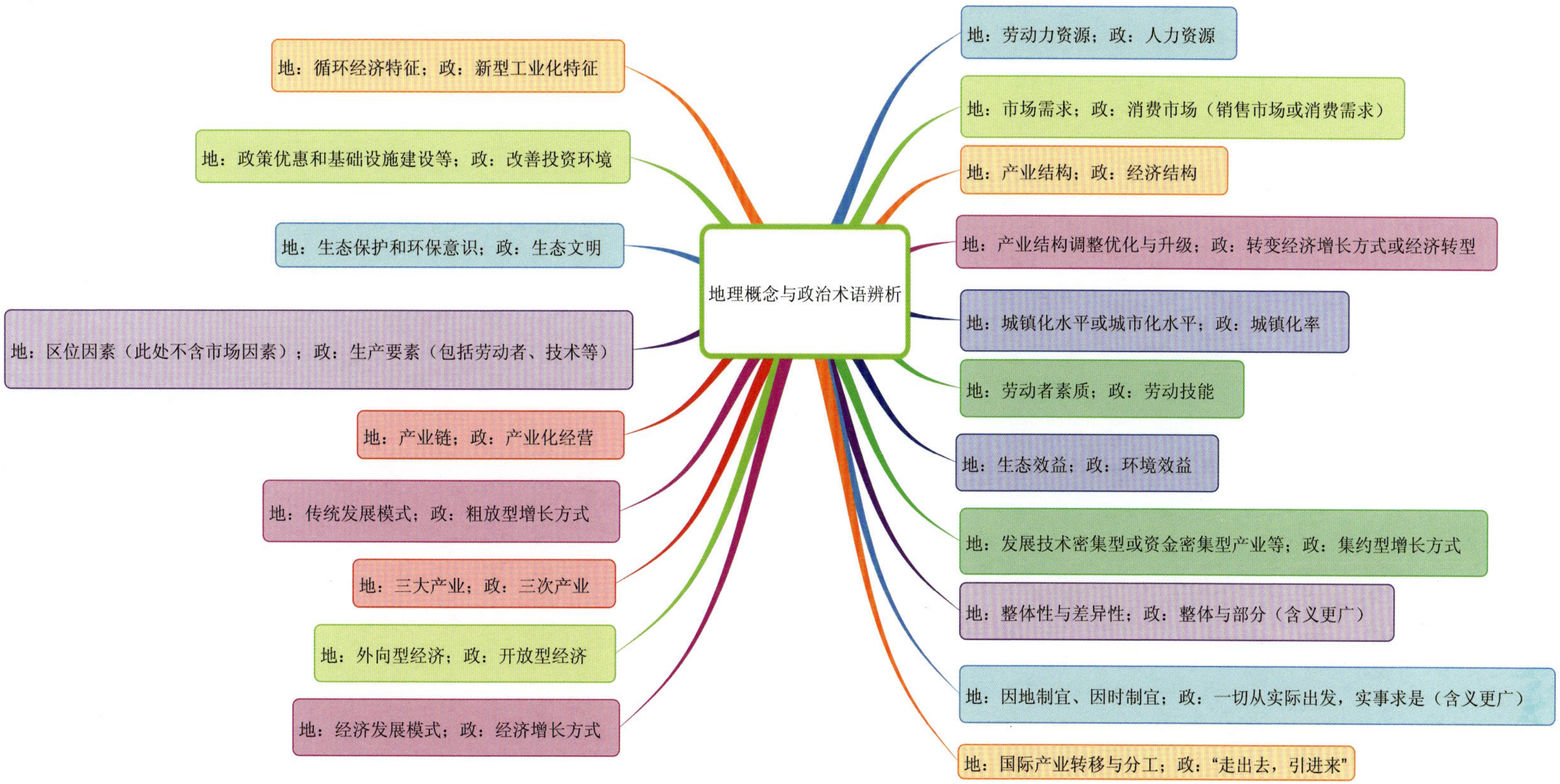

地理概念与政治术语辨析
地：劳动力资源；政：人力资源
地：市场需求；政：消费市场（销售市场或消费需求）
地：产业结构；政：经济结构
地：产业结构调整优化与升级；政：转变经济增长方式或经济转型
地：城镇化水平或城市化水平；政：城镇化率
地：劳动者素质；政：劳动技能
地：生态效益；政：环境效益
地：发展技术密集型或资金密集型产业等；政：集约型增长方式
地：整体性与差异性；政：整体与部分（含义更广）
地：因地制宜、因时制宜；政：一切从实际出发，实事求是（含义更广）
地：国际产业转移与分工；政：“走出去，引进来”
地：循环经济特征；政：新型工业化特征
地：政策优惠和基础设施建设等；政：改善投资环境
地：生态保护和环保意识；政：生态文明
地：区位因素（此处不含市场因素）；政：生产要素（包括劳动者、技术等）
地：产业链；政：产业化经营
地：传统发展模式；政：粗放型增长方式
地：三大产业；政：三次产业
地：外向型经济；政：开放型经济
地：经济发展模式；政：经济增长方式

第四节　教学逻辑力提升问题与思维导图

一、地理教学逻辑力提升问题及解决

（一）地理教学逻辑力的内涵及提升途径

教育心理学认为，逻辑思维能力是指正确、合理思考的能力，即对事物进行观察、比较、分析、综合、抽象、概括、判断、推理的能力。因此，地理逻辑思维能力就是对地理事物进行抽象概括，形成地理概念，借助地理概念进行判断、推理、分析，形成对地理现象规律性认识的能力。在地理教学活动中，教师带领学生总结出规范的、正确地思考问题的能力就是培养地理逻辑思维能力。

高中阶段，学生的地理逻辑思维能力培养尤为重要。可以说，只有学生的地理思维能力得到提升，才算是高中地理教育教学取得一定的成功。而只有认识并掌握基本的地理知识与原理，才能逐渐形成地理逻辑思维。高中地理教材重在学科核心知识和关键能力的建构，教材编制也无法使每一个学生的地理逻辑能力发展都得到满足。因此，地理教师在地理教学过程中就要根据自己学生的基础知识、学习能力等基础，有针对性地设计教学内容，才能有效锻炼不同层次学生的地理逻辑思维能力。

作为地理教师可从以下两个方面对学生地理逻辑思维能力进行培养：一是利用地理图表来培养学生地理逻辑思维能力。众所周知，图表是地理学科的第二语言，是地理知识的主要载体，也是中学地理教材的有机组成部分，因此，在整个中学阶段的地理逻辑思维能力的培养中，通过阅读图表归纳区域自然、人文地理特征，概括区域地理事物发展演变过程，可以促进地理逻辑思维能力的发展。 思维导图作为图形语言，构建地理逻辑思维导图也就可以培养学生地理逻辑思维能力。二是在平常的作业、考试等试题中，挑选典型的地理题目对学生进行有针对性的训练，指导学生学会分析地理特征，掌握地理分布、变化、成因等规律，分析区域特征的相似性和差异性。在这一系列的教育过程中，均可以借助构建逻辑思维导图来培养地理逻辑思维能力。

思维导图把复杂的地理事物或地理现象分解成有利于理解的一个个单一的要素，并且把它们联系起来，这个联系的过程，就是地理逻辑思维能力提高的过程。 用思维导图将零散的地理知识科学地构建成合理的思维导图知识网络，会大大提高教学效率，提升学生的地理逻辑思维能力。思维导图使地理学习结构化、形象化的过程，就是分析综合、比较、归纳演绎、概括推理等的过程，就是地理逻辑思维能力形成的过程。

（二）学生地理思维常出现的问题举例

下面以笔者所在学校高三某次月考地理试题第 36 题第（2）设问为例，对学生答题中常出现的思维问题做个简单归纳。

【试题呈现】（来源：深圳市龙城高级中学 2018 届毕业班 2017 年 12 月月考试题）

36. 阅读图文材料，完成下列要求：

阴山山脉平均海拔不足2000米，属于中等高度的山体，是我国北方重要的地理界线。阴山南坡植被类型丰富多样，且植被多样性随海拔升高而增加。其中，耐旱、耐贫瘠的侧柏是阴山山脉中分布面积最大的针叶林，目前主要分布在阴山中段的南坡1300~1600米之间。目前阴山南坡部分高海拔地区已经出现石质荒漠化现象，影响植被生长。下图为阴山山脉位置、等高线图和大青山垂直自然带示意图。

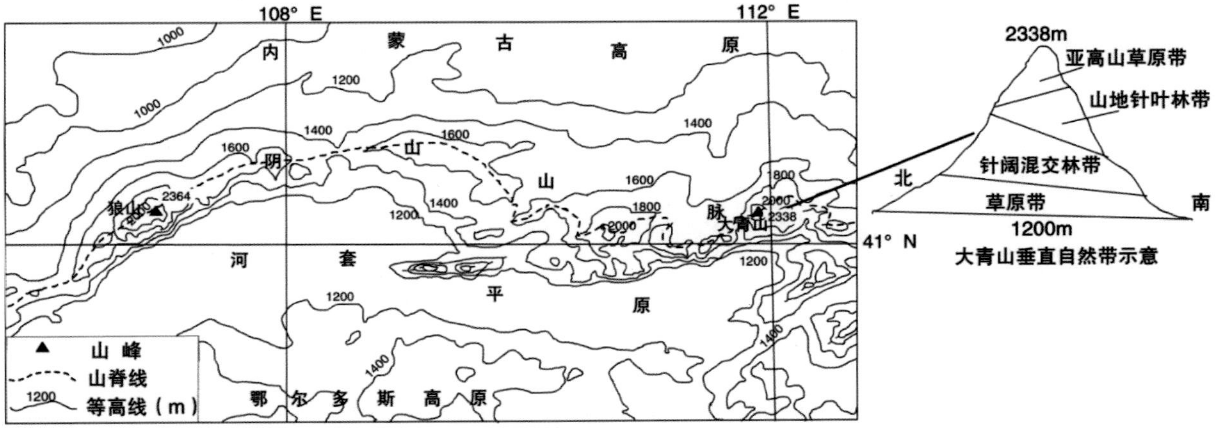
108° E
112° E
内 蒙 古 高 原
阴 山 山 脉
狼山
2364
大青山
2338
河 套 平 原
鄂 尔 多 斯 高 原
41° N
山峰
山脊线
等高线（m）
2338m
亚高山草原带
山地针叶林带
针阔混交林带
草原带
北
南
1200m
大青山垂直自然带示意

阴山山脉位置、等高线图

(2) 分析与北坡相比，大青山南坡的针阔混交林带分布上限较低的成因。(6分)

【参考答案】(2) 南坡针阔混交林带分布海拔偏低，地形抬升作用不明显，产生的降水有限；(2分) 而南坡为阳坡，光照强，蒸发旺盛；(2分) 导致南坡此处水分条件比北坡同海拔地区差；(2分) 故混交林带分布上限偏低。

【答卷呈现1】

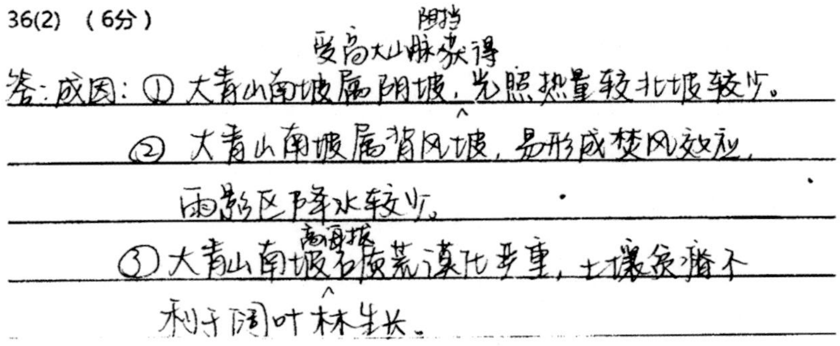
36(2) （6分）
答:成因:①大青山南坡属阴坡,受高大山脉影响得光照热量较北坡较少。
②大青山南坡属背风坡,易形成焚风效应,
雨影区降水较少。
③大青山南坡高海拔石质荒漠化严重,土壤贫瘠不
利于阔叶林生长。

问题表现：“指鹿为马。”将大青山南坡硬说成阴坡。

原因分析：基础知识或常识欠缺。不清楚北半球阳坡、阴坡含义及方位。

【答卷呈现 2】

36(2) （6分）

成因：①大青山南坡地形封闭，处位于盛行季风的背风坡，降水较少

②北坡冬季位于来自海洋西风的迎风坡，降水多于南坡

③北坡雪线低，冰川面积广，夏季冰川融水补给作用下，有利于针阔混交林生长。

④北坡为背阴，水汽充足，气候湿润。

问题表现：“牵强附会。”将位于阴山山脉的大青山南坡说成受来自大西洋的中纬西风影响。

原因分析：基础知识欠缺。对大青山定位错误，对中国气候类型及特征不清。

【答卷呈现 3】

36(2) （6分）

①南坡高海拔地区土壤贫瘠、沙化，不利于森林生长

②北坡位于冬季风的迎风坡，降水较南坡丰富

③南坡为阳坡，气温较高，蒸发量较大，水分不足

问题表现：“无中生有。”将东亚冬季风一般的冷干性质硬“变性”为暖湿气流。

原因分析：对东亚季风气候特征不清。

【答卷呈现 4】

36(2) （6分）

①大青山位于山谷，山谷风强烈，气温较低。

②大青山南坡有山坡阻挡阳光，接受太阳辐射少，气温低，不适合阔叶林生长。

③大青山南侧有山脉阻挡东部的水汽输送，北侧有来自北冰洋的水汽，南侧的水热条件不如北侧，不适合阔叶林生长。

问题表现：“胡乱迁移。”将大青山说成山谷，然后自己去分析山谷风。

原因分析：相似概念混淆影响答题。

思维导图案例 59：“大青山学生思维常见问题及解决途径”思维导图（笔者绘制）

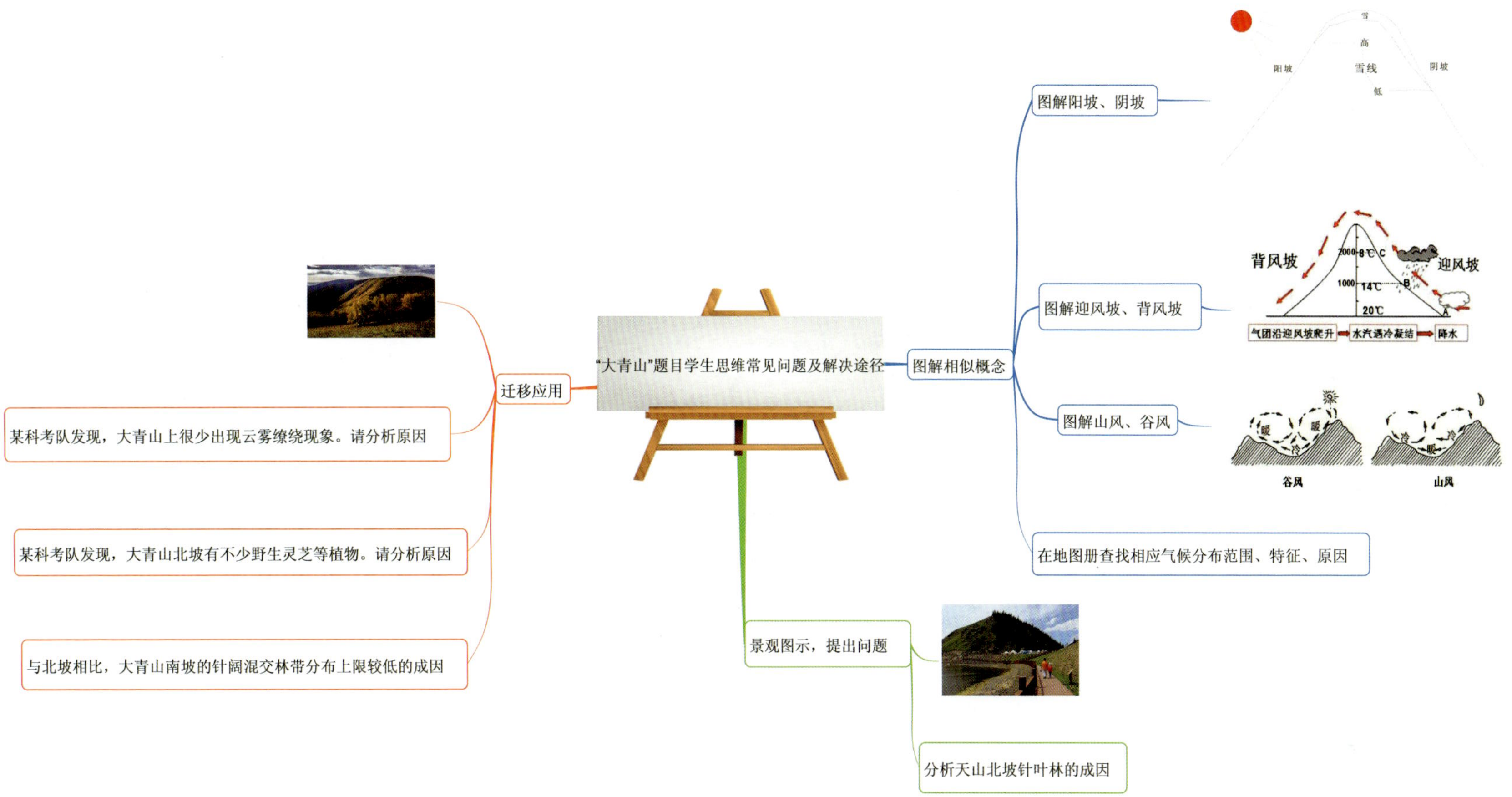

“大青山”题目学生思维常见问题及解决途径
图解相似概念
图解阳坡、阴坡
阳坡
阴坡
雪线
高
低
图解迎风坡、背风坡
背风坡
迎风坡
2000 -8℃ C
1000 14℃ B
20℃ A
气团沿迎风坡爬升
水汽遇冷凝结
降水
图解山风、谷风
暖
冷
谷风
山风
在地图册查找相应气候分布范围、特征、原因
景观图示，提出问题
分析天山北坡针叶林的成因
迁移应用
某科考队发现，大青山上很少出现云雾缭绕现象。请分析原因
某科考队发现，大青山北坡有不少野生灵芝等植物。请分析原因
与北坡相比，大青山南坡的针阔混交林带分布上限较低的成因

针对天山、大青山的知识点，笔者还整理出了植物与环境思维导图，见前述思维导图案例 52：“植物与环境”思维导图。

思维导图案例 60：“地理解题三部曲”思维导图

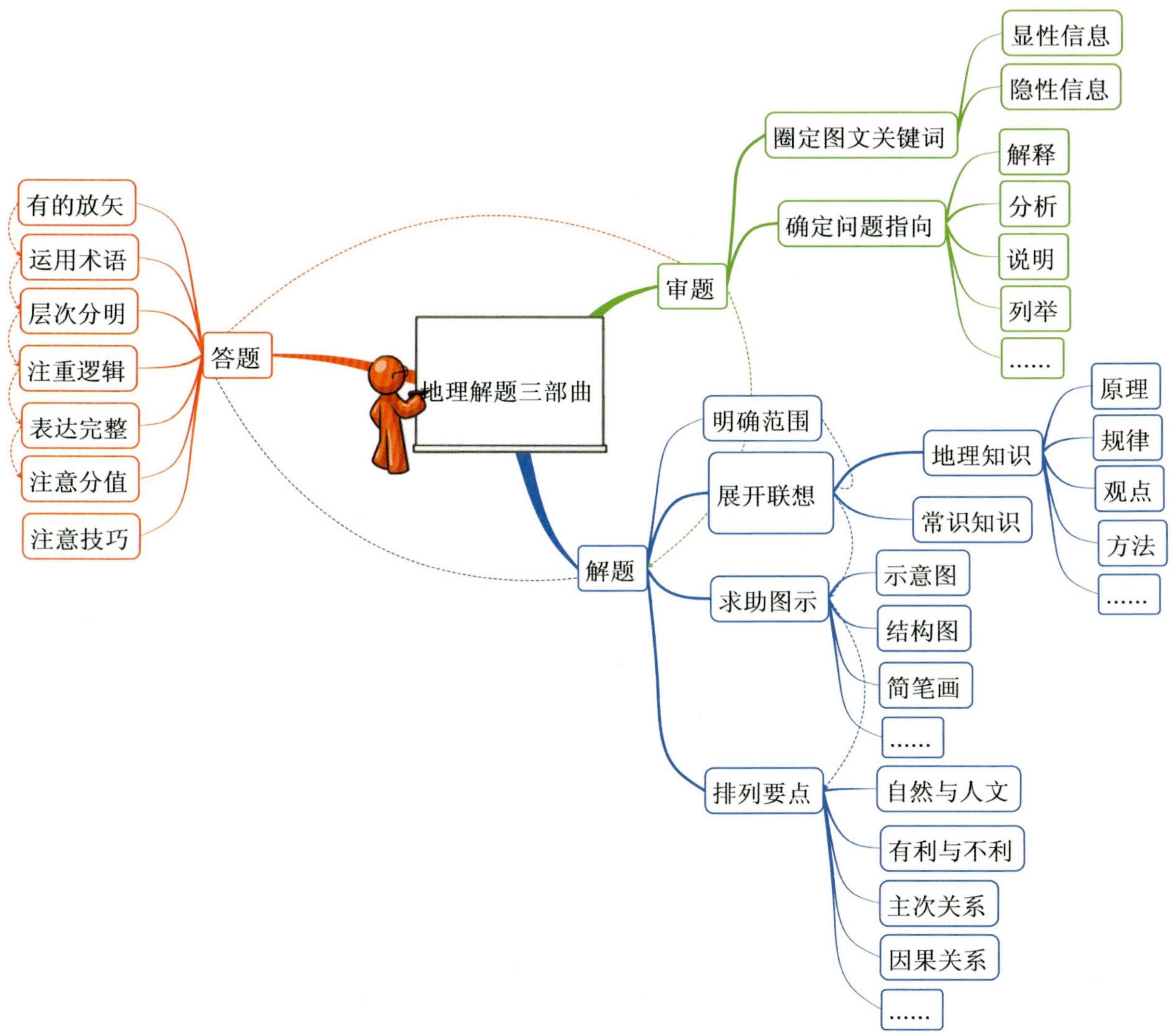
地理解题三部曲
审题
圈定图文关键词
显性信息
隐性信息
确定问题指向
解释
分析
说明
列举
……
解题
明确范围
展开联想
地理知识
原理
规律
观点
方法
……
常识知识
求助图示
示意图
结构图
简笔画
……
排列要点
自然与人文
有利与不利
主次关系
因果关系
……
答题
有的放矢
运用术语
层次分明
注重逻辑
表达完整
注意分值
注意技巧

二、运用思维导图进行地理教学逻辑力提升的案例

思维导图案例 61：“南沙温室”思维导图

本图为笔者用 iMindMap 软件绘制。试题中“南沙温室”是问题情景。南沙的地理特点、图文材料的信息以及温室大棚的基本原理，是问题的初始状态。分析岛礁种菜的限制因素、分析水泥板种菜失败原因、推测南沙温室与一般温室的功能差异、指出南沙温室建设中应注意的问题等是目标状态。思维导图可以将这些分析、判断、概括、推理等逻辑思维可视化。思维可视化有助于教师提升教学逻辑力，有助于学生提升地理学习思维能力。

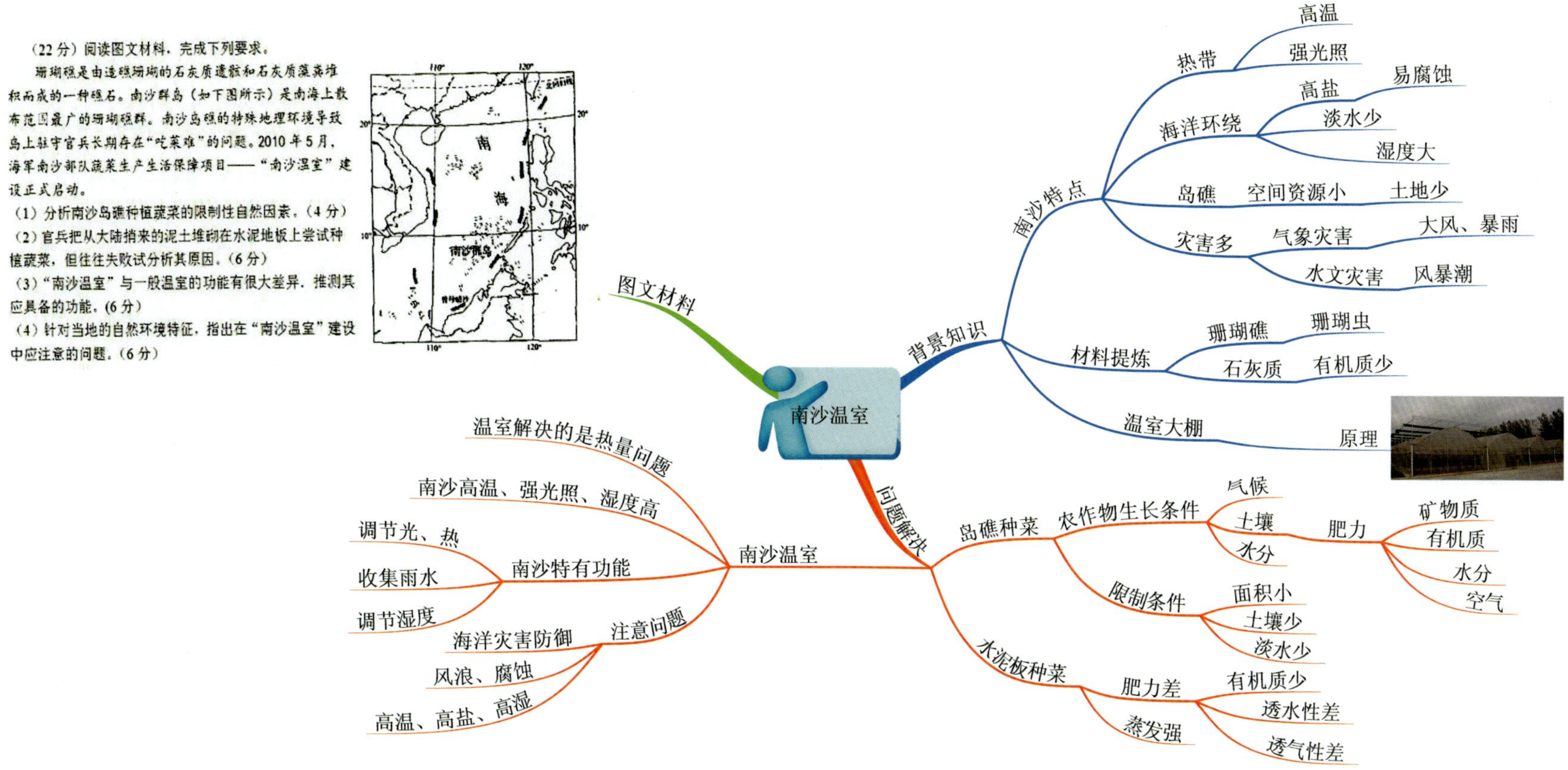
（22 分）阅读图文材料，完成下列要求。
珊瑚礁是由造礁珊瑚的石灰质遗骸和石灰质藻类堆积而成的一种礁石。南沙群岛（如下图所示）是南海上散布范围最广的珊瑚礁群。南沙岛礁的特殊地理环境导致岛上驻守官兵长期存在“吃菜难”的问题。2010 年 5 月，海军南沙部队蔬菜生产生活保障项目——“南沙温室”建设正式启动。
（1）分析南沙岛礁种植蔬菜的限制性自然因素。（4 分）
（2）官兵把从大陆捎来的泥土堆砌在水泥地板上尝试种植蔬菜，但往往失败试分析其原因。（6 分）
（3）“南沙温室”与一般温室的功能有很大差异，推测其应具备的功能。（6 分）
（4）针对当地的自然环境特征，指出在“南沙温室”建设中应注意的问题。（6 分）
南
海
南沙群岛
南沙温室
图文材料
背景知识
南沙特点
热带
高温
强光照
海洋环绕
高盐
易腐蚀
淡水少
湿度大
岛礁
空间资源小
土地少
灾害多
气象灾害
大风、暴雨
水文灾害
风暴潮
材料提炼
珊瑚礁
珊瑚虫
石灰质
有机质少
温室大棚
原理
问题解决
岛礁种菜
农作物生长条件
气候
土壤
水分
肥力
矿物质
有机质
水分
空气
限制条件
面积小
土壤少
淡水少
水泥板种菜
肥力差
有机质少
透水性差
透气性差
蒸发强
南沙温室
温室解决的是热量问题
南沙高温、强光照、湿度高
南沙特有功能
调节光、热
收集雨水
调节湿度
注意问题
海洋灾害防御
风浪、腐蚀
高温、高盐、高湿

思维导图案例 62:“‘大气’拓展”思维导图

本图为笔者用 iMindMap 软件绘制。大气部分除了热力环流、天气系统等基本知识与能力外，在地理教学中常遇见怎样根据地理事象判断季节等地理时间尺度思维、热量平衡原理的应用等地理要素思维以及某一区域读图分析等的地方思维能力培养与训练。思维导图可以将这些观察、比较、分析、综合等思维能力进行可视化，以促进地理教与学。

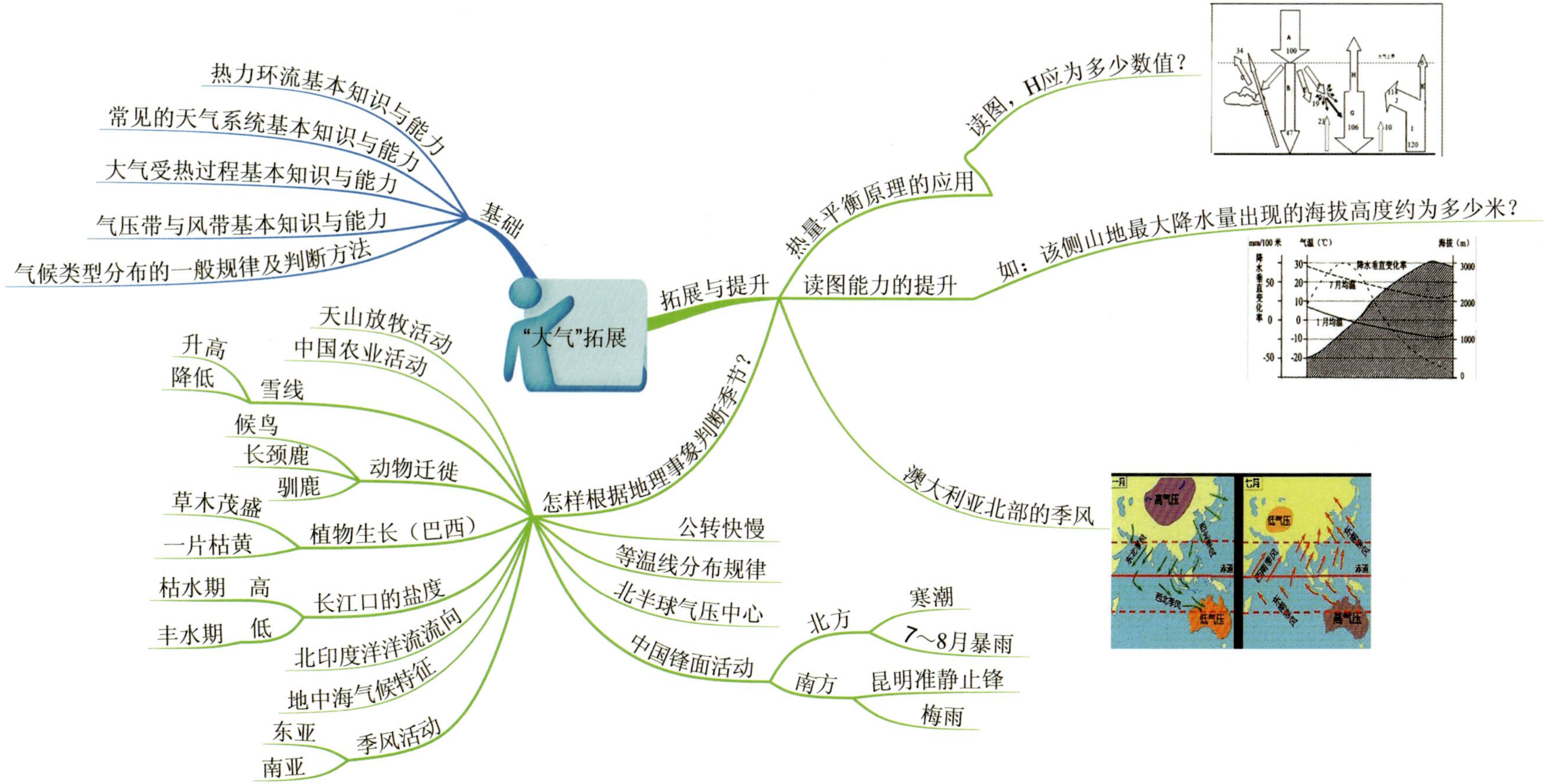
“大气”拓展
基础
热力环流基本知识与能力
常见的天气系统基本知识与能力
大气受热过程基本知识与能力
气压带与风带基本知识与能力
气候类型分布的一般规律及判断方法
拓展与提升
热量平衡原理的应用
读图，H应为多少数值?
读图能力的提升
如：该侧山地最大降水量出现的海拔高度约为多少米?
澳大利亚北部的季风
怎样根据地理事象判断季节?
天山放牧活动
中国农业活动
雪线
升高
降低
动物迁徙
候鸟
长颈鹿
驯鹿
植物生长（巴西）
草木茂盛
一片枯黄
长江口的盐度
枯水期 高
丰水期 低
北印度洋洋流流向
地中海气候特征
季风活动
东亚
南亚
公转快慢
等温线分布规律
北半球气压中心
中国锋面活动
北方
寒潮
7～8月暴雨
南方
昆明准静止锋
梅雨

思维导图案例 63：“综合思维能力培养—常见天气系统”思维导图

本图为笔者用 iMindMap 软件绘制。将常见天气系统中综合思维能力培养从要素思维、局部与整体思维、时空思维三个维度，结合试题或案例，尤其是尽量用图示方法表达出来。对观察、比较、分析、综合、抽象、概括、判断、推理等逻辑思维过程进行可视化表达，非常有助于教师提升教学逻辑力和学生的地理思维能力。

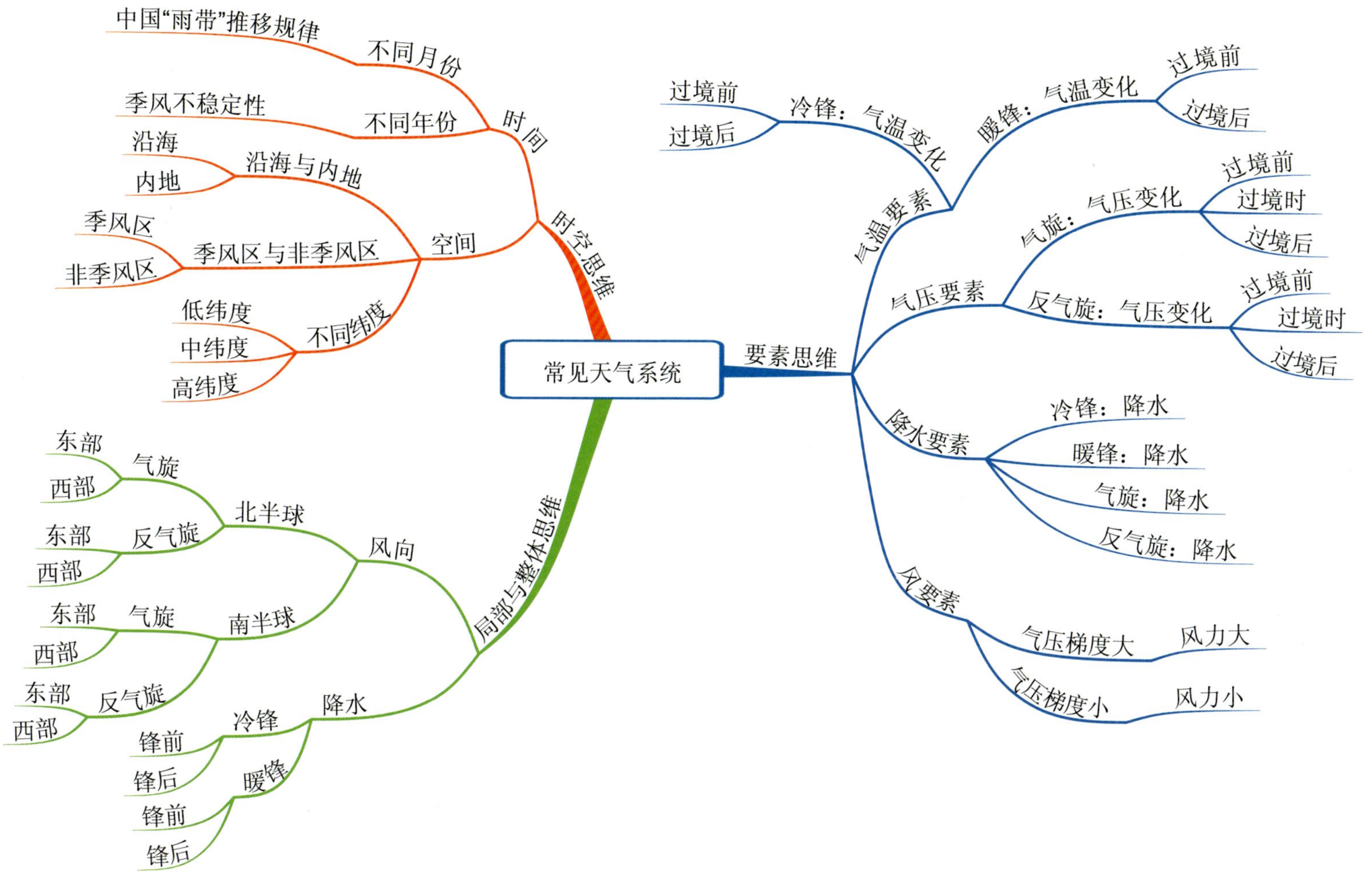

常见天气系统
时空思维
时间
不同月份
中国“雨带”推移规律
不同年份
季风不稳定性
空间
沿海与内地
沿海
内地
季风区与非季风区
季风区
非季风区
不同纬度
低纬度
中纬度
高纬度
局部与整体思维
风向
北半球
气旋
东部
西部
反气旋
东部
西部
南半球
气旋
东部
西部
反气旋
东部
西部
降水
冷锋
锋前
锋后
暖锋
锋前
锋后
要素思维
气温要素
冷锋：气温变化
过境前
过境后
暖锋：气温变化
过境前
过境后
气压要素
气旋：气压变化
过境前
过境时
过境后
反气旋：气压变化
过境前
过境时
过境后
降水要素
冷锋：降水
暖锋：降水
气旋：降水
反气旋：降水
风要素
气压梯度大
风力大
气压梯度小
风力小

思维导图案例 64：“‘整体性’综合思维能力训练”思维导图

本图为笔者用 iMindMap 软件绘制。这一思维导图是结合日常地理教学中的一个案例，从影响气候的主要因素、地形对区域气候差异的影响两个角度进行思维整理，从回顾基础与常识、正确提取信息、组织答题思路、组织答题要点四个步骤进行思维训练，用思维导图的形式进行可视化表达。

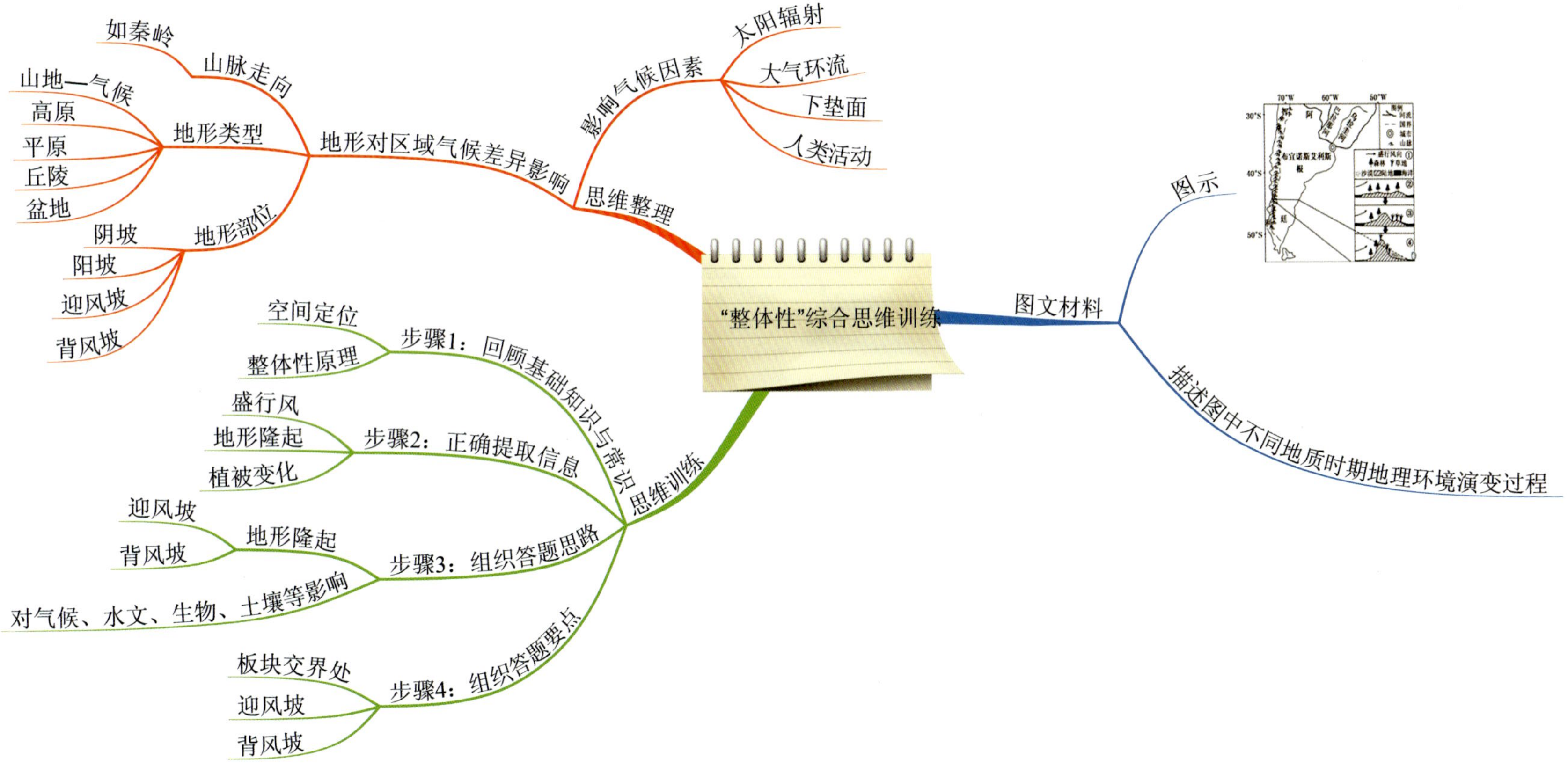

"整体性"综合思维训练
思维整理
影响气候因素
太阳辐射
大气环流
下垫面
人类活动
地形对区域气候差异影响
山脉走向
如秦岭
地形类型
山地—气候
高原
平原
丘陵
盆地
地形部位
阴坡
阳坡
迎风坡
背风坡
思维训练
步骤1：回顾基础知识与常识
空间定位
整体性原理
步骤2：正确提取信息
盛行风
地形隆起
植被变化
步骤3：组织答题思路
地形隆起
迎风坡
背风坡
对气候、水文、生物、土壤等影响
步骤4：组织答题要点
板块交界处
迎风坡
背风坡
图文材料
图示
描述图中不同地质时期地理环境演变过程

思维导图案例 65：“白龙江‘干舌地带’”试题问题解决”思维导图

本图为笔者用 iMindMap 软件绘制。结合白龙江沿岸“干舌”地带原因的大尺度地理背景、小尺度地理背景进行分析，对油橄榄的生长习性信息进行有效提取和逻辑分析，将设问中的分析、解释、说明、简述等思维过程用思维导图的形式进行了可视化表达。

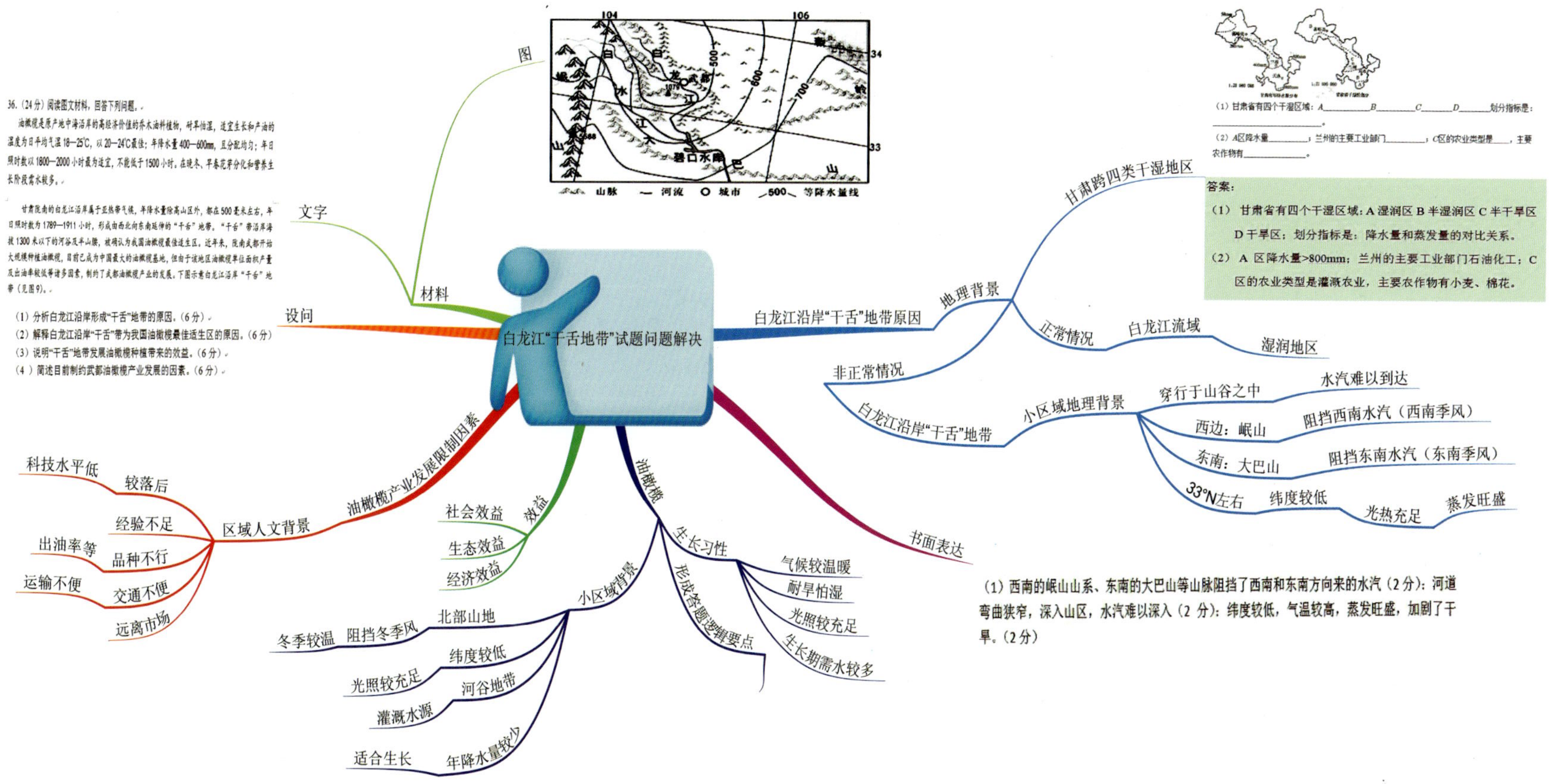

白龙江“干舌地带”试题问题解决
材料
图
文字
36.（24分）阅读图文材料，回答下列问题。
油橄榄是原产地中海沿岸的高经济价值的乔木油料植物，耐旱怕湿，适宜生长和产油的温度为日平均气温18—25℃，以20—24℃最佳；年降水量400—600mm，且分配均匀；年日照时数以1800—2000小时最为适宜，不能低于1500小时。在晚冬、早春花芽分化和营养生长阶段需水较多。
甘肃陇南的白龙江沿岸属于亚热带气候，年降水量除高山区外，都在500毫米左右，年日照时数为1789—1911小时，形成由西北向东南延伸的“干舌”地带。“干舌”带沿岸海拔1300米以下的河谷及半山腰，被确认为我国油橄榄最佳适生区。近年来，陇南武都开始大规模种植油橄榄，目前已成为中国最大的油橄榄基地，但由于该地区油橄榄单位面积产量及出油率较低等诸多因素，制约了武都油橄榄产业的发展。下图示意白龙江沿岸“干舌”地带（见图9）。
设问
（1）分析白龙江沿岸形成“干舌”地带的原因。（6分）
（2）解释白龙江沿岸“干舌”带为我国油橄榄最佳适生区的原因。（6分）
（3）说明“干舌”地带发展油橄榄种植带来的效益。（6分）
（4）简述目前制约武都油橄榄产业发展的因素。（6分）
山脉 河流 城市 500 等降水量线
白龙江沿岸“干舌”地带原因
地理背景
甘肃跨四类干湿地区
（1）甘肃省有四个干湿区域：A________B________C________D________划分指标是：________
（2）A区降水量________；兰州的主要工业部门________；C区的农业类型是________，主要农作物有________。
答案：
（1）甘肃省有四个干湿区域：A 湿润区 B 半湿润区 C 半干旱区 D 干旱区；划分指标是：降水量和蒸发量的对比关系。
（2）A 区降水量>800mm；兰州的主要工业部门石油化工；C 区的农业类型是灌溉农业，主要农作物有小麦、棉花。
正常情况
白龙江流域
湿润地区
非正常情况
白龙江沿岸“干舌”地带
小区域地理背景
穿行于山谷之中
水汽难以到达
西边：岷山
阻挡西南水汽（西南季风）
东南：大巴山
阻挡东南水汽（东南季风）
33°N左右
纬度较低
光热充足
蒸发旺盛
书面表达
（1）西南的岷山山系、东南的大巴山等山脉阻挡了西南和东南方向来的水汽（2分）；河道弯曲狭窄，深入山区，水汽难以深入（2分）；纬度较低，气温较高，蒸发旺盛，加剧了干旱。（2分）
油橄榄
生长习性
气候较温暖
耐旱怕湿
光照较充足
生长期需水较多
形成答题逻辑要点
小区域背景
北部山地
阻挡冬季风
冬季较温
纬度较低
光照较充足
河谷地带
灌溉水源
年降水量较少
适合生长
效益
社会效益
生态效益
经济效益
油橄榄产业发展限制因素
区域人文背景
较落后
科技水平低
经验不足
品种不行
出油率等
交通不便
运输不便
远离市场

思维导图案例 66：“2018 年 1 月佛山一模地理试题问题解决”思维导图

这两幅图为笔者用 iMindMap 软件绘制。现在地理高考越来越重视地理思维能力的考查。结合问题情景，提取图文材料的有效信息，明确问题的初始状态；根据分析、说明、描述、概括等行为设问指向，明确问题的目标状态；用可视化的思维导图作为重要的达成途径。可以降低思维的难度，拓展发散思维、聚合思维等的深度和广度，提升思维的敏捷度和高度。思维导图的应用应成为地理教与学的一种常态。这两幅图是笔者在 2018 年 1 月所在学校高三学生参加广东佛山一模考试后，进行试卷评讲时用的思维导图。并附有 2018 年 1 月佛山一模地理试题及参考答案，供地理同行或学生进行批评与指正。

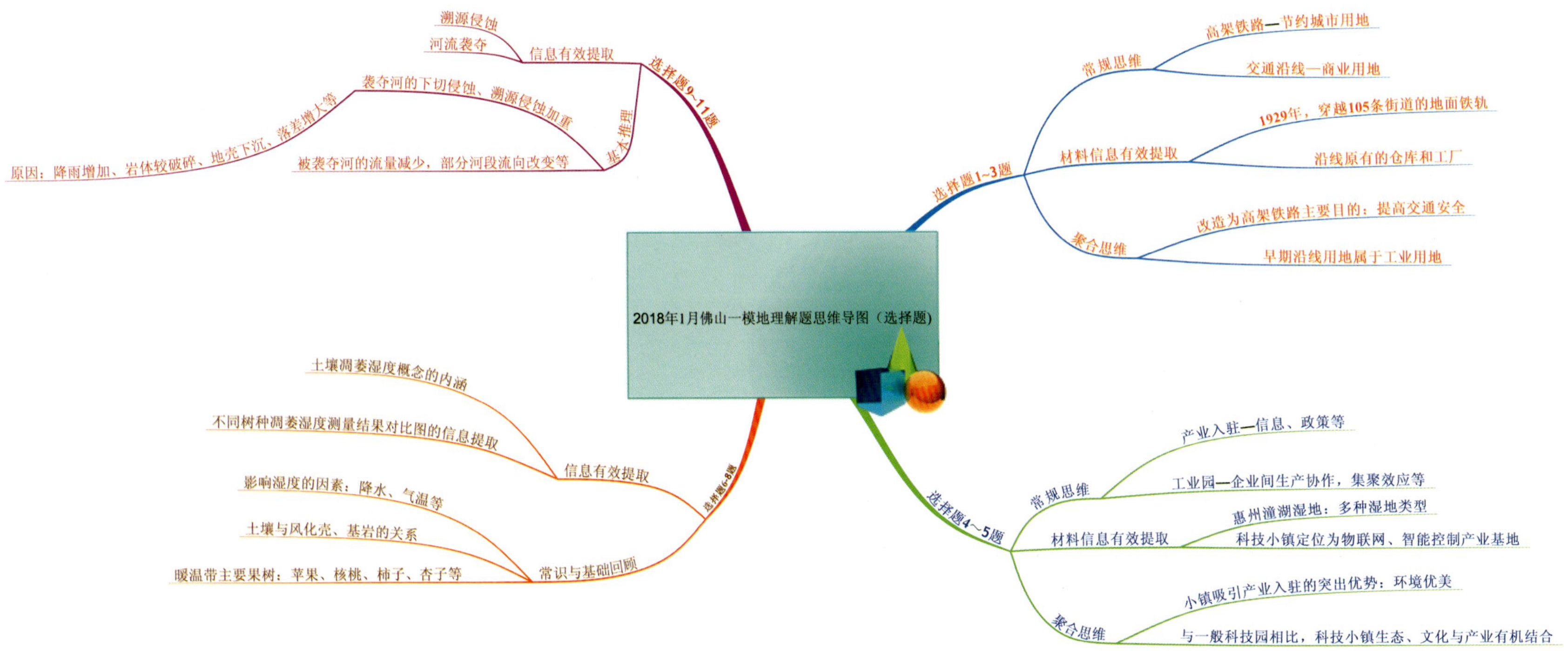
2018年1月佛山一模地理解题思维导图（选择题）
选择题1~3题
常规思维
高架铁路—节约城市用地
交通沿线—商业用地
材料信息有效提取
1929年，穿越105条街道的地面铁轨
沿线原有的仓库和工厂
聚合思维
改造为高架铁路主要目的：提高交通安全
早期沿线用地属于工业用地
选择题4~5题
常规思维
产业入驻—信息、政策等
工业园—企业间生产协作，集聚效应等
材料信息有效提取
惠州潼湖湿地：多种湿地类型
科技小镇定位为物联网、智能控制产业基地
聚合思维
小镇吸引产业入驻的突出优势：环境优美
与一般科技园相比，科技小镇生态、文化与产业有机结合
选择题6~8题
信息有效提取
土壤凋萎湿度概念的内涵
不同树种凋萎湿度测量结果对比图的信息提取
常识与基础回顾
影响湿度的因素：降水、气温等
土壤与风化壳、基岩的关系
暖温带主要果树：苹果、核桃、柿子、杏子等
选择题9~11题
信息有效提取
溯源侵蚀
河流袭夺
基本推理
袭夺河的下切侵蚀、溯源侵蚀加重
原因：降雨增加、岩体较破碎、地壳下沉、落差增大等
被袭夺河的流量减少，部分河段流向改变等

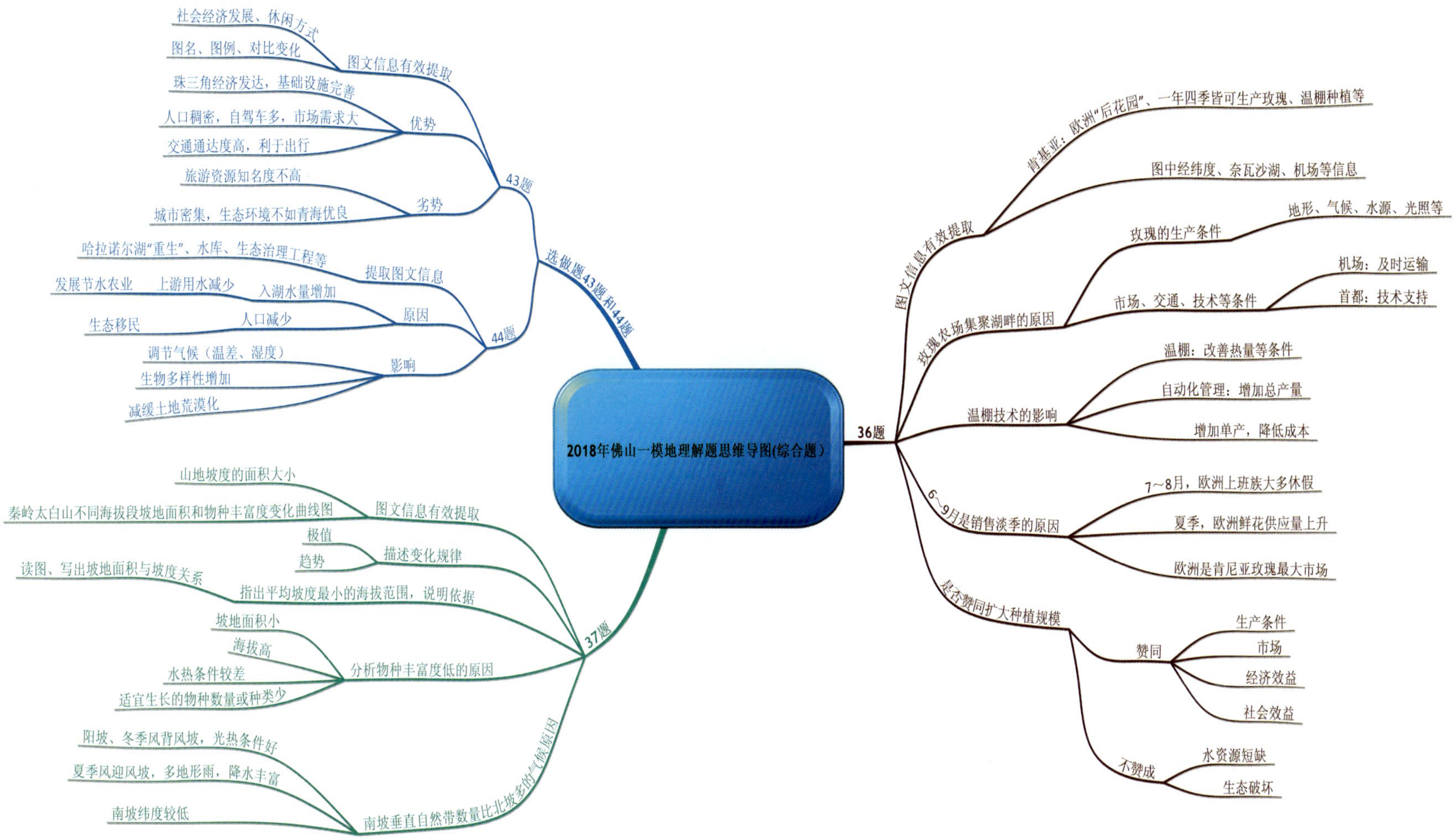

2018年佛山一模地理解题思维导图(综合题)
36题
图文信息有效提取
肯基亚：欧洲"后花园"、一年四季皆可生产玫瑰、温棚种植等
图中经纬度、奈瓦沙湖、机场等信息
玫瑰农场集聚湖畔的原因
玫瑰的生产条件
地形、气候、水源、光照等
市场、交通、技术等条件
机场：及时运输
首都：技术支持
温棚技术的影响
温棚：改善热量等条件
自动化管理：增加总产量
增加单产，降低成本
6～9月是销售淡季的原因
7～8月，欧洲上班族大多休假
夏季，欧洲鲜花供应量上升
欧洲是肯尼亚玫瑰最大市场
是否赞同扩大种植规模
赞同
生产条件
市场
经济效益
社会效益
不赞成
水资源短缺
生态破坏
选做题43题和44题
43题
图文信息有效提取
社会经济发展、休闲方式
图名、图例、对比变化
优势
珠三角经济发达，基础设施完善
人口稠密，自驾车多，市场需求大
交通通达度高，利于出行
劣势
旅游资源知名度不高
城市密集，生态环境不如青海优良
44题
提取图文信息
哈拉诺尔湖"重生"、水库、生态治理工程等
原因
入湖水量增加
上游用水减少
发展节水农业
人口减少
生态移民
影响
调节气候（温差、湿度）
生物多样性增加
减缓土地荒漠化
37题
图文信息有效提取
山地坡度的面积大小
秦岭太白山不同海拔段坡地面积和物种丰富度变化曲线图
描述变化规律
极值
趋势
指出平均坡度最小的海拔范围，说明依据
读图、写出坡地面积与坡度关系
分析物种丰富度低的原因
坡地面积小
海拔高
水热条件较差
适宜生长的物种数量或种类少
南坡垂直自然带数量比北坡多的气候原因
阳坡、冬季风背风坡，光热条件好
夏季风迎风坡，多地形雨，降水丰富
南坡纬度较低

附：2018年1月佛山一模文科综合（只节选相关地理试题）

一、选择题

1929年，纽约市政府将原本穿越曼哈顿西区105条街道的地面铁轨改造为高架铁路，火车在楼房间穿行，完成肉类、原材料和制成品的运输和卸载。20世纪60年代开始，这段街区的高架铁路运输日益衰弱。如今，纽约人将这条废弃的高架铁路改造成线型空中花园（如图19所示），沿线原有的很多仓库和工厂被转化为艺术画廊、零售商店、餐厅等。据此回答1~3题。

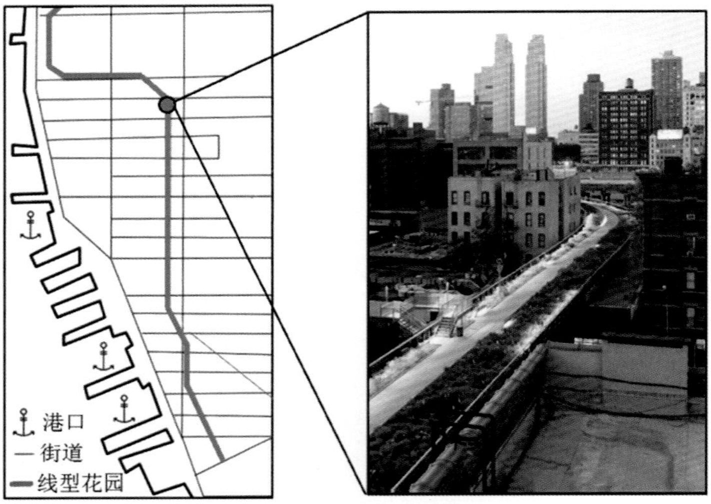
港口
街道
线型花园

图19　线型空中花园及景观示意图

1. 当时，纽约市政府将地面铁轨改造为高架铁路的主要目的是（　　）

A. 丰富城市景观　　B. 提高交通安全

C. 促进港区发展　　D. 节约城市用地

2. 早期，高架铁路沿线地区的城市用地类型主要属于（　　）

A. 交通用地　　B. 商业用地　　C. 工业用地　　D. 住宅用地

3. 如今，将高架铁路改造成线型空中花园，可以（　　）

A. 带动周边房地产发展　　B. 增强城区热岛效应

C. 增加城市地表水下渗　　D. 缓解城市交通拥堵

惠州潼湖湿地是广东省最大的内陆淡水湿地，包含湖泊、河流、基塘、水库等多种湿地类型。某房地产企业依托潼湖湿地，着力打造广东首个科技小镇示范项目。科技小镇定位为物联网和智能控制产业基地，目前该项目吸引了广州、深圳等地近80家科研企业和机构率先入驻。据此完成4~5题。

4. 潼湖科技小镇吸引产业入驻的突出优势是（　　）

A. 科技先进　　B. 信息通达　　C. 政策支持　　D. 环境优美

5. 与一般工业园区相比，科技小镇（　　）

A. 工业部门多，企业间生产协作较好　　B. 生态、文化与产业的有机结合

C. 交通更加便利，产业集聚效果显著　　D. 土地成本低，廉价劳动力丰富

土壤凋萎湿度是指土壤水分减少到使植物叶片开始呈现萎蔫状态时的土壤湿度，被认为是植物能够吸收的土壤水分的最低值。下图为我国某地区不同树种（苗木）凋萎湿度测量结果，读图（见图 20）回答 6~8 题。

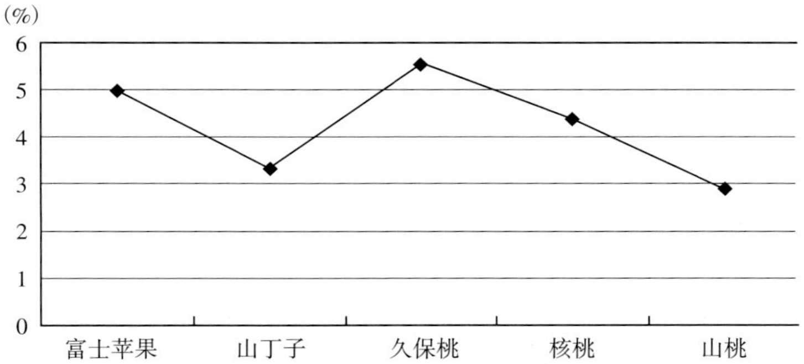

(%)
6
5
4
3
2
1
0
富士苹果
山丁子
久保桃
核桃
山桃

图 20　我国某地区不同树种（苗木）凋萎湿度测量结果

6. 对土壤凋萎湿度影响最小的因素是（　　）

A. 气温高低　　B. 土质颗粒　　C. 基岩性质　　D. 降水多少

7. 图中树种抗旱能力最强的是（　　）

A. 富士苹果　　B. 山丁子　　C. 久保桃　　D. 山桃

8. 该地区最可能是（　　）

A. 黄土高原　　B. 四川盆地　　C. 长江三角洲　　D. 云贵高原

下图为山东省沂源县西南某局部区域等高线分布示意图。图中的东周河因溯源侵蚀，袭夺了沂河上源。读图（见图 21），完成 9~11 题。

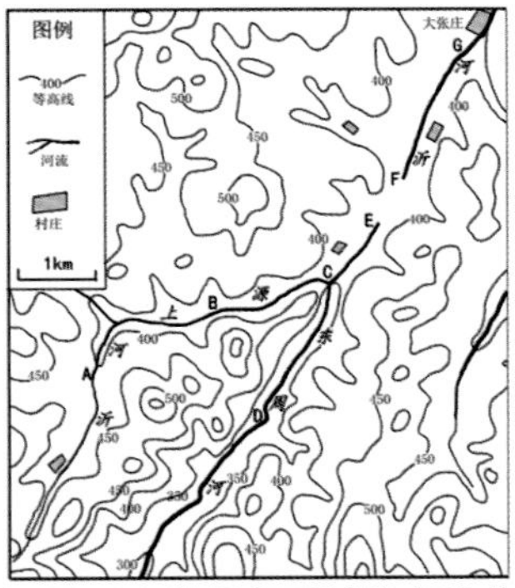

图例
400
等高线
河流
村庄
1km
大张庄
A
B
C
D
E
F
G
上
源
河
沂
东
周
500
450
400
350
300

图 21　沂源县西南某局部区域等高线分布示意图

9. 袭夺发生后，河水流向出现倒转的河段是（　　）

A. AB 段　　B. BC 段　　C. CE 段　　D. EF 段

10. 沂河上源被袭夺后，会导致（　　）

A. BC 河段水流速度变缓慢　　B. FG 河段宽谷内水流变细小

C. CD 河段河流径流量减少　　　　　　D. 大张庄夏季暴雨洪涝增多

11. 有利于沂河上源被东周河袭夺的自然条件是（　　）

A. 沂河的落差比东周河大　　　　　　B. 该区域地壳出现沉降运动

C. 流域内降水量明显减少　　　　　　D. CD 河段附近的岩体较破碎

36. 阅读材料，回答下列问题。(22 分)

肯尼亚是世界第三大鲜花出口国，以出口玫瑰为主，绝大部分玫瑰出口到欧洲，被誉为欧洲的“后花园”。一枝早上 7 点采摘的玫瑰，次日早晨就能抵达荷兰，再由荷兰的拍卖市场销往世界各地。肯尼亚一年四季均可以生产玫瑰，但每年的 6~9 月是其玫瑰销售的淡季。

奈瓦沙湖畔（见图 22）是肯尼亚著名的玫瑰产地，玫瑰农场鳞次栉比，全部采用温棚种植玫瑰，使用计算机控制其生长条件，是真正的“鼠标农业”。在温棚里，每平方米每年可以收获 220~240 朵玫瑰花，是露天种植量的两倍。

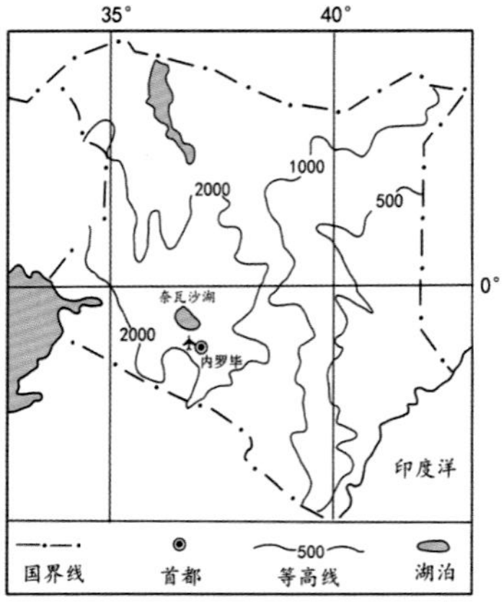
35°
40°
0°
2000
1000
500
奈瓦沙湖
2000
内罗毕
印度洋
国界线
首都
500
等高线
湖泊

图 22　奈瓦沙湖畔示意图

（1）分析肯尼亚许多玫瑰农场集聚奈瓦沙湖畔的主要原因。(8 分)

（2）说明玫瑰农场采用温棚种植玫瑰对提高市场竞争力的作用。(6 分)

（3）分析每年 6~9 月是肯尼亚玫瑰销售淡季的原因。(4 分)

（4）有人建议在奈瓦沙湖畔继续扩大玫瑰种植规模，你是否赞成？并说明理由。(4 分)

37. 阅读图文资料，完成下列要求。(24 分)

群落中物种数目的多少称为丰富度，一般低纬度地区的物种丰富度多于高纬度地区。山地坡地的面积大小也会影响生物的数量，从而对物种的丰富度产生影响。某地理科考队调查了秦岭主峰太白山的物种丰富度，将调查结果绘制成了秦岭主峰太白山不同海拔段的坡地面积和物种丰富度变化曲线图（见图 23）。

（1）描述太白山区物种丰富度随海拔高度的变化规律。(6 分)

（2）指出太白山平均坡度最小的海拔范围，并说明判断依据。(4 分)

（3）分析太白山 3500~3700 米海拔段物种丰富度低的原因。(6 分)

（4）调查还发现太白山南坡垂直自然带的数量比北坡多，试从气候条件分析其成因。(8 分)

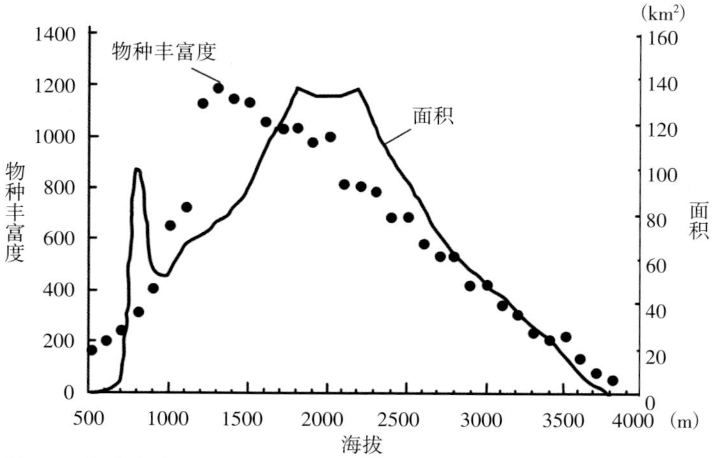

物种丰富度
面积
(km²)
海拔
(m)

图 23　秦岭主峰太白山不同海拔段的坡地面积和物种丰富度变化曲线图

43. 旅游地理。(10 分)

随着社会经济的发展，自驾游、露营旅游、户外探险等新潮休闲旅游方式兴起，自驾车营地的建设成为发展休闲经济的重要途径。图 24 为青海省东北部和珠江三角洲地区自驾车营地分布示意图。

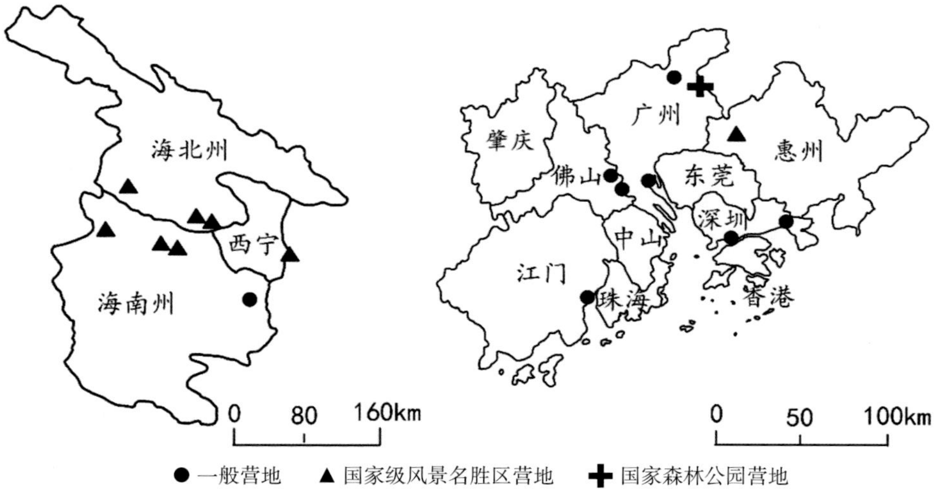

海北州
西宁
海南州
0 80 160km
肇庆
广州
惠州
佛山
东莞
深圳
中山
江门
珠海
香港
0 50 100km
一般营地
国家级风景名胜区营地
国家森林公园营地

图 24　青海省东北部和珠江三角洲地区自驾车营地分布示意图

与青海省东北部相比，说明珠江三角洲地区发展自驾车营地的优势和劣势。(10 分)

44. 环境保护。(10 分)

2017 年 3 月，素有“旱极”之称的甘肃敦煌境内的哈拉诺尔湖干涸 60 年后重现碧波。它曾是敦煌历史上最大的湖泊，湖水来自发源于祁连山的疏勒河与党河。清朝雍正年间，因河西开发，人口、耕地增加，湖泊开始萎缩，20 世纪六七十年代疏勒河和党河上的多座水库建成后，哈拉诺尔湖彻底干涸。该湖泊“重生”标志着敦煌生态治理工程取得了成效。

分析哈拉诺尔湖“重生”的人为原因并简述对敦煌生态环境的影响。(10 分)

2018年1月佛山一模地理试题参考答案：

一、选择题：

题号	1	2	3	4	5	6	7	8	9	10	11
答案	B	C	A	D	B	C	D	A	C	B	D

二、综合题：

36.（22分）

（1）位于赤道附近的高原地区，气候温和，光照充足；（3分）靠近湖泊，水源丰富优质；（3分）附近有机场，便于玫瑰及时运往欧洲市场。（2分）（答到“土地面积广，地价低”可酌情给1分）

（2）温棚种植受自然条件变化影响小，保证玫瑰品质；（2分）自动化管理，生产效率高，增加产量；（2分）降低生产成本。（2分）

（3）欧洲是肯尼亚玫瑰销售的最大市场，6~9月为欧洲的夏季，欧洲本地的鲜花产量较多（基本可以自给自足）；（2分）6~9月肯尼亚为旱季，降水较少，鲜花品质下降。（2分）

（4）赞成。奈瓦沙湖畔玫瑰生产条件好，市场需求大；（2分）扩大玫瑰种植，可增加就业，提高经济收入。（2分）

不赞成。花卉种植需水量大，引湖水灌溉，导致湖泊水位下降（水资源紧张）；（2分）扩大玫瑰种植规模，破坏野生动物栖息地，生物多样性减少。（2分）

37.（24分）

（1）（呈单峰曲线变化，）海拔1300米左右物种丰富度最高；（2分）海拔1300米以下随高度的增加而增加；（2分）海拔1300米以上随高度的增加而减少。（2分）（意思相近可酌情给分）

（2）平均坡度最小海拔范围为1800~2200米；（2分）依据：图中坡地面积最大的海拔范围为1800~2200米，说明该段坡地的平均坡度最小。（2分）

（3）该海拔段坡地面积小；（2分）海拔高，水热条件较差；（2分）能适宜生长的物种数量少，物种的种类也少。（2分）

（4）南坡为阳坡，冬季风的背风坡，光热条件好；（2分）夏季风的迎风坡，多地形雨，降水丰富，因此自然带数量较多；（2分）北坡为阴坡，受冬季风影响大，光热条件较差；（2分）夏季风的背风坡，降水较少，自然带数量较少。（2分）

43.（10分）

优势：与青海省东北部相比，珠江三角洲地区经济发达，基础设施完善；（2分）人口稠密，自驾游出行多，对营地市场需求大；（2分）高速公路众多，交通通达度高，便于自驾游出行。（2分）

劣势：与青海省东北部相比，珠江三角洲地区国家级风景名胜区营地较少，多为一般营地，营地附近的旅游资源知名度不高；（2分）城市密集，生态环境不如青海优良。（2分）

44.（10分）

原因：调整种植结构，发展节水农业（实施生态退耕），减少上游河水灌溉水量，使入湖水量增加；（2分）流域内水资源统一管理，增加水库的下泄水量，对湖泊进行生态补水；（2分）进行

生态移民，减少对湖泊周边的开发与破坏。(2 分)

影响：改善敦煌的干旱环境；增加区域生物多样性；减缓当地土地荒漠化；改善敦煌湿地生态环境。(每要点 2 分，答对其中两点得 4 分)

第三章　地理教学研究与思维导图

思维导图在地理教学实践中的应用有很多。除了第二章阐述的以外，思维导图还可以用于制订地理教研活动计划、进行地理教学设计、制作地理教学课件；还可以借助思维导图归纳、整理教研思路，形成图式教研活动方案。无论进行思维导图教学设计还是教研活动方案设计，都有利于教师构建地理知识网络，进行发散性的关联思考。有利于养成良好的思维习惯，增强地理教与学的能力。在思维导图教学设计、教研活动方案实施过程中，会产生相当多的实践感悟与体会，反思这些感悟与体会，并加以总结，不断探索，可以形成个性化的教学设计风格和教学研究特色，这个过程就是地理教学教研过程。同样，地理思维导图同地理图像、图表一样，作为图形语言的应用，也可成为图式教学方法的重要组成部分。

第一节　地理教研活动与思维导图

一、思维导图课堂笔记的作用及制作

作为地理教师，除了日常的地理教学活动外，还需要参加培训活动和听课活动。运用思维导图做课堂笔记是高效学习的重要组成部分。思维导图课堂导图笔记要求我们在上课时要全神贯注地听专家或授课老师讲课，而不是忙于做非常详细且纷繁复杂的笔记，做思维导图笔记是避免注意力分散的一个非常有效的办法。通过对讲课老师讲解的重点内容进行记录，使自己的思维一直跟着老师走，边听边整理。

现在智能手机拍照功能非常强大，用手机就可以把课堂的 PPT 课件以及讲课场景拍下来。这些课件照片和听课场景照片与传统的纸质听课笔记是分离的，也就很容易丢失。手机思维导图软件可以将两者有机地结合在一起。这样，思维导图课堂笔记就具有“信息压缩”的强大功能了。仅一堂课的时间就要记住大量的信息并进行分类是很困难的。但如果把信息压缩在一张图文并茂的思维导图里面，就容易了很多。而且课后可以仔细回忆整个课程的结构，及时修改、补充和完善。思维导图笔记可以将老师讲课内容的要点、难点、关键、典型图表、例题，讲课老师的精彩片段、听课者的状态，还有自己的反思要点等汇聚在一张思维导图里面。这些思维导图笔记可以快速转化为图片或 PDF 文件等格式通过微信或 QQ 上传与分享。

下面以华为 P9 手机为例，谈谈怎样建构听课思维导图笔记。打开华为应用市场，输入“思维导图”，找到“m”字样、标注有“快速构思扩展想法和计划”的一款思维导图软件，大小约 3.1MB，下载安装。打开软件，右上角点击“新建导图”，输入中心词，右边点击“+”，创建新分支，并进行编辑；长按“+”可以在分支间插入新的层级；长按分支上的文本，可以进行移动、复制、删除、备注、收起、标记、颜色等操作；长按根支可以选择向左创建分支；在导图快照里，可以把导图导出为图片、PDF、网页、FreedMind、xMind 等格式；在打开导图里，长按文件可以进行另存为、重命名、移动和删除等操作，并能创建文件夹管理；长按编辑导图页面上右上角的菜单图标，可以选择撤销上次删除操作。

二、思维导图课堂笔记案例

思维导图案例 67：讲座培训手机思维导图笔记

这是笔者用手机思维导图软件制作的导图笔记。内容是 2017 年 11 月参加深圳市龙岗区教师进修学校组织的一次培训讲座。主讲教师是杭州教科所孙老师。笔者对授课要点进行梳理，并配上课件 PPT 及课堂场景图片。

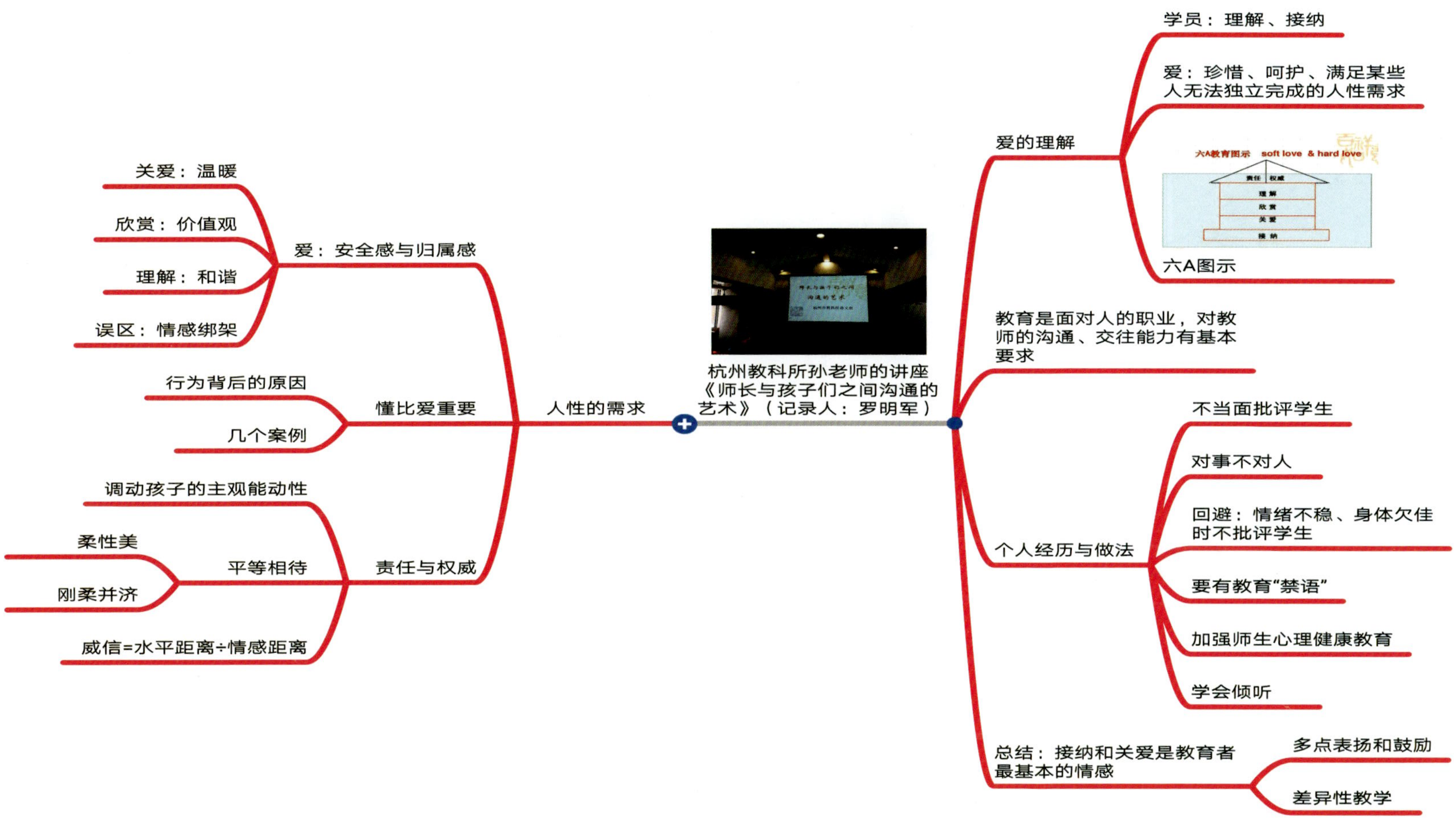

杭州教科所孙老师的讲座
《师长与孩子们之间沟通的艺术》（记录人：罗明军）
人性的需求
爱：安全感与归属感
关爱：温暖
欣赏：价值观
理解：和谐
误区：情感绑架
懂比爱重要
行为背后的原因
几个案例
责任与权威
调动孩子的主观能动性
平等相待
柔性美
刚柔并济
威信=水平距离÷情感距离
爱的理解
学员：理解、接纳
爱：珍惜、呵护、满足某些人无法独立完成的人性需求
六A教育图示
soft love & hard love
责任
权威
理解
欣赏
关爱
接纳
六A图示
教育是面对人的职业，对教师的沟通、交往能力有基本要求
个人经历与做法
不当面批评学生
对事不对人
回避：情绪不稳、身体欠佳时不批评学生
要有教育“禁语”
加强师生心理健康教育
学会倾听
总结：接纳和关爱是教育者最基本的情感
多点表扬和鼓励
差异性教学

思维导图案例 68：讲座培训手机思维导图笔记

这是笔者用手机思维导图软件制作的导图笔记。内容是 2017 年 11 月杭州教科所唐老师的《指向高阶思维能力培养的课堂教学设计》讲座。笔者对授课要点进行梳理，并配上课件 PPT 及课堂场景图片。

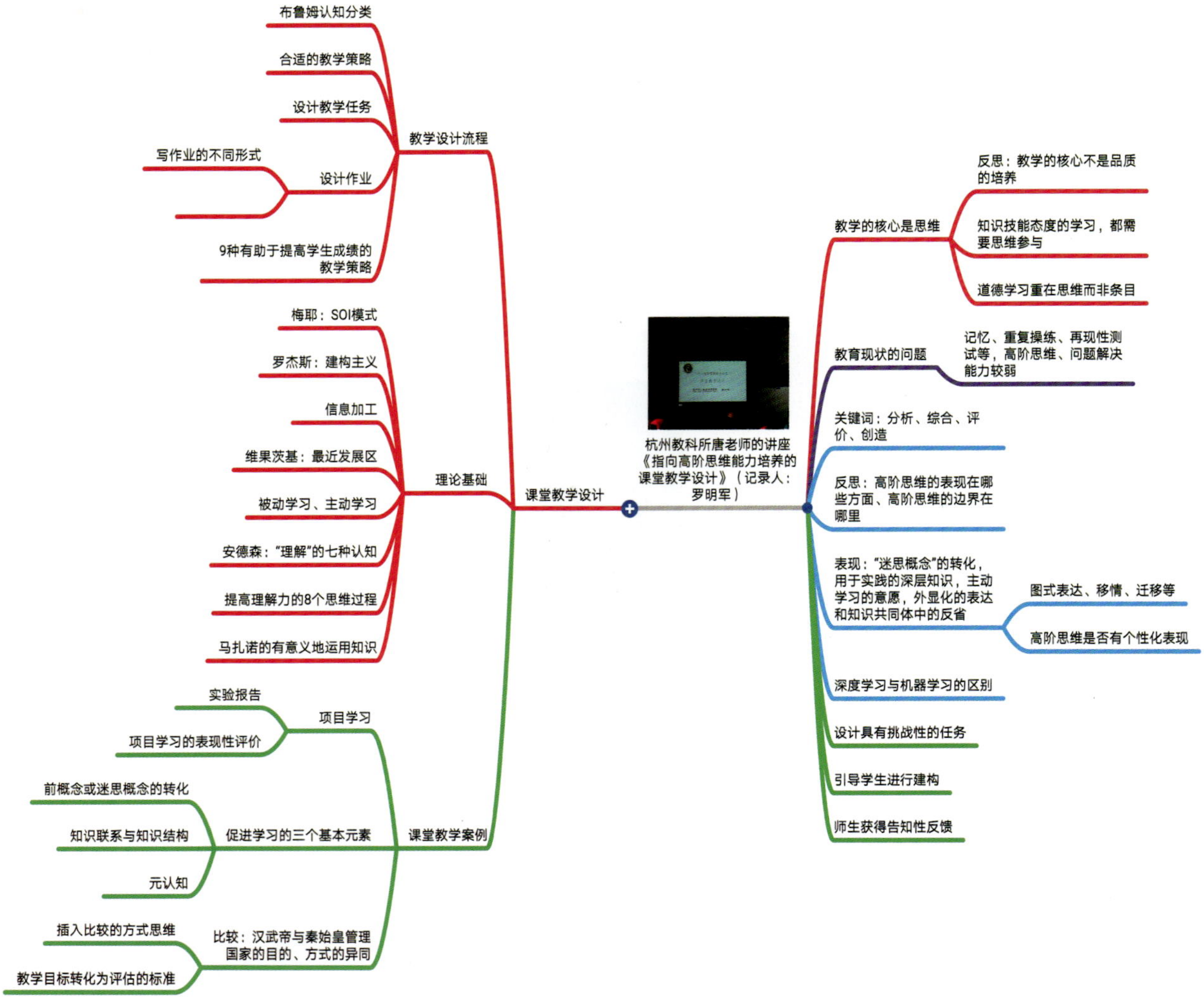

杭州教科所唐老师的讲座《指向高阶思维能力培养的课堂教学设计》（记录人：罗明军）
课堂教学设计
教学设计流程
布鲁姆认知分类
合适的教学策略
设计教学任务
设计作业
写作业的不同形式
9种有助于提高学生成绩的教学策略
理论基础
梅耶：SOI模式
罗杰斯：建构主义
信息加工
维果茨基：最近发展区
被动学习、主动学习
安德森："理解"的七种认知
提高理解力的8个思维过程
马扎诺的有意义地运用知识
课堂教学案例
项目学习
实验报告
项目学习的表现性评价
促进学习的三个基本元素
前概念或迷思概念的转化
知识联系与知识结构
元认知
比较：汉武帝与秦始皇管理国家的目的、方式的异同
插入比较的方式思维
教学目标转化为评估的标准
教学的核心是思维
反思：教学的核心不是品质的培养
知识技能态度的学习，都需要思维参与
道德学习重在思维而非条目
教育现状的问题
记忆、重复操练、再现性测试等，高阶思维、问题解决能力较弱
关键词：分析、综合、评价、创造
反思：高阶思维的表现在哪些方面、高阶思维的边界在哪里
表现："迷思概念"的转化，用于实践的深层知识，主动学习的意愿，外显化的表达和知识共同体中的反省
图式表达、移情、迁移等
高阶思维是否有个性化表现
深度学习与机器学习的区别
设计具有挑战性的任务
引导学生进行建构
师生获得告知性反馈

思维导图案例 69：听课研讨手机思维导图笔记

这是笔者用手机思维导图软件制作的导图笔记。内容是 2017 年 11 月 21 日在江西玉山县一中参加校际教研交流的听课笔记。右侧是听玉山一中黄老师复习课的听课笔记，左侧是该校领导及科组老师交流的要点记录，并配上课件 PPT 及课堂、交流等场景图片。

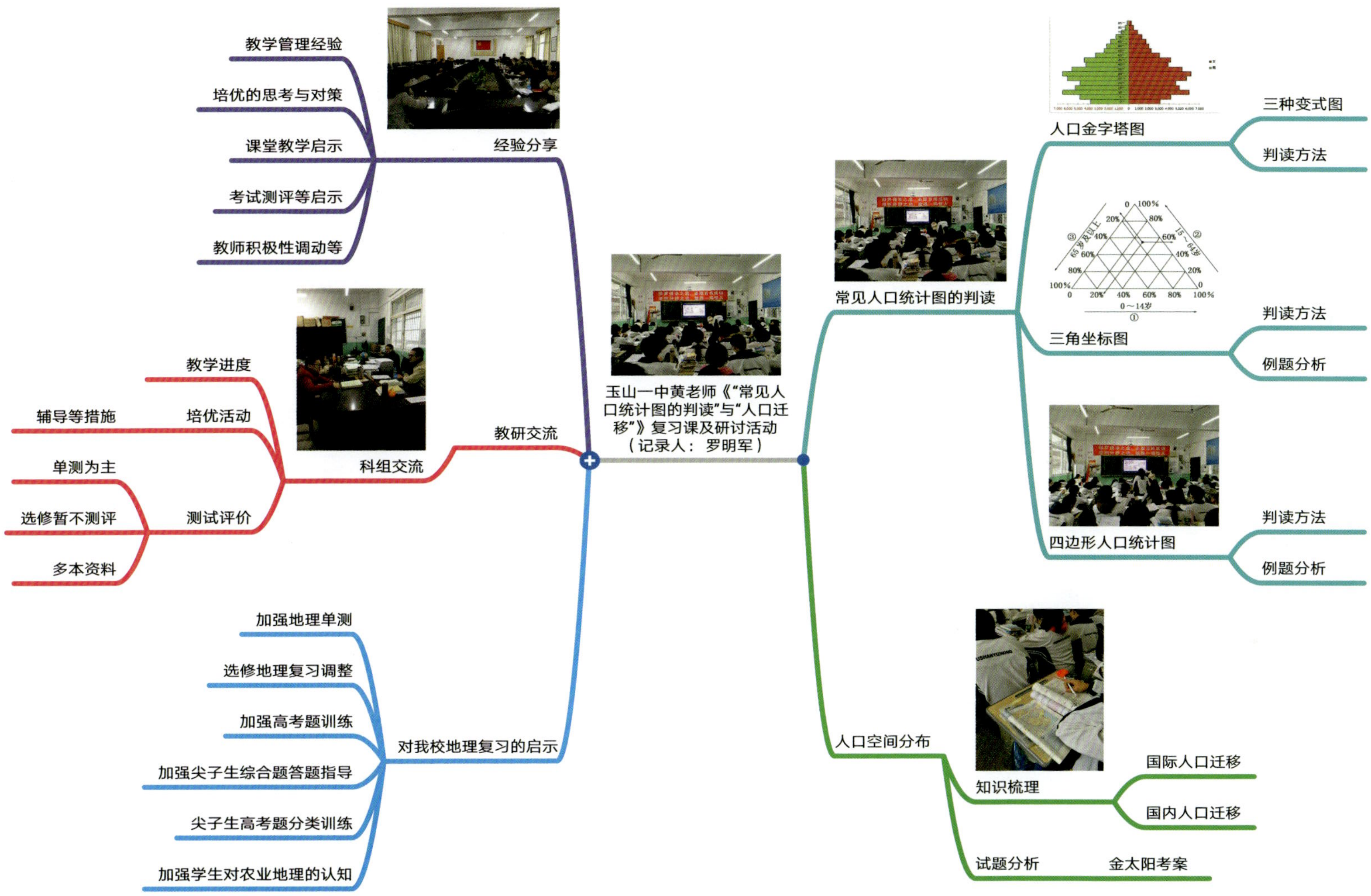

玉山一中黄老师《"常见人口统计图的判读"与"人口迁移"》复习课及研讨活动（记录人：罗明军）
常见人口统计图的判读
人口金字塔图
三种变式图
判读方法
三角坐标图
判读方法
例题分析
四边形人口统计图
判读方法
例题分析
人口空间分布
知识梳理
国际人口迁移
国内人口迁移
试题分析
金太阳考案
经验分享
教学管理经验
培优的思考与对策
课堂教学启示
考试测评等启示
教师积极性调动等
教研交流
科组交流
教学进度
培优活动
辅导等措施
测试评价
单测为主
选修暂不测评
多本资料
对我校地理复习的启示
加强地理单测
选修地理复习调整
加强高考题训练
加强尖子生综合题答题指导
尖子生高考题分类训练
加强学生对农业地理的认知

三、教师基本技能比赛与思维导图案例

2017年《广东省首届中小学青年教师教学能力大赛中学地理实施方案》中明确规定思维导图设计为参赛项目之一。要求参赛教师根据抽签到的试题进行题目教学实施的思维导图设计。评委依据评分标准进行打分。评分标准为：满分100分。其中：(1)问题理解、科学准确；(30分)(2)思维过程、逻辑清晰；(30分)(3)抓住核心、难点突破；(20分)(4)图文整合、整洁美观。(20分)

[例](2017年全国文综I卷第36题节选)

阅读图文材料，完成下列要求。

剑麻是一种热带经济作物。剑麻纤维韧性强，耐海水腐蚀，是制作船用缆绳、汽车内衬、光缆衬料等的上乘材料。非洲坦桑尼亚曾是世界最重要的剑麻生产国，被称为“剑麻王国”。自1999年，中国某公司在坦桑尼亚的基洛萨附近投资兴建剑麻农场，并建设配套加工场，所产剑麻纤维主要销往我国。该农场一期种植1000多公顷，雇佣当地长期工和临时工超过1000人，预计2020年种植面积达3000公顷，年产剑麻纤维1万吨。该公司还帮助当地修建学校、卫生所等。

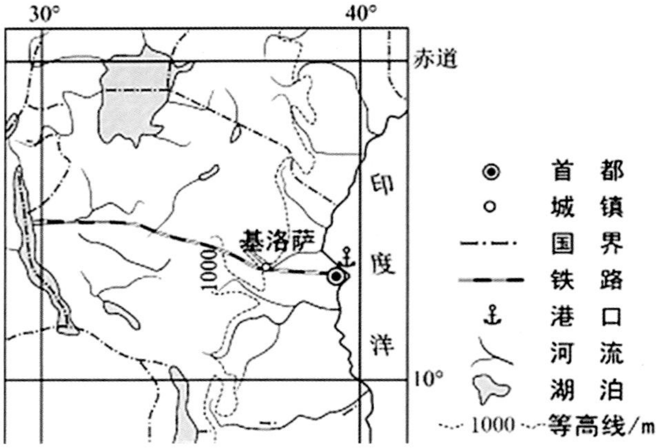
30°
40°
赤道
印
度
洋
基洛萨
1000
10°
首都
城镇
国界
铁路
港口
河流
湖泊
1000 等高线/m

根据剑麻生长的气候条件和用途，说明我国国内剑麻纤维产需矛盾较大的原因。(8分)

参考答案：剑麻纤维生产：我国热带地区面积小，用于种植剑麻的土地较少，产量低；我国热带地区纬度较高，气候季节差异大，种植的剑麻质量较差。

剑麻纤维需求：我国船舶、汽车制造等规模大，对剑麻纤维需求量大。

笔者从解题教学方法指导、学习方法指导、教学实施三个方面，用思维导图的形式将思维过程可视化如下：

思维导图案例 70：解题教学方法指导思维导图

本图为笔者用 iMindMap 软件绘制。从试题考点分析、试题分析、学情分析、学法指导及教学启示四个方面绘制了解题教学方法指导思维导图。

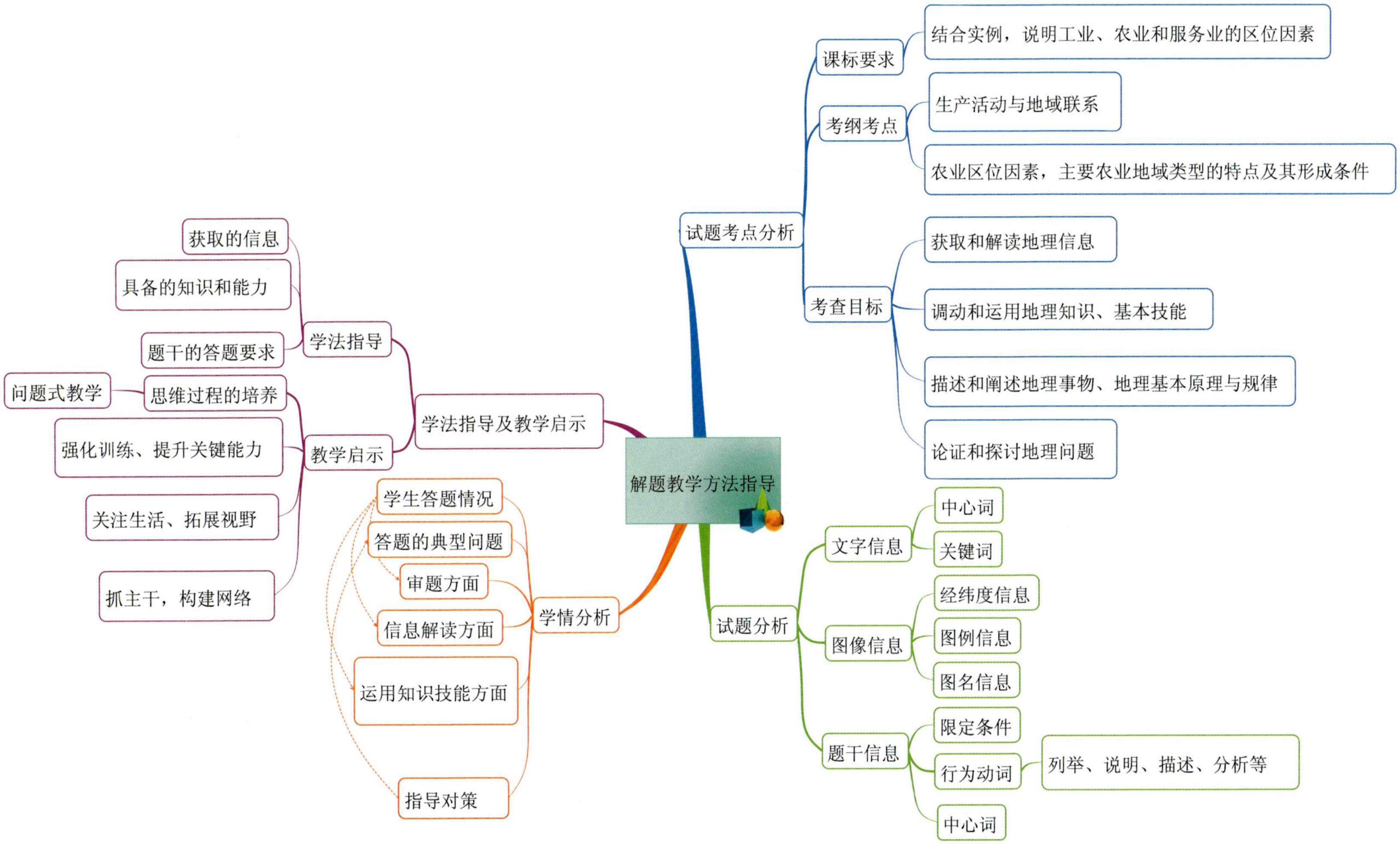

解题教学方法指导
试题考点分析
课标要求
结合实例，说明工业、农业和服务业的区位因素
考纲考点
生产活动与地域联系
农业区位因素，主要农业地域类型的特点及其形成条件
考查目标
获取和解读地理信息
调动和运用地理知识、基本技能
描述和阐述地理事物、地理基本原理与规律
论证和探讨地理问题
试题分析
文字信息
中心词
关键词
图像信息
经纬度信息
图例信息
图名信息
题干信息
限定条件
行为动词
列举、说明、描述、分析等
中心词
学情分析
学生答题情况
答题的典型问题
审题方面
信息解读方面
运用知识技能方面
指导对策
学法指导及教学启示
学法指导
获取的信息
具备的知识和能力
题干的答题要求
教学启示
思维过程的培养
问题式教学
强化训练、提升关键能力
关注生活、拓展视野
抓主干，构建网络

思维导图案例 71：解题学习方法指导思维导图

本图为笔者用 iMindMap 软件绘制。从问题解读能力、信息获取能力、调用知识与技能能力、组织答题能力四个方面的问题及解决途径绘制了解题学习方法指导思维导图。

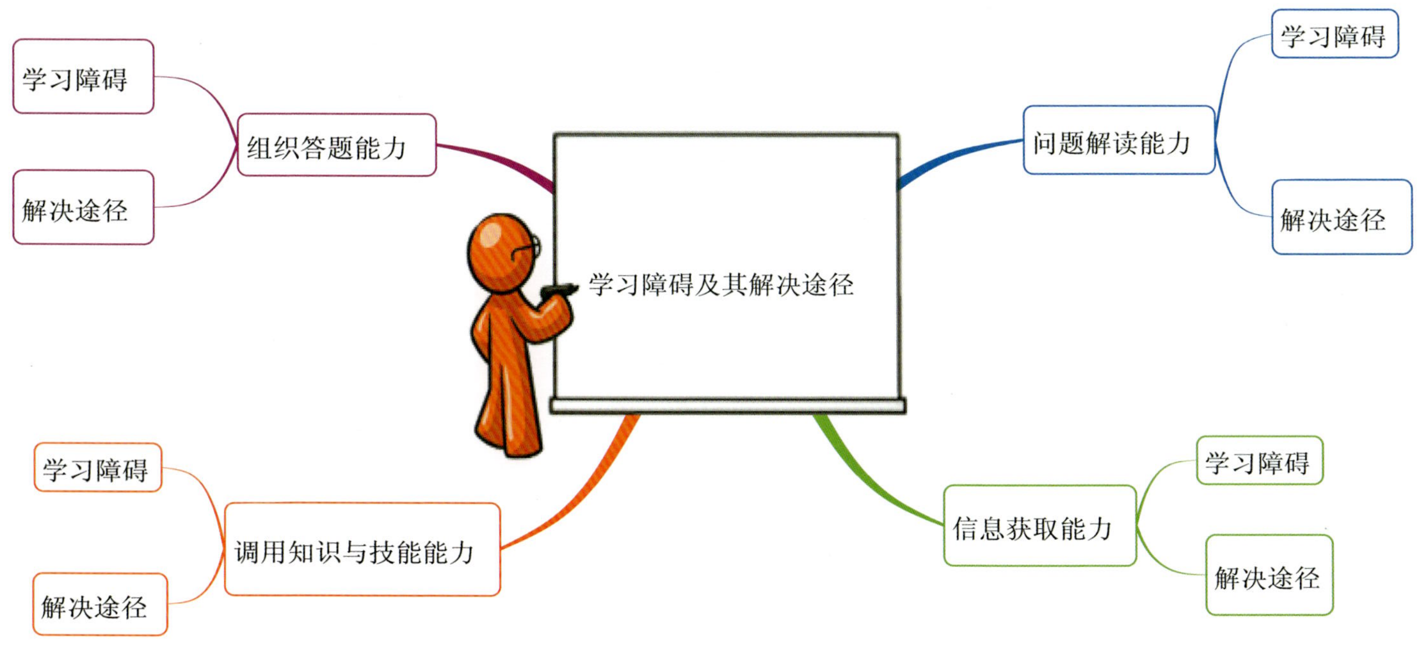
学习障碍及其解决途径
问题解读能力
学习障碍
解决途径
信息获取能力
学习障碍
解决途径
调用知识与技能能力
学习障碍
解决途径
组织答题能力
学习障碍
解决途径

思维导图案例 72：解题思路思维导图（板书设计）

本图由 2017 年广东省首届中小学青年教师教学能力大赛决赛一等奖获得者李修福老师提供。

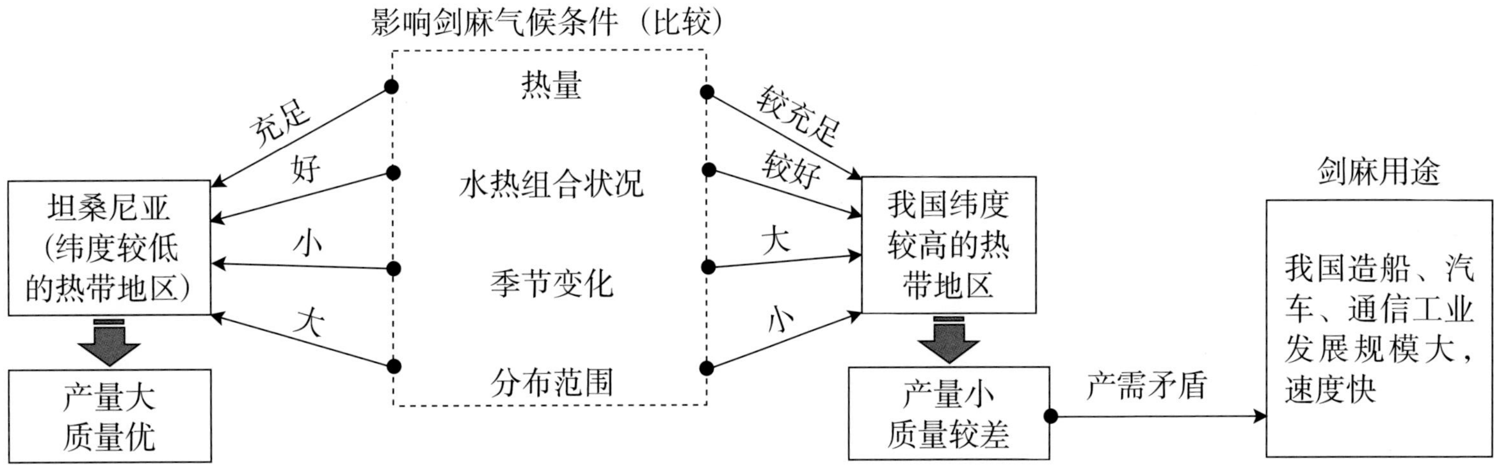

影响剑麻气候条件（比较）
热量
水热组合状况
季节变化
分布范围
充足
好
小
大
坦桑尼亚（纬度较低的热带地区）
产量大
质量优
较充足
较好
大
小
我国纬度较高的热带地区
产量小
质量较差
产需矛盾
剑麻用途
我国造船、汽车、通信工业发展规模大，速度快

四、地理思维导图技能自测题

请根据下面试题，从内容考查或试题命制的角度分析其思维结构，并在一张白纸上制作一幅思维导图。

评价标准：满分 100 分。(1) 问题理解，科学准确；(30 分) (2) 思维过程，逻辑清晰；(30 分) 抓住核心，难点突破；(20 分) 图文整合，整洁美观。(20 分)

(选自 2017 年全国高考新课标Ⅰ卷) 下图示意我国西北某闭合流域的剖面。该流域气候较干，年均降水量仅为 210 毫米，但湖面年蒸发量可达 2000 毫米，湖水浅，盐度饱和，水下已形成较厚盐层。据此完成 1~3 题。

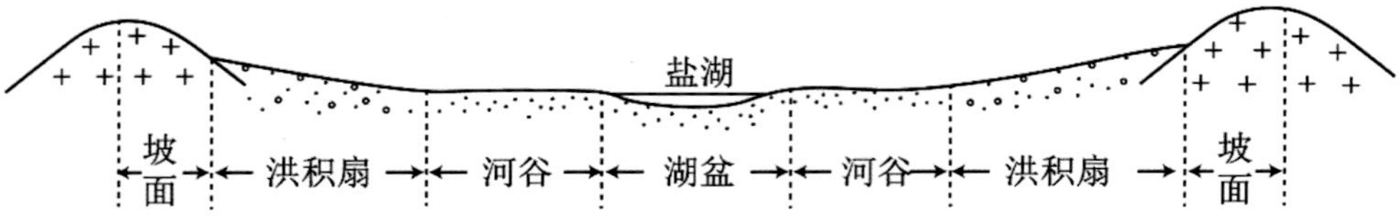
盐湖
坡面
洪积扇
河谷
湖盆
河谷
洪积扇
坡面

1. 盐湖面积多年稳定，表明该流域的多年平均实际蒸发量（　　）

A. 远大于 2000 毫米　　B. 约为 2000 毫米

C. 约为 210 毫米　　D. 远小于 210 毫米

2. 流域不同部位实际蒸发量差异显著，实际蒸发量最小的是（　　）

A. 坡面　　B. 洪积扇　　C. 河谷　　D. 湖盆

3. 如果该流域大量种植耐旱植物，可能会导致（　　）

A. 湖盆蒸发量增多　　B. 盐湖面积缩小

C. 湖水富养化加重　　D. 湖水盐度增大

试题答案： 1C　2A　3B

试题解析：

1. 注意题干的关键词，“该流域”而不是“湖面”的多年平均实际蒸发量。盐湖面积变化取决于该流域的蒸发和降水，蒸发量大，则水域面积减小，降水量大，则水域面积增加。题目中提到盐湖面积多年稳定，说明蒸发量和降水量应一致，所以该流域的多年平均实际蒸发量和降水量数值差不多，约为 210 毫米，否则会引起盐湖面积的扩大或缩小。

2. 此题需要区别理论蒸发量和实际蒸发量，理论蒸发量大小与气温关系密切，实际蒸发量与下垫面关系密切。从图中可以看出，坡面地势最高，坡度最大，下渗少，也最不利于截留地表水，地下水少，地表水向低处流走，故坡面地表水也最少，因此实际蒸发量最小；且由于该流域气候干旱，坡面没有植被生长，缺乏植物蒸腾。本题主要考查读图能力，从图中可以看出，坡面坡度大，岩性硬，地表与地下水储存条件差，下渗少，地下水埋藏深，此处的实际蒸发量最小。

3. 耐旱植物只能在坡面、洪积扇和河谷三地种植，不论在哪种植均会拦截到达盐湖的水量，破坏原有平衡，使湖水减少，但由于此湖水盐度已成饱和状态（材料中有关键信息：盐度饱和），所在湖水盐度并不会增高，只能使湖面缩小。而湖水富营养化与氮磷物质相关。

第二节　图式教学法研究案例

一、地理思维导图基本图式案例

思维导图本质也是一种基于图式理论的图示法。在教学中，恰当运用思维导图，不仅能够起到地理知识理解、记忆和整理的作用，还能让学生间的思维进行撞击。然而，每个教师、每个学生都存在个性差异，在他们绘制的思维导图中表现得很明显。一方面，教师不能把自己的思维方式强加于学生。不能把自己绘制思维导图中的个性化东西强加给同行。教师的教学成果及学生的学习成果即以思维导图的形式进行展示，采取自评、互评等多种形式进行评价，让绘制者用语言来描述自己的思维导图内容，对问题解决的思路进行梳理，更符合高中地理教育教学研究的实际。另一方面，高中地理教学既要让学生掌握庞杂的地理基础知识，又要使学生初步形成对地理现象或事物的原理性、规律性认识。因此，引导学生从地理知识的整体性出发把握教材，把握知识的连贯性、关联性和动态的因果关系，进而掌握所学知识的整体结构，形成地理学习的基本图式更为重要。面对要解决的地理教学问题，利用思维导图进行地理知识的图式建构，即利用思维导图来表述不同类型地理知识的过程和方法，对提升地理教学问题解决的有效性很有帮助。在建构地理图式的教学中，学生、教师、教学内容、地理图式是最基本的要素。思维导图作为一种可视化的工具，将这几种要素结合起来，组成一个整体，就形成了构建地理图式的地理教学（见图 3–1）。

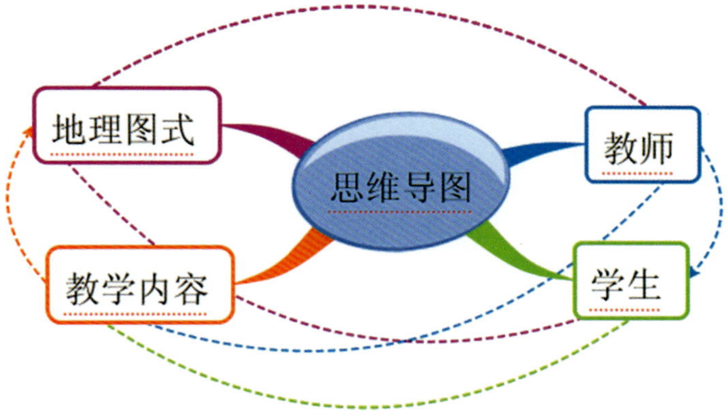

地理图式
教师
思维导图
教学内容
学生

图 3–1　地理图式、教师、学生、教学内容与思维导图关系图

常用的思维导图基本图式：

1. 提纲思维导图图式

这是一种提纲式或联网式的思维导图，由不同要点组成。适合于地理教学中的知识整理、地理新授课的要点讲解以及板书设计等（见图 3–2）。

……
要点4
要点3
联网图（要点与细节）
要点1
要点2

图 3–2　联网式思维导图

2. 区位分析思维导图图式

区位分析是地理思维的重要体现。区位分析中，自然与人文、有利与不利的思维模式几乎固化为地理思维的基本图式。绘制地理思维导图必须时刻牢记这种心理图式（见图 3–3）。

有利
不利
因果图
自然
人文

图 3–3　区位分析思维导图

3. 区域比较思维导图图式

区域比较思维导图图式，主要用于两个以上区域的分析。如长江三角洲与塔里木盆地两大区域的异同，就应从自然与人文两个角度分别阐述（见图 3–4）。

自然
人文
差异
比较图
类同
自然
人文

图 3–4　区域比较思维导图

4. 地理概念教学思维导图图式

概念的内涵与外延，是一种比较常用的概念学习图式。地理课堂教学中资源、能源、河流补给等概念教学问题的解决，常从概念的内涵与外延两方面去解决（见图 3–5）。

外延
概念图
内涵

图 3–5　概念思维导图

5. 地理景观演化类思维导图图式

地貌景观的形成与演化是内外力综合作用的结果，是地理基本规律（见图 3–6）。

外力作用
演化图
内力作用

图 3-6　演化类思维导图

6. 地理综合思维导图图式

地理综合思维一般从要素思维、地方思维、动态思维角度去分析（见图 3-7）。

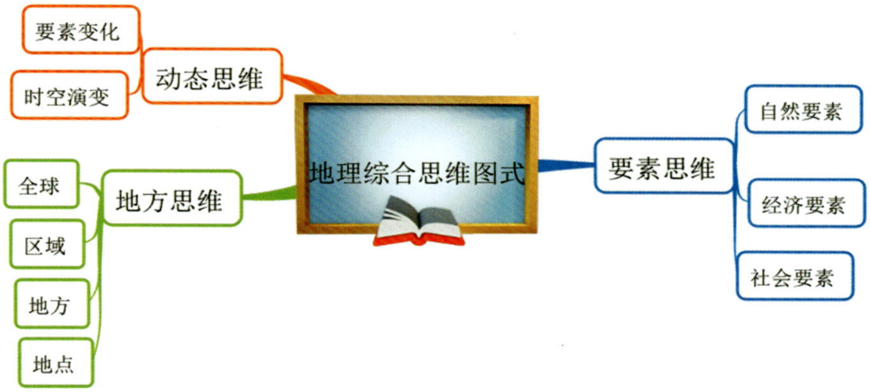
要素变化
时空演变
动态思维
地理综合思维图式
要素思维
自然要素
经济要素
社会要素
地方思维
全球
区域
地方
地点

图 3-7　地理综合思维导图

地理思维导图图式远远不止这几种，可以根据地理要素、人地关系、综合思维、区域可持续发展等思路演绎出众多的思维导图基本图式。

二、高中地理图式教学法研究案例

翻开地理教科书，众多的教材插图以及配套精美的地图册，加之日益丰富的各种视频图像等信息资料，可以说地理图像、图表已成为地理教学活动中最基本的特色。须知地理学的表述与其他大多数学科有所不同，文字语言只能恰当地表达地理概念和观念的一部分，但不易清楚地表达地理空间的概念。作为图形语言，图像、图表在表达地理事物的分布、原理等知识方面具有很大优势。如前所述，在地理教学实践中，思维导图与各种图像、图表等一样，作为图形语言对表达地理概念、特征、规律等的形成、理解和掌握，发展地理思维能力，提高地理学习水平具有重要作用。地理思维导图也是图形语言的重要组成部分。

在地理教育教学实践中，树立问题意识，善于发现教育教学实践中的问题，明确问题的初始状态、目标状态及达成途径，是地理教育工作者必备素养。本书第二章中利用思维导图去解决高中地理学科的知识建构问题、地理信息的有效整合问题以及地理教学中的逻辑力提升问题，这种基于地理教学问题解决的思维导图，其实也是一种教学方法，笔者把它称之为图式教学方法。

德国著名教学法专家希尔伯特·迈尔认为，教学方法大致分为四个理论层面：具体的、贴近实践的方法论及课堂教学理念层面；普通教学论理论和课堂教学模式的层面，包括对某些方法论的理解；从普通教育学和社会学的角度出发分析教育过程的层面；对教育学的理论产物进行历史系统化的科学理论反思的层面。在中学地理教学中，我们更多实践的是第一个层面，即贴近实际课堂教学的层面。我们呈现的教学理念和方法，其实是对我们自身的教学行为某种目标的定位，为实现这个目标，我们将某些教学原则加以内化，并应用一定的媒体、材料以及行为模式去体现。因此，思维导图，同利用图像、图表进行教学的图式教学方法一样，值得地理教育界同行们去探讨。现抛出图式教学方法实践研究的几篇拙作，以作引玉之砖。

图式教学法案例 1　“地球自转的地理意义”考点图解图练

[考纲要求]

地球自转的方向和周期。地球自转的地理意义：昼夜更替；地方时；地转偏向力对地表水平运动物体的影响。

[考点图解]

考点一：地球自转的方向和周期、速度。

图 3–8 描述了地球自转方向，说明以下几点：

第一，注意自西向东与纬线平行。

第二，地轴北端始终指向北极星附近（北天极）。

第三，顺着地球自转方向，东经度数值递增，西经度数值递减。

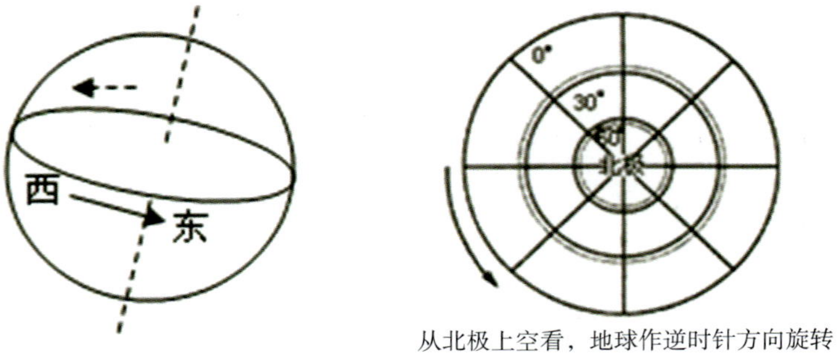
西
东
0°
30°
从北极上空看，地球作逆时针方向旋转

图 3–8　地球自转方向图解

图 3–9 描述了地球自转周期，说明以下几点：

第一，地球自转一周（360°）所需的时间为一个恒星日，一个恒星日为 23 时 56 分 4 秒。太阳日为昼夜更替的周期，一个太阳日为 24 小时。

第二，读图注意：在太阳系范围内，太阳是中心天体；恒星无比遥远，它的光线可看作平行的，图 3–9 中的三颗星，指的是同一颗恒星。

第三，E_1 为北极点，P 点逆时针方向运动（地球自转的方向），$E_1 \rightarrow E_3$ 也为逆时针方向运动（地球公转方向）。

图 3–10 描述了地球自转速度，说明以下几点：

第一，线速度：单位时间转过的弧长。赤道周长约 4 万千米，线速度最大（约为 1670km/h），向高纬递减，两极为零。纬度为 α°的某地其线速度约为 1670km/h × cos α°。

第二，角速度：单位时间转过的角度。地球各地角速度（两极为零）相等，为 15°/小时。

考点二：地球自转的地理意义。

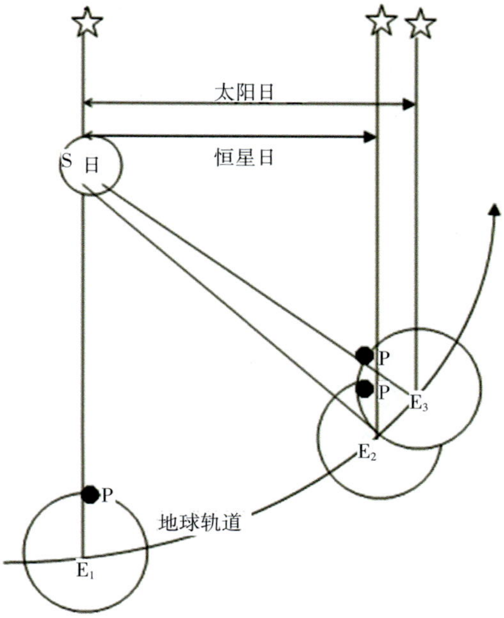

太阳日
恒星日
S 日
P
P
P
E_1
E_2
E_3
地球轨道

图 3-9　地球自转周期

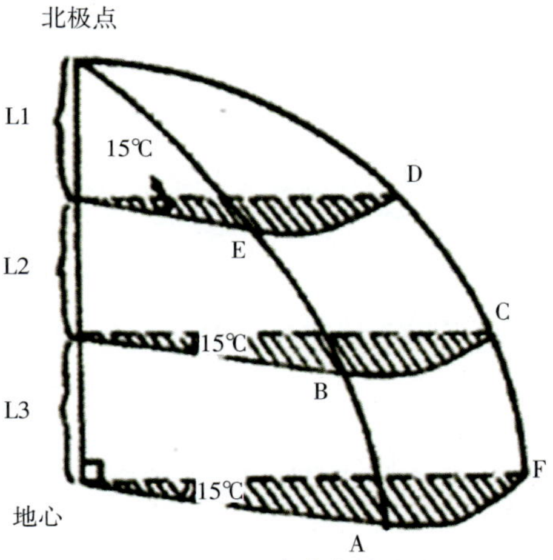

北极点
L1
15℃
D
E
L2
C
15℃
B
L3
F
15℃
地心
A

图 3-10　地球自转速度

（一）昼夜更替

（1）昼半球和夜半球。

图 3-11 描述了昼半球和夜半球，说明以下几点：

第一，由于地球为不透明球体，在太阳光照射下，产生昼半球和夜半球，昼夜半球对半。

第二，地球自转产生了昼夜更替现象，但地球不自转仍有昼夜现象。

第三，注意，一年中不考虑地球自转，只考虑地球公转某地也会有一次昼夜变化。

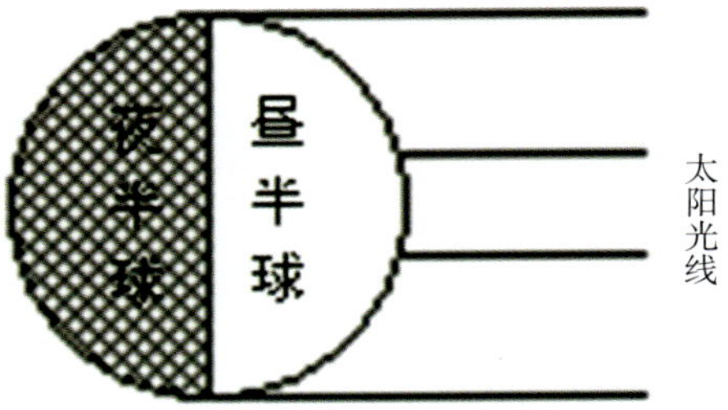
夜半球
昼半球
太阳光线

图 3–11　昼半球和夜半球图解

（2）晨昏线。

图 3–12 描述了晨昏线（圈），说明以下几点：

第一，在晨昏线上各地，太阳高度为 0°。

第二，太阳直射光线与晨昏线成 90°。

第三，直射点 A 与晨昏线和极昼（夜）最小纬线圈切点 B 的纬度之和等于 90°。

如当太阳直射在北回归线（23°26′N）时，切点 B 的纬度为 66°34′N；当太阳直射在 20°S 时，切点 B 的纬度为 70°N。

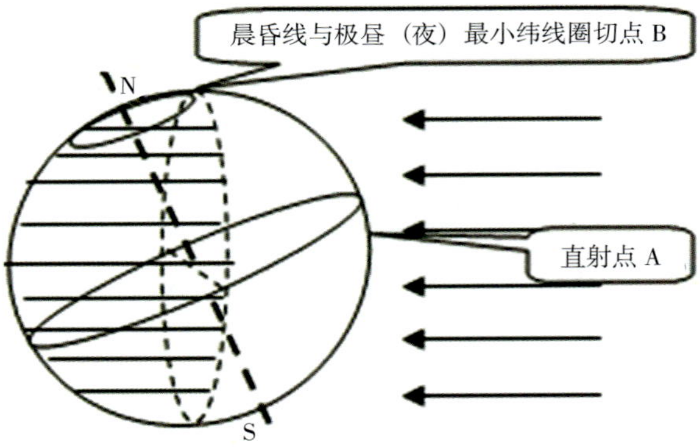
晨昏线与极昼（夜）最小纬线圈切点 B
N
直射点 A
S

图 3–12　晨昏线（圈）图解

（二）地方时

（1）地方时与区时。

图 3–13 描述了地方时与区时，说明以下几点：

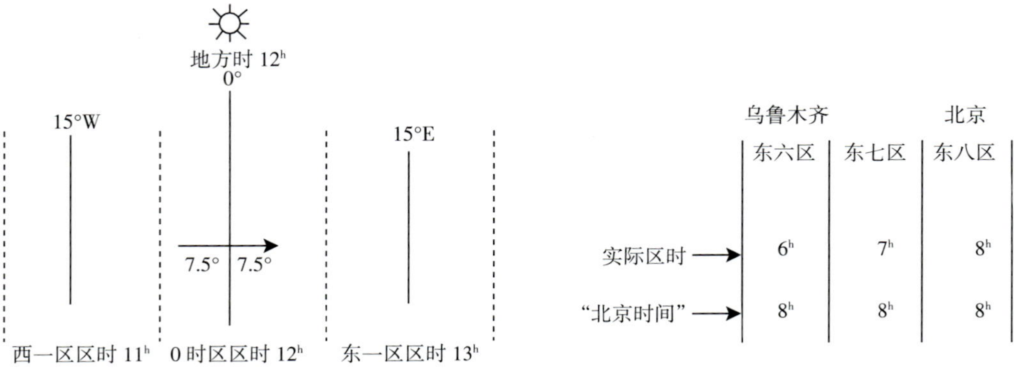
地方时 12h
0°
15°W
15°E
7.5°
7.5°
西一区区时 11h
0 时区区时 12h
东一区区时 13h
乌鲁木齐
北京
东六区
东七区
东八区
实际区时
6h
7h
8h
“北京时间”
8h
8h
8h

图 3–13　地方时与区时图解

第一，地球自转，一天中太阳东升西落，太阳经过某地上中天时为此地的地方时 12 点，因此，不同经线上具有不同的地方时。

第二，跨经度 15°的区域使用同一时间为区时（本区中央经线上的地方时）。

第三，区时经度每隔 15°差 1 小时，地方时经度每隔 1°差 4 分钟。

第四，北京时间：东八区的区时，120°E 的地方时。如乌鲁木齐在东 6 区，与北京时差为 2 小时，东 8 区的区时“北京时间”8 点时，乌鲁木齐地方时为 6 点。

第五，时区和区时的计算：某地所在时区 = 某地经度 ÷ 15°，余数大于 7.5 入，余数小于 7.5 舍，取整数。所求地区的区时 = 已知地区时 ± 1 小时 × 两地相隔时区数；注意“东加西减”。

（2）日界线（见表 3–1、图 3–14）。

表 3–1　自然、人为日界线表解

	180°经线	地方时为 0 时的经线
相同点	都是地球上两个不同日期的分界线，是地球上新的一天的起点和终点，是地球上日期更替的开始	
不同点	人为日界线	自然日界线
	固定不变的	不固定，可以是地球上任何一条经线
	钟点不固定，从 0 点到 24 点	钟点固定，地方时为 0 时
	东侧日期晚一天，西侧日期早一天	东侧日期早一天，西侧日期晚一天

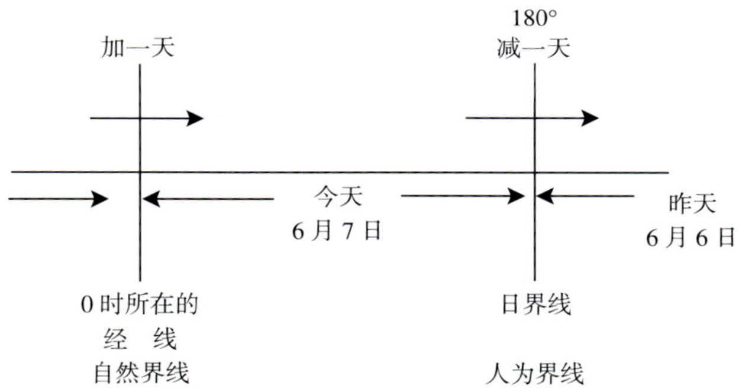
加一天
180°
减一天
今天
6 月 7 日
昨天
6 月 6 日
0 时所在的
经　线
自然界线
日界线
人为界线

图 3–14　日界线图解

（三）物体水平运动的方向产生偏向

图 3–15 描述了地转偏向力，说明以下几点：

第一，由于地球自转而产生作用于水平运动物体的力，称为地转偏向力，简称偏向力。

第二，它只在物体相对于地面有运动时才产生（实际不存在），只能改变（水平运动）物体运动的方向，不能改变物体运动的速率。

第三，地球上水平运动的物体，无论朝哪个方向运动，都会发生偏向，在北半球偏右，在南半球偏左。赤道上经线是互相平行的，无偏向。

图 3–16 描述了地转偏向力应用举例：观察长江入海口，其右岸（南岸）不断被冲刷，沉积的砂岛不断与北岸相连，河道不断向南弯曲，这就是由于地球偏向力。

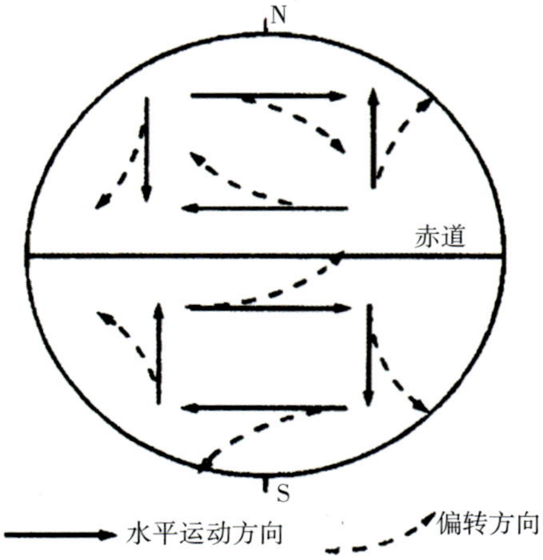
N
赤道
S
水平运动方向
偏转方向
图 3–15　地转偏向力

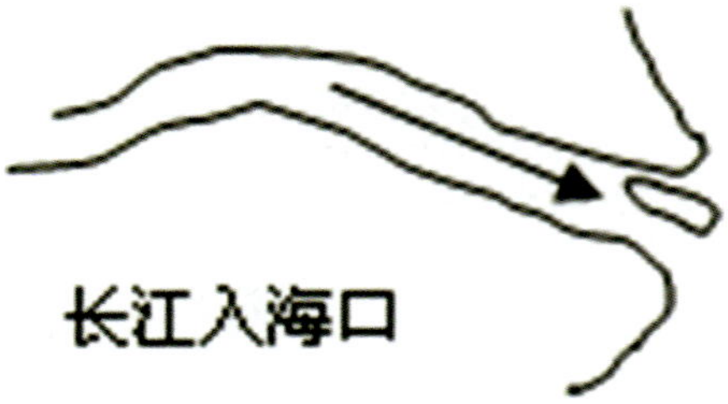
长江入海口
图 3–16　长江入海口

（四）自转对地球形状的影响

图 3–17 说明了以下几点：

第一，地球在自转过程中，地球上各质点都在绕着地轴作圆周运动，产生惯性离心力。

第二，惯性离心力随着物体距离地轴半径的增大而增大，即从赤道向两极，惯性离心力逐渐减小。

第三，惯性离心力使得地球由两极向赤道逐渐膨胀，长期作用使地球变成两极稍扁、赤道略鼓的椭球体形状。

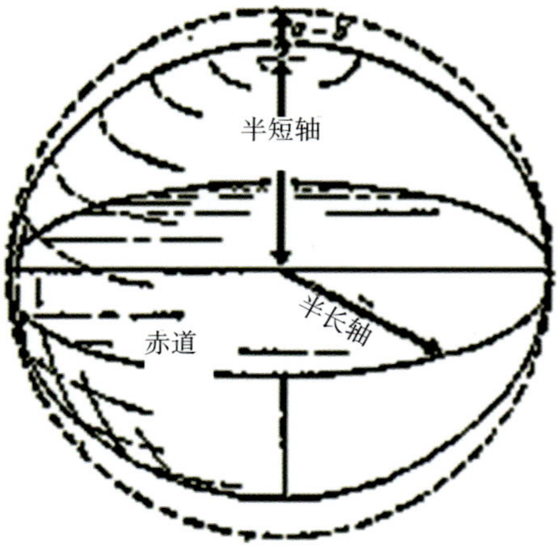
半短轴
赤道
半长轴
图 3–17　地球椭球体形状示意图

［考点图练］（略）

（案例来源：笔者的教学论文）

图式教学法案例 2　运用图式教学方法　促进地理概念的形成

——以中图版必修一第二章《自然地理环境中的物质运动和能量交换》为例

地理概念是地理事物、现象或地理演变过程的本质属性在人脑中的反映，它是把许多地理事物的具体特征加以分析、综合、比较、抽象、概括而形成的。新课程与旧课程的一个很大的不同就是新课程很少直接给出这些概念的定义。因而地理概念掌握的程度将直接影响到地理特征、成因、规律等其他原理性知识的学习效果。例如中图版新课程必修第一册第二章《自然地理环境中的物质运动和能量交换》涉及大量运用地理概念来促进相关地理原理的形成。教学实践中对这些概念采用怎样的教学方法加以处理，将直接关系到学生对相关联的地理原理掌握的程度。下面结合本章的有关内容谈谈怎样运用图像、图表等图式教学方法来促进学生地理概念的形成。

一、将生活实践中的图式经验升华为地理概念

其实，学生在学习地理课之前，在日常生活中已经形成了一些地理概念。如在本章第三节外力作用的学习中涉及的陆地水中的地表水与地下水的概念：平时在家乡看到的河流、池塘、湖泊等，通过教学活动播放相关的景观图像、视频演示等图像再现，再经过教学的精加工，学生就很容易知道这些都属于地表水的概念。再通过运用有关图像、图表进一步进行教学，知道地表水还有其他的如冰川、沼泽等类型。而对井水的不同类型的图解，很容易地区别潜水和承压水概念的不同。

二、通过图式类比，理解地理概念

再如第三节地质作用的学习中涉及地垒与地堑一对概念。首先让学生观察地垒与地堑的模型或图像演示，然后让学生分别描述它们的外部形态特征和岩块的运动状况，从而在图式类比中掌握地垒与地堑概念。依靠类比图式的思维活动，让学生通过直接接触到的大量同类事物的图像、图表（如各种各样的地理模型、演示、动画等）实例，可以很好地形成那些有一定关联但又易混淆的地理概念：地垒与地堑、向斜与背斜、冷锋与暖锋等。

三、图式归纳，逐步掌握地理概念

由于地理概念可以分为一般地理概念和单独地理概念，因此，在图式教学中，采取图式归纳法，让学生先观察属于这一一般地理概念外延的一系列具有代表性的单独的具体地理事物、概念，再进行比较概括，从而可以归纳出一般地理概念的本质属性。

如在学习地质作用的概念时，先要掌握内力作用、外力作用的概念。通过先观察有关内力、外力作用的各种表现形态：如火山喷发、泥石流、沙丘、三角洲等地貌景观图片，从而形成清晰、完整的地理表象，再总结、归纳，学生就能领会内力作用、外力作用的概念，进而可以理解地质作用的概念。

四、图式演绎，形成地理概念

对某些概念，学生可以理解，但要真正地掌握，需要进一步地演绎。如关于气旋概念的学习，学生常常难以形成相应的地理表象。可以尝试将教材中内容分解成以下步骤，从不同侧面去图式演绎概念的内涵：先画出“一个闭合低压”图式，再加上“四个端点的气压梯度力”图式，最后画出有四个端点风向的图式，这样，就容易理解了。对以上图式演绎过程逐步让学生用自己的语言去总结和表述，再用台风等实例来证实和加深学生对气旋概念内涵的认识。地理教学实践中，常常发现：由于学生的实际生活经验所限以及一些地理事物和过程因过于宏观而无法做整体观察，需要从不同侧面去演绎和图解，才能让学生真正形成全面、清晰的地理表象，为掌握地理概念知识并进而为培养学生形成良好的地理空间思维打下坚实的基础。

五、图式练习，主动建构地理概念的心理图式

现代认知心理学认为：学生对地理知识的学习和应用的过程，实际上是一个建立地理基本图式，进而扩展和转换图式以及将问题同图式相比较而解决的过程，地理能力的强弱主要取决于大脑储存图式的多少。地理教学活动则是通过师生的活动全面把握地理知识，并对之进行综合、抽象、加工提炼来促进学生建立心理图式的过程。因此，学生对地理概念的心理图式是否真正建构，要及时通过地理练习活动来检验。

如对于“大气温室效应”这一概念，通过对教材中相关概念的讲解和学习，学生对什么是太阳辐射、大气辐射、大气逆辐射、地面辐射等概念有了一定程度的理解和掌握，但并不代表他们真正掌握了“大气温室效应”概念内涵。有必要做一下教材中的探索课题练习——“模拟大气温室效应”。根据课题目标，在教师指导下进行实验设计和准备，经过如何设计、控制各种自变量与因变量，记录实验数据，分析和总结实验结果等一系列的学习活动，不仅可以检验出学生在学习“大气温室效应”这一概念中存在的问题，还可以学会运用这一概念分析和解释相关的地理事物和现象，在学生的大脑中真正加工形成“大气温室效应”的心理“图式”。从而让这一概念真正进入长时记忆库，以后遇到类似问题随时进行信息提取和运用，达到地理概念图式学习的理想境界。

（本文曾获深圳市高中地理教学论文评比一等奖）

图式教学法案例 3　新课程背景下地理漫画教学功能浅析

丰富的地理图像已成为新课程地理教材中最基本的特色。作为图形语言的一部分，地理漫画以其幽默、深刻、趣味性，通过夸张、比喻、象征等手法表现地理事物，在反映地理现实问题方面具有很大优势。如果稍加留意，我们可以从教材、报纸、杂志、网络中收集到大量的地理漫画教学资源。那么，在新课程背景下的地理教学中我们应该注意发挥地理漫画的哪些教学功能呢？下面谈谈自己的一点体会，以作引玉之砖。

一、漫画导入，激发学生学习兴趣

心理学认为，兴趣是影响学习效果诸多因素中最主要的因素，是直接推动学生进行学习的内部动力。根据教学内容恰当运用地理漫画可以达到激发学生学习兴趣的目的。

运用漫画导入新课，可以吸引学生注意力，创造一种愉悦的教学氛围，激发学生的学习兴趣和求知欲望，使学生迅速进入最佳的学习状态，起到先“画”夺人的效果。比如，在讲授水资源时，先出示漫画（见图 3–18）。这是一幅一个人在拧地球仪水龙头的漫画，这人累得满头大汗却只拧出几滴水。学生看到妙趣横生的漫画，兴趣大增，课堂气氛立即活跃起来。此时，学生就由被动听课变为主动参与了，迫切希望探究问题的根源。因此，抓住这一时机，迅速导入新课，很快就会把学生的注意力吸引到学习水资源内容上来，从而可以起到提高课堂效果的作用。

H_2O

图 3–18 地球仪水龙头漫画

自然地理课理论性较强，内容上理解起来也比较抽象，尤其是在一节课的最后，学生一般都有疲倦感。这时，教师若能巧妙地运用漫画作结尾，既可松弛神经，消除疲劳，又可巩固所学知识，深化主题。比如在讲授水循环的内容后，在课堂小结中出示漫画（见图 3–19），要求学生归纳水循环有哪些主要环节时，就可以使抽象的知识变得直观生动，具体形象，起到了巩固本课所学知识的作用和效果，并且使学生加深了印象。

降水
水汽蒸发
水汽蒸发
湖泊
海洋

图 3–19 水循环漫画

二、漫画教学，将枯燥内容生动化

漫画作为地理课堂教学中的刺激物，直观、新颖、强烈，把枯燥的理论知识寓于形象生动的画面中，用可笑的形式表现真理和智慧，用诙趣的手段揭示事物的矛盾和本质，以此来引起学生的注意，推动着学生主动思考，积极探索，找到解决问题的方法。尤其是在人文地理教学中，漫画可以把枯燥的知识变得耳目一新，生动有趣。如在讲人口资源环境的内容时，出示漫画（见图 3-20）。学生通过对漫画的观察，再结合课文内容，便很容易地领悟到人口增长过快、资源日益枯竭、环境污染日益严重这样的知识。

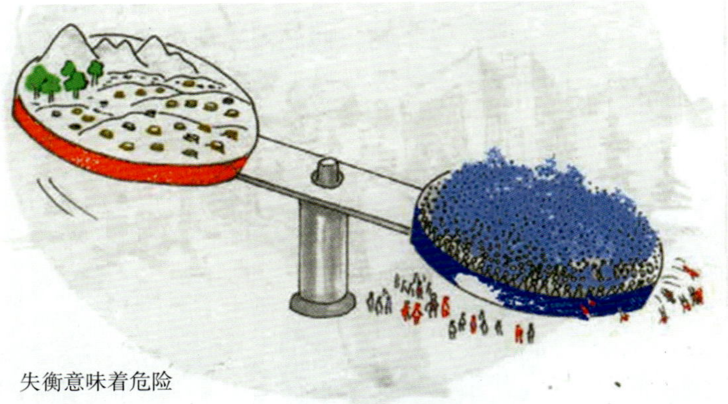
失衡意味着危险

图 3-20 人口资源环境漫画

漫画教学把枯燥的内容生动化，抽象的理论形象化，可以减轻教师的“舌耕之苦”，实现课堂教学改革中由注入式教学变为启发式教学的目标，发挥了学生的主体作用。如讲授“发达国家与发展中国家贸易不平衡问题”内容过程中，出示漫画（见图 3-21）。学生通过观察漫画，很容易地理解了发达国家与发展中国家贸易不平衡问题的本质。

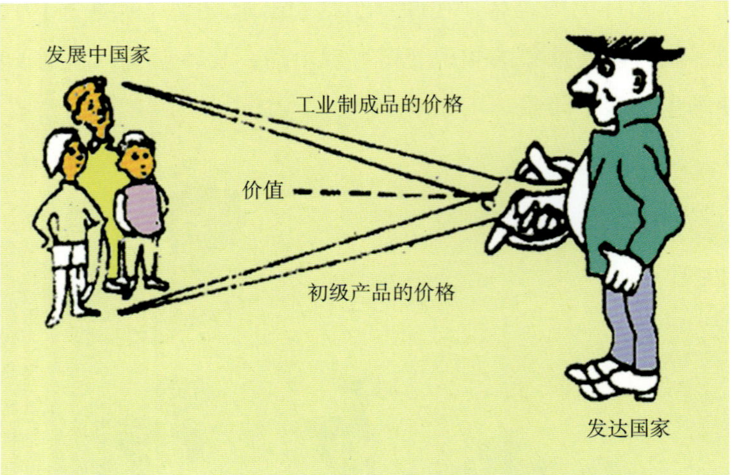
发展中国家
工业制成品的价格
价值
初级产品的价格
发达国家

图 3-21 发达国家与发展中国家贸易不平衡问题漫画

三、解读漫画，训练学生思维能力

下面以三幅地理漫画（见图 3–22）为例，简要说明地理漫画解读“三步曲”。

小鸟的悲哀　　小草的悲哀　　飞来的山峰

图 3–22　“小鸟的悲哀”“小草的哀求”“飞来的山峰”

第一步，由标题解读问题。由标题解读问题是解读地理漫画最难的一关，因为漫画的标题一般不采用直白的标题，而多为夸张、比喻、象征性的标题。例如图 3–22 中三幅漫画如果直接用“滥伐森林”“过度放牧”“人口过度增长”来做标题，就不是漫画了。因此，出示漫画以后，就应实时提醒学生从兴趣中回过神来，由标题切入，从画面内容中思考和解读它们反映的问题。每幅地理漫画都反映了特定的地理问题，一般从画面中的内容可以读解出来。如“小鸟的悲哀”反映的是乱砍滥伐森林，动物失去了家园，生物多样性减少。“小草的哀求”反映的是过度放牧。“飞来的山峰”反映的是人口过度增长，耕地不断减少。

第二步，进一步思考问题产生的原因和危害。如为什么会乱砍滥伐森林？可以引导学生进行分析：由于人口过度增长，导致对森林等资源的过度需求，乱砍滥伐。而滥伐森林造成了环境严重恶化，使生活在森林中的鸟类等野生动物失去了理想栖身地，产生了生存危机。

第三步，进而思考解决问题的措施。怎样防止乱砍滥伐森林？结合学习内容就可以分析总结出：控制人口过度增长，对森林资源进行合理采育更新，保护生物多样性，加强管理，促进人地关系和谐发展等措施是防止乱砍滥伐森林的根本途径。这样通过漫画教学，就可以较好地训练学生地理思维能力，避免了漫画教学只停留在形象化阶段的现象。

四、挖掘漫画信息，培养学生获取地理信息的能力

从信息论角度上看，地理漫画是一种特殊地理信息载体。漫画中生动、有趣的画面其实蕴藏着大量的地理信息。在重视培养学生获取地理信息能力的今天，如何训练学生对地理漫画进行观察、分析、比较，进而获取有效地理信息的能力就显得额外重要。千万不能只停留于了解地理漫画表象，对蕴含信息视而不见的教学阶段。以图 3–23 为例，在解读该组地理漫画时，就要训练和引导学生对地理漫画反复观察、分析、比较，从中获取如下主要信息：图中河流变得越来越小，直至干涸；由于河流径流量越来越小，该区域降水减少，植被越来越稀少（对比颜色变化）；土地荒漠化日趋严重；当地人面临生存环境恶化，人地矛盾日益尖锐。进而可以思考该区域如何走可持续发展

道路的问题。可见对地理漫画进行细致观察、比较、分析获取有效信息能力的培养至关重要。

CCTV.COM

图 3–23　某区域环境变化漫画

五、绘制地理漫画，培养学生探究能力

地理作业是以指导学生进行独立思考和实践性活动的方式来储存和传递地理教育信息的教育手段。对于高中生来说，寒暑假在他们的整个高中学习生活中占据很重的分量。因此我们在布置假期作业的时候，要充分考虑学生的实际情况以及新课程标准的要求，尽可能使作业适量，形式多变，提倡实践性、趣味性、有针对性，充分调动学生积极探索的精神。相信合适的假期作业，在提高学生地理综合能力的同时，也应能激发学生们学习地理的积极性。

漫画题材看起来赏心悦目，但又不肤浅。它一般都有一定深度和时代性，让学生收集或根据现有材料，自己动手绘制地理漫画，是有效地锻炼他们的观察分析、判断想象以及语言文字表达能力的重要途径。下面以笔者做过的尝试为例来抛砖引玉：

【例】2009 年高一地理寒假漫画作业题目：

阅读下列材料，完成作业：

材料一：对于中国来说，2008 年是喜忧参半的一年。我们成功地举办了第 29 届奥林匹克运动会，扩大了我国的国际影响力，提升了我国的国际地位；同时，我们也遭遇了历史上罕见的重大自然灾害，从南方的雨雪冰冻灾害，到四川汶川大地震，都对我国经济和人民生命财产造成巨大损失。灾害作为大自然的一种现象，是不以人的意志为转移的。人类历史本身就是一部不断地同大自然协调与抗争的发展史。自然灾害可以破坏人们已有的家园，但它阻挡不了我们建设更加美好的明天。科学发展观就其内容而言，注重的是经济、社会、人文、自然间的协调发展，主张的是人与自然的和谐相处，不以牺牲生态、资源、环境为代价，坚持的是可持续发展。其本质和核心是“以人为本”，实现人的全面发展。减灾当属科学发展观重要内容，因为减灾的目的就是尽可能地保障人的生命和财产的安全。

材料二：一幅地理漫画（见图 3–24）：

图 3–24　啊！地球出汗了

漫画标题：啊！地球出汗了。

内容解读：温室气体大量排放，全球气候变暖。

请以“防灾、减灾，提升自我防护和生存能力”为主题绘制一幅地理漫画。注意必须为原创，抄袭者为零分。请注明漫画标题及内容解读。注意：若漫画作业有困难，提交围绕主题的 800 字以内的地理小论文、课件、调查报告也可。以上作业个人独立完成或 2~3 人小组合作完成均可。

布置以上地理漫画作业时，笔者考虑了三点：一是通过材料一给出了绘制漫画的背景，让学生知道思路从何而来；二是通过材料二给出了绘制漫画的要求：即地理漫画必须要有漫画标题与内容解读；三是考虑到学生兴趣的多样性和差异性，也允许学生用地理小论文写作、制作地理课件、写调查报告等其他作业形式替代绘制漫画。均可采用个人独立或 2~3 人小组合作完成形式。

但是寒假一结束，学生交回的漫画作品数量和质量均超出了我的想象，说明设计绘制地理漫画这样的作业形式还是受相当一部分学生欢迎的。这对新课改中改革传统的地理作业形式有很好的借鉴价值。图 3–25 就是学生交回的两幅地理漫画作业作品。

当然，如果以上面两幅漫画作业为例进行评价，我们从中不难得出两点结论：一是学生学习潜能其实比我们想象的要强很多。两幅地理漫画作业共同优点就是学生都能从自己的角度，对以“防灾、减灾，提升自我防护和生存能力”为主题的地理漫画做了释解，由漫画蕴含的各种信息不难看出我们的学生地理想象能力的确很丰富，而学生这种想象能力在以文本图片为主要载体的日常地理课堂教学中很难有机会展示。漫画作业实际上训练了学生结合教材内容构建心理图式的探究能力。二是通过两幅漫画对比，可以发现学生对漫画作业的审题能力是有差异的，右边一幅漫画明显更加切合作业题目要求。而这种通过漫画来展示学生对地理教材内容理解的差异性程度，又远非常规习题练习所能比拟的。

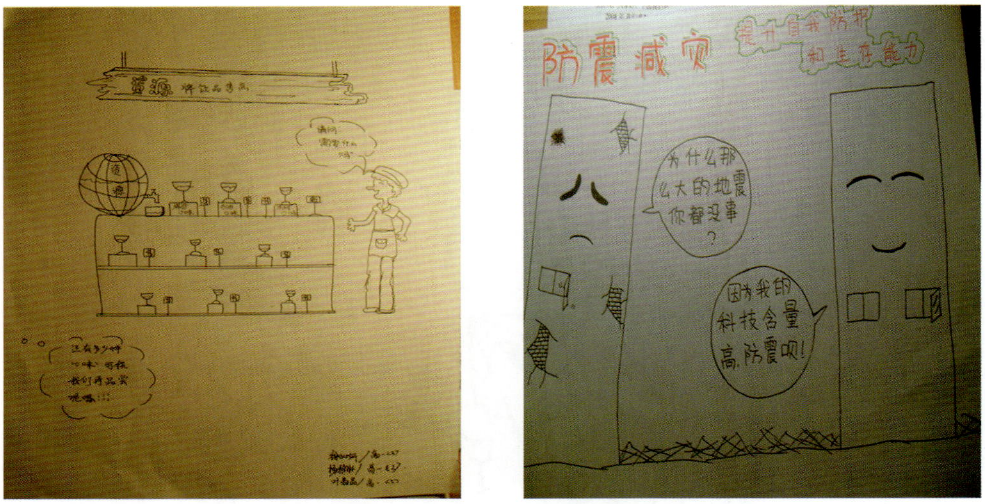
防震减灾
提升自我防护和生存能力
为什么那么大的地震你都没事?
因为我的科技含量高,防震呗!

图 3–25 学生地理漫画作品两幅

值得注意的是，虽说相当部分地理教师已经具备了一定的新课程理念，但是，地理漫画的上述五种教学功能，在现实地理教学中的体现往往还只停留在一两项。包括一些有一定经验的地理教师在内，对通过解读地理漫画，训练学生思维能力，通过对漫画的观察比较分析，培养学生获取地理信息能力的关注度远远不够。而通过绘制地理漫画这种作业方式来培养学生探究能力做法在新课改中更应该引起我们地理教育工作者的关注和重视。因为地理新课程的学习本来就是一个连贯性较强的积累过程，既要注意文字语言的学习，又要注意包括地理漫画在内图形语言的学习；既要注意试卷练习等常规作业形式，还要注意包括绘制地理漫画在内的其他实践探究活动。

值得一提的是，有四位同学的寒假地理漫画作业被《中学地理教学参考》杂志 2009 年第 5 期刊登。通过地理漫画给学生带来地理素养的提高，才是地理漫画教学的最终目的。

（案例来源：笔者论文，该论文曾获广东省教育厅教研室高中地理教育教学论文评比一等奖）

图式教学法案例 4 “正午太阳高度的变化”教学实录与反思

一、问题缘起与动机

传统地理教学方式的一般做法是：以纪律教育来维持组织教学，以师讲生听来传授新知识，以背诵、抄写来巩固已学知识，以多做练习来运用新知识，以考试测验来检查学习效果。这样的教学方式，在新课程改革理念下，它的缺陷越来越显现出来。即它以知识的传授为核心，把学生看成是接纳知识的容器。按照传统教学方式进行教学，虽然强调了教学过程的阶段性，却是以学生被动接受知识为前提的，没有突出学生学习的主体性、主动性和独立性。通过网络搜索发现，对新课改背景下转变教学方式的探讨，多是从理论层面泛泛而谈，较少从实际课例中探寻教学方式转变的实现途径。一线教师，本身即处在新课程改革的前沿，我们一直在为新课改背景下转变地理教学方式的实现途径进行不断探索。值此深圳市课改基础教育创新现场交流会举办之际，笔者承担了一节新课改展示课的教学任务。通过展示高一地理《正午太阳高度的变化》的教学实施，力图将新课改以来教学方式转变的一些尝试进行初步体现。现将该课例教学实录和跟进反思总结如下，借此抛砖引玉，达到共同提高之目的。

二、教学实录与反思

（一）变“纪律教育”为“目标导向”

[教学场景 1] 教师：幻灯片展示本节课题“中图版必修一第一章第三节 地球运动的意义——正午太阳高度的变化”。幻灯片展示本节课程标准——“分析地球运动的地理意义”，出示学习目标：

（1）厘清太阳高度、正午太阳高度概念。

（2）分析正午太阳高度角变化规律。

（3）运用正午太阳高度变化规律，解释生活、生产上的实际问题。

[跟进反思 1] 本教学场景设计的目的是改变传统的以纪律教育来维持组织教学，为课程标准指导下的目标导向来设计教学。课程标准是课程教学依据，通过对学习需要的分析，教师将其具体化为可操作的课时学习目标。本节课的教学对象是高一年级学生。依据学情和教情，围绕“分析地球运动的地理意义”这一课标，笔者有意识地挑选了“说出、描述、归纳、讨论、运用”等几个行为动词贯穿教学过程，力图通过这些教学行为的落实来达成“分析正午太阳高度角变化规律”这一课时教学目标。

（二）变“复述巩固”为“模拟演示”

[教学场景 2] 教师：下面我们一起来巩固复习地球公转的基础知识。请两位同学上来，一个同学手拿地球仪，一个同学站着不动表示太阳。手拿地球仪的同学拿着地球仪围绕“太阳”，模拟地球的公转状况。其他同学观察模拟演示过程，思考并指出演示过程中存在哪些问题？

学生：两位同学上台模拟演示地球公转。其他同学指出模拟演示中的地轴的指向、近日点和远日点、二分二至等存在的问题并纠正。

[跟进反思 2] 本教学场景内容设计的目的是巩固复习地球公转的基础知识。但没有采用传统的机械记忆复述、习题练习等教学方式，而是采用模拟演示形式，鼓励学生在动中巩固复习。在自动中战胜自我，发展自我，在他动中发现不足，弥补不足。

（三）变“师讲生听”为“互动探究”

[教学场景 3] 教师：展示目标一。厘清太阳高度、正午太阳高度概念。提出学习要求：阅读教材相关内容，观察幻灯片动画图（太阳的视运动动画），填写学案内容。

学生：在老师指导下阅读、观察、填写：“太阳高度是指_____对于_____的夹角（即太阳在当地的仰角）。晨昏线上太阳高度为_____度。正午太阳高度就是指一日内最_____的太阳高度，当地地方时为_____点。最大值为_____度”等学案内容，经过阅读、观察，全部学生均能正确填写。

教师：展示目标二。正午太阳高度的变化规律。子目标一：正午太阳高度的纬度变化。

提出要求：阅读教材相关北半球夏至日光照图，在学案上用简洁文字描述该日正午太阳高度的变化规律。

学生：阅读、在学案上动笔描述。

教师巡视：针对学生的描述，找出几个代表性的描述在展示台展示：

学生代表性描述 1：自北回归线向南北两极递减。

针对学生回答，教师提出问题：向“南北两极”说法是否准确？

学生代表性描述 2：自直射点（北回归线上）向四周递减。

针对学生回答，教师提出问题：这种描述是正午太阳高度还是太阳高度？

引导学生概括：自北回归线向南北两侧递减，北回归线上正午太阳高度为 90°。

教师点拨：描述地理事物的基本方法：自哪里向哪里怎样变化，极值状况。

教师：展示课件，提出新问题（见图 3–26），此时，A、B、C、D、E 五点的正午太阳高度由高到低的排序如何？

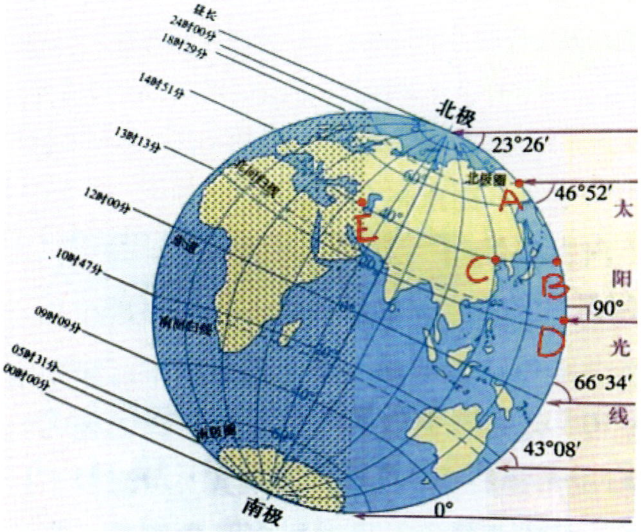
北极
23°26′
46°52′
90°
66°34′
43°08′
0°
南极
太阳光线
A
B
C
D
E

图 3–26　全球太阳高度变化示意图（北半球夏至日）

学生：（兴趣盎然）同桌或前后讨论，提出各种答案，问题焦点集中在对 B、C、E 三点的正午太阳高度的理解出现差异，刚开始，大部分学生认为这三点的正午太阳高度不相等。

经过相互思辨、讨论后，少数学生能够提出“由于地球自转，以及三点纬度相同，所以三点的正午太阳高度应该相同，只不过出现的时间不一样”这样的看法。教师适时加以鼓励。

对于 D、B、A 三点的正午太阳高度由大到小的排列，学生认知大致相同，也为后面的规律学习打下了基础。大部分学生能观察、总结出“距离直射点越近，正午太阳高度越大，反之，越小”这样的规律来。学生整个课堂思维达到一个活跃的阶段。

教师：（因势利导）请同学们进行推理：冬至日、二分日，正午太阳高度变化规律？

全部学生都能顺利得出结论！超出了预期学习效果。

教师：请用一句话概括正午太阳高度随纬度的变化规律。

学生：（很自然地）逐步概括出正午太阳高度随纬度变化规律，是自直射点所在纬度向南北两侧递减，直射点所在纬度正午太阳高度为 90°等类似正确结论。

[跟进反思 3] 本教学场景设计的目的是让学生摆脱教师生浇硬灌的教学方式，掌握学习的主动

权，根据自身的实际来选择、探求蕴藏在教材中的知识。在这一阶段，突出“互动探究”四个字。教师既提问学生，也让学生提问教师，整个教学活动在彼此质疑、共同思考之中展开，学生的学习也在彼此交流、相互促进之中不断深入。教在学后，学在教前，生为主帅，师为参谋。本教学片断采用“问题讨论法”“师生交谈法”等教学方式展开互动探究教学活动，学生在学习过程中自我表现。经过师生的共同努力，学生思维的严谨性得到不断提高，分析、描述、概括地理事物的能力明显有所提高，体现了重视学习过程的新课程理念。

（四）变“讲练结合”为“探讨交流”

[教学场景 4] 教师展示问题：

（1）冬至日，悉尼（约 34°S）、新加坡（约 1°N）、深圳（约 22°N）、北京（约 40°N）正午太阳高度由高到低排序如何？在四地看到的正午太阳方位又分别是怎样的呢？夏至日呢？

学生对冬至日正午太阳高度排序已经基本无问题。对正午太阳方位经教师引导后，也基本无问题。对夏至日正午太阳高度排序，有部分学生纠结在北京与新加坡的比较上，经过讨论，问题得到解决。教师顺势提出（2）、（3）小问题。

（2）北京一年中，正午太阳高度有何变化规律？在问题展示中过渡到子目标二：正午太阳高度的季节变化。

（3）深圳一年中，正午太阳高度又有怎样的变化规律？

课堂上有学生提出：深圳夏至日正午太阳高度最大，有学生表示反对。教师让学生讨论，深圳的正午太阳高度，究竟是太阳直射时最大，还是夏至日时最大？课堂气氛热烈。学生思维又一次达到活跃。教师引导学生逐步归纳正午太阳高度的季节变化规律是随季节变化而变化。

教师引导学生分组讨论得出：

（1）北回归线以北，每年 6 月 22 日前后正午太阳高度达最大值，12 月 22 日前后达最小值。

（2）南回归线以南，每年 12 月 22 日前后正午太阳高度达最大值，6 月 22 日前后达最小值。

（3）南北回归线之间的地区，一年中，太阳直射时，正午太阳高度达最大值；离太阳直射点所在纬度最远时，达最小值。

[跟进反思 4] 本场景教学设计目的是让学生通过同学间、师生间的学习体会和情感体验的交流，总结知识，体验学习过程，感受学习的快乐。这一阶段虽然在教学中渗透学习过程评价环节，但没有采用让学生大量做题检测，教师讲解的教学方式。而是用提出问题、引导学生交流、讨论、归纳、教师点拨交流等教学方式。在学生相互的交流、讨论、归纳中，自己已经能将所学的知识逐步形成了比较完整的知识体系，组建成了新的认知结构，为进一步增长学习能力做好了准备。

（五）变“教师总结”为“意义建构”

[教学场景 5] 教师：我们经过学习，知道了正午太阳高度的纬度变化规律和季节变化规律，那么请问正午太阳高度为什么会有这样的变化规律呢？请结合上课时的模拟演示进行讨论。

学生：（兴趣盎然地）讨论并逐步清晰。正午太阳高度的纬度变化规律，与地球形状有关；也与绕太阳公转有关；季节变化规律，与地轴倾斜及空间指向不变有关，即与黄赤交角有关。

教师用课件动画再一次引导学生观察地球绕太阳公转示意图。引导学生归纳正午太阳高度角变化的主要原因。

教师：（因势利导，提出新问题）我们试着分析，正午太阳高度的纬度变化，在地球上产生了哪些地理现象呢？正午太阳高度的季节变化，又产生了哪些地理现象呢？

学生已能很明晰地分析、归纳出：正午太阳高度的纬度变化，在地球上产生五带的划分。正午太阳高度的季节变化，又产生四季更替。教师展示五带划分的幻灯片及北京四季更替的景观图片。学生讨论热烈。

[跟进反思 5] 正午太阳高度变化的原因及地理意义，是本节课教学过程的意义建构。其建构的重心是正午太阳高度变化的规律以及与五带划分、四季更替之间的内在联系。但在本部分的教学中，没有采用教师讲，学生听的教学方式，而是不断地提出问题，一步步地引导学生在体验的过程中完成意义建构，并将这种建构形象化为具体图形和景观印象。使得学生对当前学习的内容，正午太阳高度变化所反映的规律以及与五带划分、四季更替之间的内在联系的理解达到了深入浅出的目的。

（六）变“试题检测”为“自我实践”

[教学场景 6] 教师展示目标三。运用正午太阳高度变化规律，解释生活、生产上的具体问题。抛出预设问题，引导学生在“说一说”“画一画”“算一算”中消化、深化所学知识。

说一说：如果在北京买房，你喜欢买什么朝向的？如果在澳大利亚买房呢？

画一画：要想最大限度地利用太阳能资源，就必须对集热面与地面的夹角进行调整，使集热面始终与太阳光线垂直。请在图 3-27 中画出太阳光线，并思考太阳高度与集热面、地面夹角的关系。

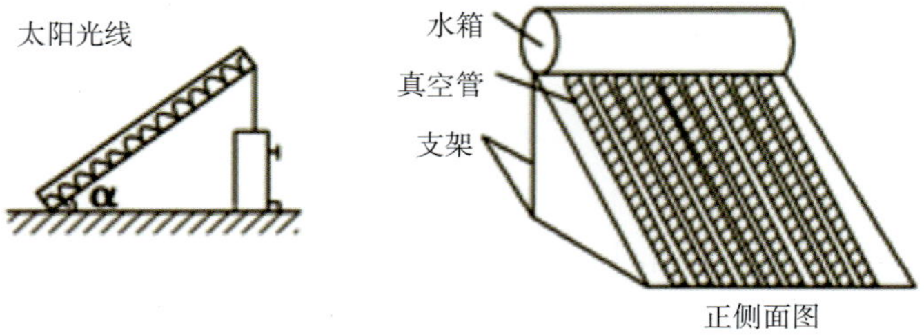
太阳光线
α
水箱
真空管
支架
正侧面图

图 3-27　太阳高度与集热面、地面夹角关系示意图

算一算：北京某小区太阳能热水器安装时，为使太阳能板有效采光集热，夏至日与冬至日太阳能板与地面的倾角应分别为多少度比较好？

[跟进反思 6] 本场景教学设计的目的就是摒弃传统教学方式中以多做练习来运用新知识，多做试卷来检测所学知识的教学方式，而是采取了让学生以说一说、画一画、算一算等自我实践的教学方式来帮助学生消化、深化所学知识，进而内化成学生自身素质。在说一说、画一画、算一算的相互讨论、交流中，学生以自我实践的学习方式发展了自我，弥补了不足，逐步将所学的知识形成了比较完整的知识体系，并能灵活有效地加以运用，达到新课程中学习有用的地理知识的目的。即使到了一节课的结尾，课堂上学生们依然能保持比较强烈的学习兴趣和良好的探索欲望，课堂气氛活跃。

整节课地理教学在师生的不断交流、不断探究之中，达到了预设的学习目标。通过本节课的教学实践，从变“纪律教育”为“目标导向”、变“复述巩固”为“模拟演示”、变“师讲生听”为“互动探究”、变“讲练结合”为“探讨交流”、变“教师总结”为“意义建构”、变“试题检测”为“自我实践”六个方面，我们不难发现：教师如果能依据新课程要求实现地理教学方式的转变，学生的地理学习方式也将会随之而发生改变，学生地理学习的主体性、主动性和独立性将会得到明显体现，地理教学的有效性将会得到极大的提高。

（本文为笔者论文，刊登于《地理教学》2013 年第 18 期）

参考文献

［1］［美］戴维·H. 乔纳森. 学会解决问题［M］. 刘名卓，金慧，陈维超译. 上海：华东师范大学出版社，2015.

［2］国际地理联合会地理教育委员会. 地理教育国际宪章 2016［M］. 杨洁，丁尧清译. 北京：人民教育出版社，2016（8）.

［3］王天蓉. 问题化学习［M］. 上海：华东师范大学出版社，2015.

［4］李宗录. 基于问题解决的高中地理课堂教学［M］. 北京：首都师范大学出版社，2016.

［5］［英］大卫·郎伯等. 地理教学法［M］. 刘桂侠等译. 重庆：重庆大学出版社，2015.

［6］焦秋生. 地理学习的理论与方法［M］. 北京：北京师范大学出版社，2016.

［7］赵国庆. 别说你懂思维导图［M］. 北京：人民邮电出版社，2015.

［8］刘艳. 你一学就会的思维导图［M］. 北京：文化发展出版社，2017.

［9］［德］希尔伯特·迈尔. 课堂教学方法（理论篇）［M］. 尤岚岚，余茜译. 上海：华东师范大学出版社，2011.

［10］［英］S. Ian Robertson. 问题解决心理学［M］. 张奇等译. 北京：中国轻工业出版社，2004.

后 记

本书从想法到行动，历时近三年，终于完成了。写字比说话慢，画图比写字更慢。笔者绘制了数百幅地理学科思维导图，这些思维导图画起来并不轻松，常常画完一幅思维导图去上课，上完课再花时间把上课的新想法、新做法再做反思、修改，汇总在一张思维导图里。在近七年的高中地理教学中，笔者一直坚持用思维导图去备课、上课。在这个过程中，感受到学生的成长，感觉到自己的思维能力、记忆力、理解力都得到了一定的提高。

尽管即将出版，笔者心里还是十分忐忑。不知道绘制的思维导图及有关的观点能得到多少同行的认同。担心由于笔者知识的局限，而使书中出现很多不足。但愿能得到大家的肯定，更希望有读者能对其中的不足进行指正。笔者将非常感谢！

本书为个人教育教学经验的总结，也是笔者从事高中地理教学三十年的纪念。在本书的撰写过程中，笔者得到了许多关怀与帮助。除了笔者家人的默默支持、给予笔耕的力量外，深圳市教育局、龙岗区教育局等各级领导及龙城高级中学马锐雄校长与各位同事在工作室活动开展上也给予了很多指点和帮助。工作室罗睿老师、成军老师等同人给予了工作上和技术上的支持。笔者在此表示感谢！感谢经济管理出版社钱雨荷编辑的辛勤付出。

希望本书的出版能对广大同行有所帮助，这对笔者来说既是鼓励，也是促进。

罗明军

2018 年 2 月 28 日